JN027685

立法分権のすすめ

地域の実情に即した課題解決へ

中央大学副学長・法学部教授・
大学院法学研究科教授
礒崎初仁 著

ぎょうせい

まえがき

日本が分権型社会の実現をめざして地方分権推進法（1995年）を制定し、この法律に基づいて第1次分権改革（2000年施行）が実行されてから20年の時間が流れた。

第1次分権改革は、機関委任事務制度など戦後の地方自治が抱えていた障害を取り外し、自治の土台をつくったが、その後の財政面に関する「三位一体改革」は地方財政のひっ迫を招いた。地方分権改革推進法に基づく第2期分権改革（2006年～現在）では、都道府県から市町村への権限移譲は進んだものの、義務付け・枠付けの見直しは、法令の細部に関する条例委任にとどまり、自治体の実質的な決定権の拡大につながっていない。

めざした目標を100点満点だとすれば、現時点の到達点は40点くらいであろうか。その成果はきちんと評価すべきだが、当初の目標からみると半分も達成していないというのが私の印象である。

残りの60点は何が足りないのか。

国の法制度を執行する権限（行政権）は自治体の権限とされ拡充が進んだが、法制度をつくる権限（立法権）はいまも国がほぼ独占しており、自治体にはほとんど与えられていない。いわば「行政分権」にとどまっているのである。法令が「過剰・過密」であるために、自治体が条例で補足・補充する余地が残されておらず、解釈運用の範囲も限定される。独自条例を制定しようと思っても、法令との衝突が生じる。しかも第1次分権改革以降、むしろ法制度の「過剰・過密」化が進んでいる。今後は、国の法令を統合・簡素化して、法定事務の詳細を定める条例や独自条例の余地を拡大し、自治体が責任をもって地域づくり・暮らしづくりを進めるしくみに変える。これが「立法分権」の提案である。

立法分権といっても、国の立法権の意義を否定するものではない。国が、国際的または全国的な見地から法制度の枠組みや基本的事項をしっかりと定める、そして詳細部分は自治体が地域の実情に合わせて条例等で具体的事項を定める。「法令と条例のベストミックス」を提案しているのである。

もともと第1次分権改革は、地方自治法という一般法に地方自治の原則規定と関与のルール等を定めることが中心であり、その後、実務をコントロールする個別法をこの原則に基づいて順次改正する必要があった。その役割を担った第2期分権改革では、法令の義務付け・枠付けの見直しに取り組んだが、各法令の重要でない事項を条例に委任する個別的な見直しにとどまっているし、細かな法令いじりに陥って、地方分権に対する国民・メディアの関心は失われた。明治維新、戦後改革に次ぐ「第3の改革」の柱とされた地方分権改革は、いま風前の灯となっている。

分権型社会をつくるうえで立法分権は「必要な」改革であるが、さらに本格的な人口減少時代に突入し、「なくてはならない」改革になっている。今後、多くの自治体で人口も税収も減少し、自治体職員の数も削減せざるを得ない。このように限られた人材と財源で過剰過密化する法令を担い切れるのだろうか。全国の自治体で法令の重みに耐えられず、法令の放置・誤用がまん延するのではないか。「スマート自治体」（自治体戦略２０４０構想研究会第２次報告、２０１８年参照）を実現するためにも、まず法令のスリム化を実現するとともに、各自治体が地域のサイズ感に合った法制度にカスタマイズできるようにすべきだ。

１９９０年代の自治体職員時代から地方分権の進展に期待し、その必要性や改革の方向性についてささやかながら小論の発表等を通じて発言してきた者として、この状況を何とかしなければ、という思いでこの本を執筆した。

本書は、月刊「ガバナンス」誌上に連載した『『立法分権』の戦略』（２０１８年4月号～２０２０年3月号、計24回）をベースとしつつ、編集部の助言もあって、地方分権改革の経過について第1章を、条例制定権の限界について第2章4を、条例づくりの取り組み方について第6章を追加するなど、大幅に加筆した。といっても、これらのテーマに関してはいくつかの拙稿を著してきたため、それらを踏まえて書き下ろしたものである。さらに２０２０年から世界を覆っている新型コロナウイルス感染症との闘いでは、国と自治体の役割分担や特措法の法的問題点が大きな議論になっており、ここでも立法分権の必要性が示されていると考えるため、第7章を追加した。既発表の拙稿との関係は、「初出一覧」を確認いただきたい。

本書が、地方分権の進展について「もやもや感」を持つ読者に参考にしていただくとともに、「立法分権」に関する論議に少しでもつながれば、望外の幸せである。

このささやかな本の執筆も、多くの方との出会いと研究上の導きがなければ、かなわなかった。

大学院時代の指導教授である西尾勝先生（東京大学名誉教授）は、日本の地方分権改革をリードされてきたが、『地方分権改革』をはじめとするご著書も本書にとって導きの星となった。当面は分権改革の要求を控えるべきだとする先生のご指摘（分権改革休止論）に反して、「いまこそ立法分権を」と主張することは浅学非才のゆえであるが、この間の学恩に御礼申し上げるとともに、先生が情熱を傾けられた分権改革の精神が次代に引き継がれるよう、私なりの努力を続けたいと思う。

同じく大学院時代にゼミでご指導いただき、分権改革にも大きく貢献された大森彌先生（東京大学名誉教授）と小早川光郎先生（成蹊大学教授）にも、心から感謝の意を表したい。大森先生からは地域と自治体職員を励ます姿勢を学ぶとともに、自治体学会等でお会いすると「先日の原稿はよかったよ」等と励ましていただいている。小早川先生が主導された第２期分権改革の義務付け・枠付けの見直しは、本書に大きな影響を与えているし、内閣府の有識者会議や全国知事会の地方分権改革の推進に向けた研究会では本書の執筆につながる学びの機会をいただいた。この全国知事会の研究会では、条例の上書き権の制度化を報告書に盛り込むよう繰り返し発言し、座長である先生をあきれさせたと思うが、これに懲りずご指導いただくことを願っている。

さまざまな研究会等で親しくご指導いただいている北村喜宣先生（上智大学教授）は、本書のテーマに関して最も多くの論考を公にされている先駆者である。そのご著作の中でしばしば拙稿を引用いただいているのは私への叱咤激励だと感じており、行政学専攻の私がいまでも地方分権や条例制定権に関する小論を書いているのは、先生の影響が大きいと思う。先日、先生の「ベクトル説」をきちんと取り上げていないとのお叱りをいただいたが、そのスケールの大きさゆえのことであり、今回少し言及させていただいたものの、的外れだとまたお叱りを受けそうな気がしている。ともあれこれまでのご指導に心から感謝したい。

本書の内容は、「ガバナンス」の連載がなければまとめることができなかった。連載の機会をいただくとともに、毎回ご助言と励ましをいただいた編集長の千葉茂明氏に心から感謝したい。

また本書の刊行にあたっては、(株)ぎょうせいに格別のご配慮とご尽力をいただいた。入稿が大幅に遅くなり大変ご迷惑をおかけしたが、適切な催促と助言によって執筆作業を助けていただき、第7章の追加などにも柔軟に対応していただいた。心から感謝申し上げる。

２０２１年３月８日　新型コロナウイルス感染症の緊急事態宣言再延長の日に

礒崎　初仁

目次

第3章　法令の過剰過密を検証する……73

第4章　立法分権をどう進めるか……145

第5章　立法分権を妨げるものは何か……185

第6章　議員・職員は条例づくりにどう取り組むか……209

【初出一覧】

第1章　分権改革20年・何が変わったか　　書き下ろし　※関連する拙稿：『自治体政策法務講義（改訂版）』（第一法規、2018年）第10章
　1　なぜ地方分権が必要か
　2　第1期分権改革は何を改革したか
　3　第2期分権改革は何を改革したか
　4　分権改革20年の成果をどう評価するか

第2章　なぜいま立法分権か
　1　「立法分権」とは何か　　月刊ガバナンス2018年4月号
　2　「法令の過剰過密」とは何か　　月刊ガバナンス2018年5月号、6月号
　3　人口減少時代の地域課題と法令の拘束　　月刊ガバナンス2018年7月号、8月号
　4　条例制定権の範囲　　書き下ろし　※関連する拙稿：前掲『自治体政策法務講義（改訂版）』第11章

第3章　法令の過剰過密を検証する
　1　検証の視点と方法　　月刊ガバナンス2019年2月号
　2　地域づくり法制を分権化する　　月刊ガバナンス2019年2月号、3月号、4月号
　3　暮らしづくり法制を分権化する　　月刊ガバナンス2019年5月号、6月号、7月号
　4　自治法制を分権化する　　月刊ガバナンス2019年8月号、9月号、10月号
　5　「法令の森」は過密だった！　　月刊ガバナンス2019年11月号
　6　統制手段としての行政計画規定　　月刊ガバナンス2019年12月号

第4章　立法分権をどう進めるか
　1　立法分権の戦略とは何か　　書き下ろし
　2　法令の統合と簡素化（戦略1）　　月刊ガバナンス2018年9月号

3　独自条例拡充のための解釈論（戦略2）　月刊ガバナンス２０１９年1月号
4　法定事務条例拡充のための解釈論（戦略3）　月刊ガバナンス２０１８年10月号
5　条例の上書き権の制度化（戦略4）　月刊ガバナンス２０１８年11月号
6　独自条例拡充のための立法論（戦略5）　月刊ガバナンス２０１８年12月号
7　国の立法過程の改革（戦略6）　書き下ろし

第5章　立法分権を妨げるものは何か

1　国法上位意識の根拠　書き下ろし
2　中央集権を正当化する根拠　月刊ガバナンス２０２０年1月号
3　中央集権にこだわる理由　書き下ろし
4　中央集権を受け入れる理由　月刊ガバナンス２０２０年2月号

第6章　議員・職員は条例づくりにどう取り組むか　書き下ろし　※関連する拙稿：前掲『自治体政策法務講義（改訂版）』第13章、『自治体議員の政策づくり入門』（イマジン出版、２０１７年）

1　立法分権のための条例づくり
2　解決すべき問題を明確にする（課題設定）
3　条例案の骨格をつくる（基本設計）
4　条例案の細部を詰める（詳細設計）
5　住民との意見交換を行う（住民参加）
6　議会で審議する（審議・決定）
7　議会の政策力をどう高めるか

第7章　新型コロナウイルス対策に立法分権は有効か　書き下ろし

1　新型コロナウイルス対策と国・自治体関係

2　新型インフルエンザ等特措法等のしくみは妥当か

3　新型インフルエンザ等特措法等の改正は適切か

4　自治体は感染対策の独自条例をつくれるか

※1及び2に関連する拙稿：「新型コロナウイルス対策と国・自治体関係」月刊ガバナンス2020年6月号、「新型コロナウイルス対策と自治体行政の課題」『地方行政実務研究』創刊号（2020年夏）

凡　例

1　法律名略語

本文中並びに本文（　）内の法律名は、原則として、次に掲げる略語を用いた。それ以外のものは、原則としてフルネームで示した。

日本国憲法　⇒　憲法
地方自治法　⇒　自治法

2　判　例

判例の略記の方法は次のとおりとした。

最高裁判所令和○年○月○日判決　⇒　最判令和○年○月○日

また、判例誌の略記は次のとおりとした。

最高裁判所民事判例集→民集
最高裁判所刑事判例集→刑集
判例時報→判時
判例タイムズ→判タ
判例地方自治→判自

第1章　分権改革20年・何が変わったか

1995年制定の地方分権推進法に基づく地方分権推進委員会の検討を経て、2000年に地方分権推進一括法が施行された時から、日本は地方分権時代に移行した。その後、三位一体改革や第2期分権改革も進められ、補助金制度が縮減され、多くの法令が改正されたが、私たちが地方分権の成果を感じることは少ない。それはなぜか……。この20年間に何が変わり、何が変わらなかったのか、振り返る。

1　なぜ地方分権が必要か

■地方分権は「第3の改革」の一環

地方分権を求める声は戦後一貫して唱えられていたが、中央省庁の反対等によって実現しなかった。その流れが変わるのは、１９９３年の衆参両議院における次のような決議であった。

地方分権の推進に関する決議（1993年6月3日衆議院本会議）

今日、さまざまな問題を発生させている東京への一極集中を排除して、国土の均衡ある発展を図るとともに、国民が待望するゆとりと豊かさを実感できる社会をつくり上げていくために、地方公共団体の果たすべき役割に国民の強い期待が寄せられており、中央集権的行政のあり方を問い直し、地方分権のより一層の推進を望む声は大きな流れとなっている。

このような国民の期待に応え、国と地方との役割を見直し、国から地方への権限移譲、地方税財源の充実強化等地方公共団体の自主性、自律性の強化を図り、21世紀に向けた時代にふさわしい地方自治を確立することが現下の急務である。

したがって、地方分権を積極的に推進するための法制定をはじめ、抜本的な施策を総力をあげて断行していくべきである。

この決議は、①東京一極集中の排除と国土の均衡ある発展、②国民がゆとりと豊かさを実感できる社会づくりを進めるため、自治体の自主性・自律性の強化を図ることが急務であるとする。当時は、東京一極集中に対する危機感が強かったし、中央集権体制では国民が豊かさを実感できる社会ができないという認識が強かったのである。その後、この２つの目的は実現できたのであろうか。

この改革を進めるため、地方分権推進法（１９９５年）が制定され、これに基づいて設立された地方分権推進委員会は、地方分権の検討に際して次の認識を明らかにした。

地方分権推進委員会中間報告（1996年3月29日）抜粋

この変革はわが国の政治・行政の基本構造をその大元から変革しようとするものであり、その波及効果は深く、広い。それは明治維新・戦後改革に次ぐ「第３の改革」というべきものの一環であって、数多くの関係法令の改正を要する世紀転換期の大事業である。したがって、それは一朝一夕に成し得る性格のものではない。相互に複雑に絡まり合っている諸制度の縫い目を一つ一つ慎重に解きほぐし、システムの変革に伴いがちな摩擦と苦痛の発生を最小限度に抑えながら、諸制度を新たなデザインに基づいて順序よく縫い直して、その装いを新たにしていくべき事業である。

もともと分権改革は、スタート時から「わが国の政治・行政の基本構造をその大元から変革しようとするもの」であり、「一朝一夕に成し得る性格のものではない」と認識されていたのである。「諸制度を新たなデザインに基づいて順序よく縫い直して、その装いを新たにしていくべき事業」という表現は、個別制度の再構築を示唆しており、本書の「立法分権」と同様のイメージを抱いていたように思われる。

■なぜ地方分権が求められるか

そもそも地方分権はなぜ求められるのだろうか。やや普遍的な視野で考えてみよう（注1）。

第1に、地域の実情に即した政策展開と個性ある地域づくりを進めるためである。そもそも公共政策は公共的課題を解決するための活動案であるが、政策が集権・画一的に決められると、現場の事情に合致せず課題解決は難しいし、歴史・文化や個性を生かすことは難しい。特に財源、人材等の政策資源が減少する人口減少時代には、自治体が地域の状況に合った行政活動を実施することが求められる。

第2に、住民の参画と自己決定を可能にするためである。住民・国民が国の政策決定に参加することは難しいが、自治体（特に基礎自治体）の政策決定であれば参画の可能性は高い。また、直接請求、住

（注1）前述の地方分権推進委員会中間報告（1996年）は、地方分権推進の背景・理由について、①中央集権型行政システムの制度疲労、②変動する国際社会への対応、③東京一極集中の是正、④個性豊かな地域社会の形成、⑤高齢社会・少子化社会への対応の5点を挙げた。適切な認識だが、1990年代の時代的特徴も反映しているため、ここではより普遍的な視点で整理する。

民投票等の制度もあって住民による「自己決定」も実質化しやすい。住民にとって自ら決定できることやプロセス自体に価値があるのであり、「失敗する自由」も認められる。国が自治体にとってよいと考えて規制することは後見的介入であり、控える必要がある（**第3章**参照）。

第3に、地域ごとに実施した方が公的サービスが効率的になるためである。まず、小さな単位で考えた方が「受益と負担」の関係が明確になり、無駄なサービスが少なくなる。たとえば公共事業については、自治体が実施する方が、自分たちの税が使われることを意識して、無駄な事業を抑制しようという意識が働く。また、「足による投票」[注2]の効果によって、自治体はよりよいサービスを提供しようと競争を行う。たとえば、子育て支援のサービスが充実していると子育て世帯の転入が増えるため、自治体間でサービス向上に努める。もちろん国が一括して実施した方が「規模の利益」によって効率的に実施できる場合もあるが、民間の製造業等と異なり行政サービスは多種多様であるため、規模を拡大してもコスト削減の効果は大きくないと考えられる。

第4に、国が本来取り組むべき国際的課題や国家的戦略に注力してもらうためである。国は、安全保障、地球環境保全、経済格差と貧困などの世界的課題や、高度知識社会に伴う産業力の育成、専門人材の育成などの国家的課題を多数抱えている。しかし各省庁は、相変わらず国内の諸課題を拾い上げて法

（注2）「足による投票」（C．ティブー）とは、住民が自らの選好に合ったサービスを求めて自治体を転居することによって、自治体側にサービス向上のインセンティブが生まれ、資源配分の効率性が達成されるという考え方である。

令や予算事業をつくることに力を入れ、それが地方の自主性・自立性と国家的利益を損なう結果になっている。国に、国にしかできない仕事に集中してもらうためにも、地方分権が求められている。

■分権改革はどういう経緯をたどったか

以上と同様の認識から、日本の地方分権改革が始まった。そのプロセスを概観すると、**図表1―1**のとおり2つの時期、計5つの改革に分けることができる。

第1期は、1995年の地方分権推進法の制定から、2006年に完成した三位一体改革までの改革である。同法に基づいて地方分権推進委員会が設置され、同委員会が5次にわたる勧告を行った。これに基づいて地方分権推進計画が定められ、地方分権一括法（1999年）が制定され、機関委任事務の廃止、国等の関与のルールと係争処理制度の導入などの改革が行われた。この改革は画期的な成果をもたらした。これが「第1次分権改革」と呼ばれている。

この第1次分権改革は権限面の改革であったが、税財政面の分権化を進めるために「三位一体改革」（2004年閣議決定）が実施された。ここで「三位一体」の改革とは、国庫補助金の削減、税源の移譲、地方交付税の見直しのことである。しかし、地方交付税の総額が大幅に削減されるなど、地方財政のひっ迫を招き、分権改革としては不十分な結果となった。この第1次分権改革と三位一体の改革は、両者をあわせて本来の分権改革がめざされたという意味で、これを第1期分権改革ととらえることができる（地方六団体の呼称による）(注3)。

図表１－１　地方分権改革の全体像

区分	改　革	時期	推進組織	主な改革
第1期分権改革	第１次分権改革	1995～2000年	地方分権推進委員会	①機関委任事務制度の廃止 ②関与のルール化と係争処理制度 ③都道府県と市町村の対等化
	三位一体改革	2004～2006年	地方分権改革推進会議、経済財政諮問会議	①国庫補助金の整理縮小 ②国から地方への税源移譲 ③地方交付税制度の見直し
第2期分権改革	第２次分権改革	2006～2009年	地方分権改革推進委員会	①法令の義務付け・枠付けの見直し ②都道府県・市町村への権限移譲 →地方分権改革推進計画の策定
	地域主権改革	2009～2012年	地域主権戦略会議	［継続］上記の①と②を継承 →第１次、第２次一括法の制定 ［新規］③国と地方の協議の場の法制化
	新・地方分権改革	2013年～現在	地方分権改革推進本部、地方分権改革有識者会議	［継続］上記の①と②を継承 →第３次、第４次一括法の制定 ［新規］提案募集方式と手挙げ方式 →第５次～第10次一括法の制定

（出典）各種資料から著者作成。

第2期は、２００６年の地方分権改革推進法の制定から、現在も継続されている改革である。同法に基づいて地方分権改革推進委員会が設置され、４次にわたる勧告を行った。これに基づいて地方分権改革推進計画が定められ、第1次一括法（２０１１年）から第10次一括法

（注３）西尾２００７：１２１－１２３は、三位一体の改革はその第1期が終了した時点で中断していると認識し、第1次分権改革とこれを合わせて「第1期分権改革」と呼ぶことに反対している。その趣旨は理解できるが、客観的状況としては「三位一体の改革」は過去のものとする認識が強いし、むしろこれを過去の失敗としたうえで新たな改革を構想する必要があると考えられるため、ここでは通例の用法をとった。

（２０２０年）まで関係法の改正が行われた（２０２０年末現在）。これらの改正では、法令の義務付け・枠付けの見直し、都道府県・市町村への権限移譲等の改革が行われた。

第２期改革は、途中で民主党政権（２００９年～１２年）への交代があり、その間は「地域主権改革」と呼ばれたため、これに先立つ自公政権下での改革を「第２次分権改革」とし、これに続く自公政権下での改革を「新・地方分権改革」と呼ぶことにしたい。ただ、この３つの改革は、基本的には同じ課題について継続的な検討が行われたため、内容的には一体の改革として説明する。

このうち義務付け・枠付けの見直しは、法令の細かい見直しが多いものの、その蓄積によって一定の見直しになったほか、都道府県から市町村への権限移譲は相当程度進んだ。

第１次分権改革の施行（２０００年）から20年が経過したこの時点で、分権改革によって何が変わり、何が変わらなかったのか、検証していこう。

2　第1期分権改革は何を改革したか

■第1次分権改革の４つの課題

この改革で取り上げられた課題は多岐にわたるが、次の４点が重要である（松本２０００、西尾２００７：57−１１９参照）。

第1に、機関委任事務制度の廃止と自治事務・法定受託事務の創設である。機関委任事務制度とは、法律に基づいて自治体の首長等を国の下部機関とみなして、国の事務を処理させる制度である。この制度が廃止され、新しく自治事務・法定受託事務の制度がつくられ、自治体の事務とされた。この改革については項を改めて説明しよう。

第2に、国等の関与のルール化と国等との係争処理手続の創設である。従来は法律上の根拠がなくても、国は自治体に対して、都道府県は市町村に対してさまざまな関与を行っており、自治体の自主性・自立性を損なってきた。そこで関与の法定主義などの原則が明確にされるとともに、関与に不服がある場合の係争処理の制度がつくられた。この改革についても項を改めて説明しよう。

第3に、必置規制の緩和である。必置規制とは、国が自治体に対して特定の行政機関・施設、特定の資格・職名を有する職員、審議会等の附属機関を置くよう義務付けることである。これらが自治体の自主組織権に対する過剰な規制となっていることから、いくつかの義務付けを廃止し、名称の特定をやめるなどの緩和を行ったが、保健所、福祉事務所など行政機関の設置義務や、保健所長は医師でなければならないなどの資格規制が残され、改革は不十分に終わった。

第4に、都道府県・市町村関係の見直しである。従来は、都道府県は国の下請け機関的な役割を担い、市町村に対して指導監督を行う規定も設けられていた。これを「対等・協力の関係」に転換するため、都道府県の機能における統一的事務の削除、市町村の行政事務を規律するための統制条例制度の廃止、市町村への事務委任制度の廃止と条例による事務処理特例制度の創設などが行われた（詳細は松本２０００：２８３－３０６、礒崎２０００a：30－37参照）。これらの改革は自治法の改正によって実現されたが、都道府県の市町村に対する関与が広く残されたほか、実態として「上下・主従」の関係が残っている面がある。

■自治事務と法定受託事務の区分

第1次分権改革では、**図表1－2**のとおり、機関委任事務制度を廃止し、従前の機関委任事務のうち、国の強い関与を認めるものを法定受託事務とし、その他を自治事務に区分した。

機関委任事務は、前述のとおり首長等を国の下部機関とみなして国の事務を執行させる制度であり、国の所管大臣等が首長等に対して包括的な指揮監督権を有する（旧・自治法１５０条）。この機関委任事務が、都道府県の場合には担当事務の7～8割、市町村の場合は3～4割を占めるといわれていた（久世１９５７）。国から独立した自治体の機関（とくに公選の首長）を国の下部機関とみなす特異な制度であり、集権的行政システムの象徴であったが、戦後55年たってようやく廃止されたのである。

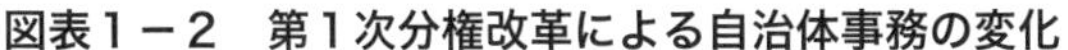
図表1－2　第1次分権改革による自治体事務の変化

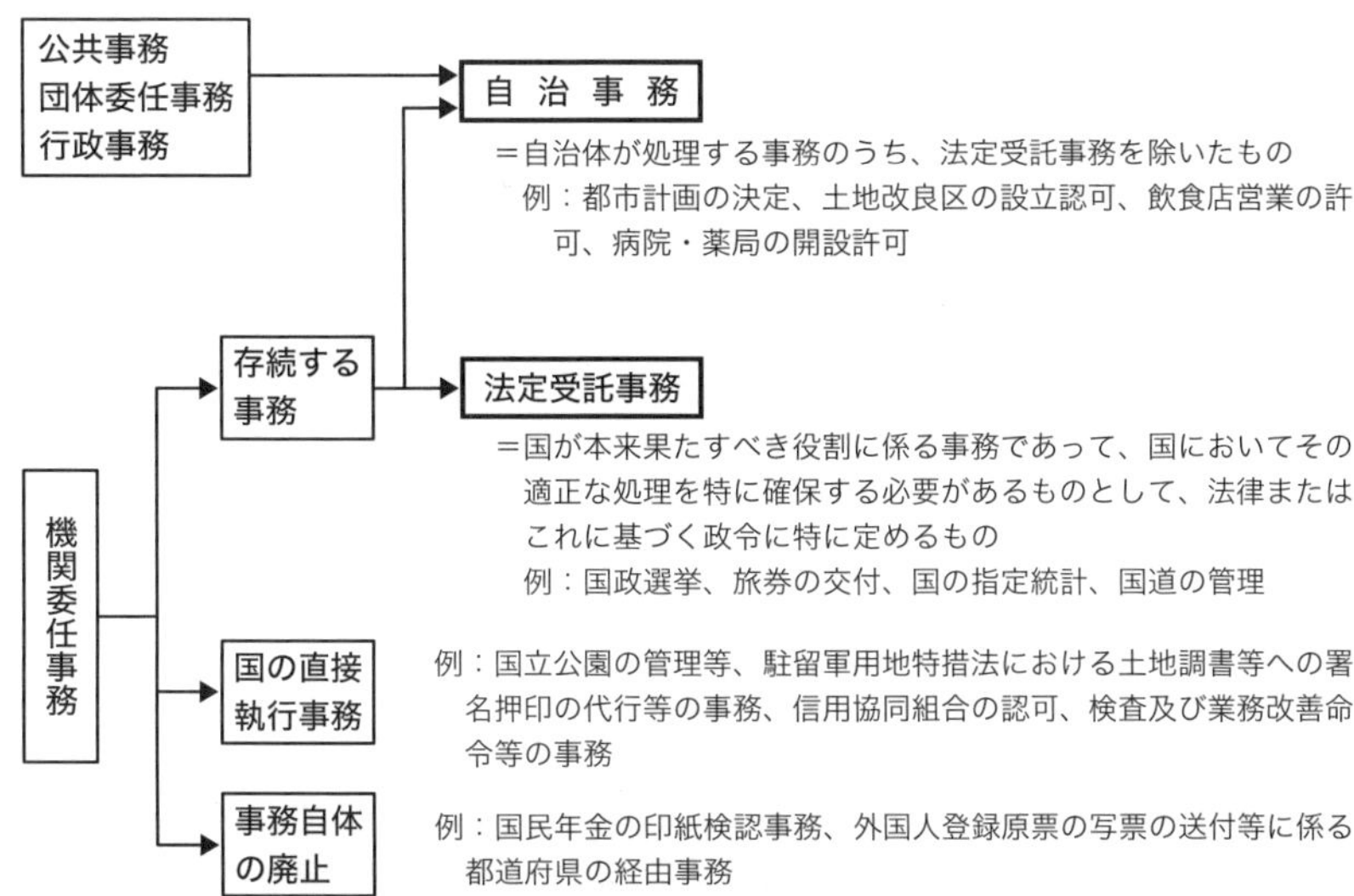

（出典）自治省（2000年当時）資料。

かつての機関委任事務のうち、6割程度が自治事務、4割程度が法定受託事務に切り分けられた（かつての団体委任事務等はすべて自治事務となったため、自治体が処理する事務のほとんどが自治事務となった）。

ここで自治事務とは、自治体が処理する事務のうち法定受託事務以外の事務をいう（自治法2条8項）。たとえば都市計画の決定、飲食店の営業許可など多様な事務がこれに該当する。自治事務には、法律に基づく事務（法定自治事務）だけでなく、条例に基づく事務やその他の事務（法定外自治事務）も含まれる。

法定受託事務とは、自治体が処理する事務のうち、国（または都道府県）が本来果たすべき役割に係るものであって、国（または都道府県）においてその適正な処理を特に確保する必要があるものとして、法律またはこれに基づく政令に特に定めるものをいう（自治法2条9項）（注4）。たとえば、衆参両議院の議員選挙の事務は本来国が実施すべきであるが、円滑な事務処理等を図るため市町村と都道府県の選挙管理委員会が処理する事務としつつ、国が特にその適正な処理を確保する必要があるため、法定受託事務とされている。

■**法令解釈権と条例制定権の拡充**

機関委任事務から自治事務または法定受託事務に切り替えられることによって、次のような変化が生まれた（**図表1-3**参照）。

第1に、これらの事務に関する法令の解釈運用権が自治体の権限となったことである。機関委任事務は国の事務であり、国が指揮監督権を有するため、国が通達・通知を発すれば自治体の機関はこれに従う必要があった。しかし、自治事務と法定受託事務はいずれも自治体の事務であり、その解釈運用権は自治体にある。したがって、自治体はこれらの事務に関する法令の規定は遵守する必要があるが、国の通達・通知は原則として技術的助言となり、自治体がこれに従う義務はなくなった。法定受託事務については、後述のとおりいくつか権力的な国の関与も認められているが、その範囲内で最終的に判断するのは自治体なのである。

（注4）法定受託事務のうち、国の役割に係るものを「第1号法定受託事務」といい、都道府県の役割に係るものを「第2号法定受託事務」という（自治法2条9項）。

図表1－3　第1次分権改革による事務の変化

	機関委任事務		自治事務	法定受託事務
条例制定権	不可	⇨	法令に違反しない限り可	法令に違反しない限り可
地方議会の権限	・検閲、検査権等は自治令で定める一定の事務（国の安全、個人の秘密に係るもの並びに地方労働委員会および収用委員会の権限に属するもの）は対象外 ・100条調査権の対象外	⇨	原則及ぶ （地方労働委員会および収用委員会の権限に属するものに限り対象外）	原則及ぶ （国の安全、個人の秘密に係るもの並びに地方労働委員会及び収用委員会の権限に属するものは対象外）
監査委員の権限	自治令で定める一定の事務は対象外	⇨		
行政不服審査	一般的に、国等への審査請求が可能	⇨	原則、国等への審査請求は不可	原則、国等への審査請求が可
国等の関与	包括的指揮監督権 個別法に基づく関与	⇨	関与の新たなルール	

（出典）自治省（2000年当時）資料。

第2に、これらの事務について条例制定が可能となったことである。そもそも条例は、自治体の事務に関して制定するものであるが（自治法14条1項）、機関委任事務は法的には国の事務であるため、法律の委任がない限り条例の制定は認められなかった。これに対して、自治事務と法定受託事務は自治体の事務であるため、条例制定が可能である。もちろん、「法律の範囲内」という限界（憲法94条）は残っているし、法定受託事務については処理基準等の拘束もあって条例制定の余地は狭いと考えられるが、条例制定の対象事務は大きく広がった。特に**第4章4**で検討するように、法定事務条例の可能性を追求すべきである。

このほか、自治事務・法定受託事務については議会や監査委員の権限が原則として及ぶこと、自治事務については行政不服審査が原則として当該自治体に対する異議申立（現在は審査請求に一本化）となることなどの変化が生じた。

■関与のルール化とは何か

第1次分権改革では、国等の自治体に対する関与のルールが明確化されるとともに、国等の関与に不服がある場合の係争処理のしくみが創設された。

関与とは、一定の行政目的を実現するため国（または都道府県）が自治体（または市町村）に対して具体的かつ個別的に関わる行為をいう（自治法245条3号）。機関委任事務の時代には国は包括的な指揮監督権を有していたことから、法令に根拠がなくてもさまざまな関与を行っており、実際には機関委任事務以外の事務についても通達等の関与が行われてきた。しかし、自治事務と法定受託事務は自治体の事務となったため、国がむやみに関与を行うことを認めることはできない。そこで、行政手続法における行政機関の私人への対応に対する規律を参考にして、関与のルールを明確にしたのである。

自治法では、まず次の3つの原則を明らかにした。

①関与の法定主義：国や都道府県が関与を行うには、法律またはこれに基づく政令の根拠を要する（自治法245条の2）

②関与の必要最小限の原則：関与はその目的を達成するために必要な最小限度のものとし、かつ自治体の自主性・自立性に配慮しなければならない（自治法245条の3第1項）

図表1－4　国等の関与の類型

関与の類型	自治事務	法定受託事務
①技術的な助言・勧告（254条の4）	○	○
②資料提出の要求（245条の4）	○	○
③是正の要求（245条の5）	○	
④同意（245条の3④）		○※
⑤許可・認可・承認（245条の3⑤）		○※
⑥指示（245条の7）		○
⑦代執行（245条の8）		○
⑧協議（245条の3③）	○※	○※
＊その他個別法に基づく関与	①同意、許可・認可・承認、指示：一定の場合に限定 ②代執行、その他の関与：できる限り設けない	その他の関与：できる限り設けない

（注）○印は自治法で認められている関与の基本類型を示す。※印は自治法の規定のほか個別法の規定を要するものを示す。
（出典）自治省（2000年当時）資料に＊の欄を追加。

③関与手続の公正・透明化原則：関与にあたっては行政手続法にならった手続ルールに従わなければならない（自治法246条～250条の6）

これらを踏まえて、関与として認められる類型は限定されている（**図表1－4**参照）。自治事務に対する関与としては、技術的助言・勧告、資料提出の要求、是正の要求、協議の4つが基本的な類型とされ、このうち協議を導入するには個別法の根拠も必要とされている。総じていえば、自治事務に対しては結論を左右しない非権力的な関与が中心になっている。

これに対して、法定受託事務に対する関与としては、自治事務と同様の技術的助言・勧告、資料提出の要求、協議のほか、同意、許可・認可・承認、指示、代執行の7つが

図表1－5　国と自治体の係争処理のしくみ

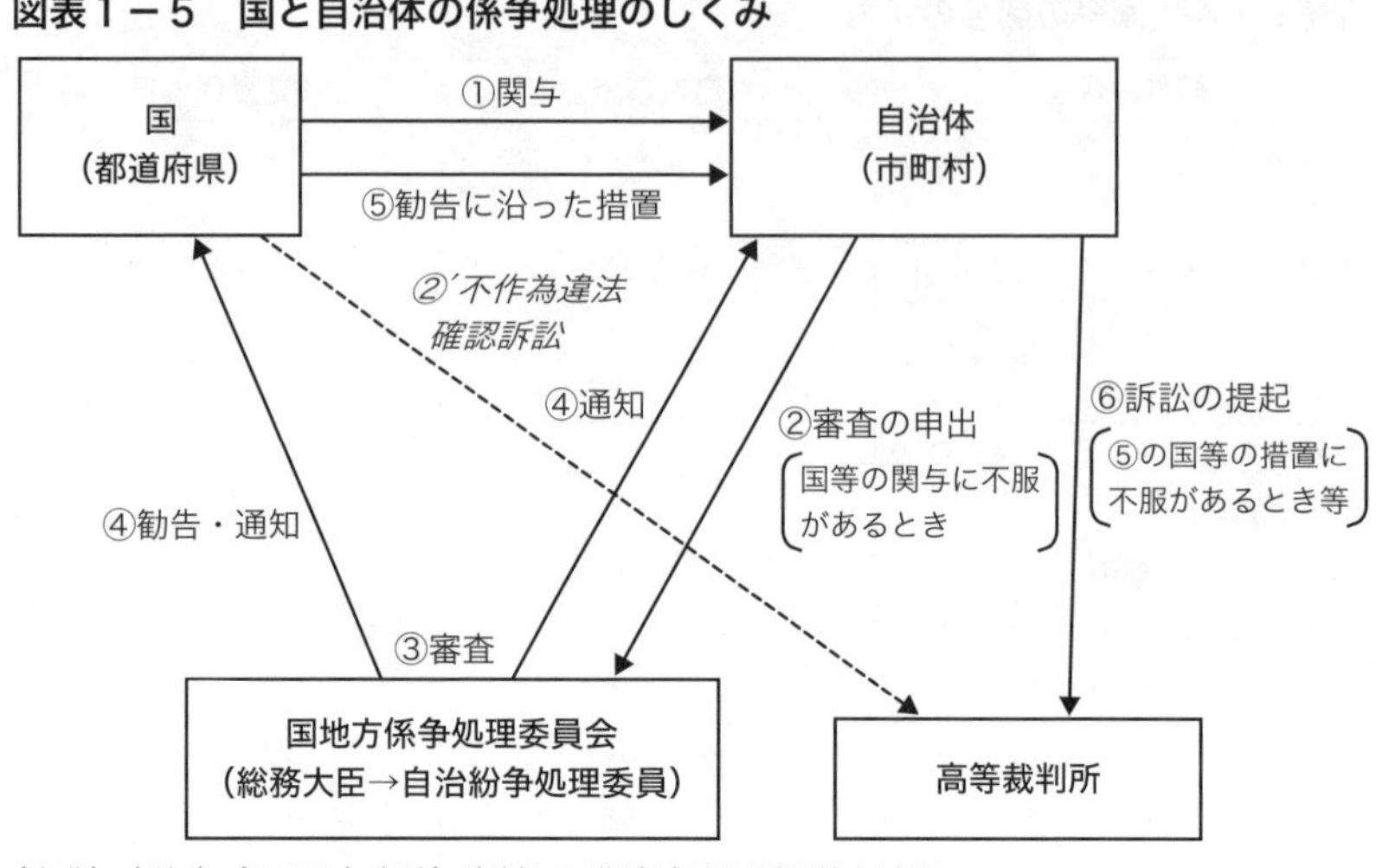

（出典）自治省（2000年当時）資料に不作違法確認訴訟等を追記。

基本的な類型とされているが、このうち協議、同意、許可・認可・承認を導入するには個別法の根拠も必要とされている。法定受託事務については、結論を左右するような権力的な関与も幅広く認められている。

■国と自治体等の係争処理の制度化

このような国の関与のうち公権力の行使にあたるものに対して自治体に不服があるときは、**図表1－5**のとおり、国地方係争処理委員会に審査の申出をすることができる（自治法250条の13）。また、都道府県の関与のうち公権力の行使にあたるものに対して市町村に不服があるときは、総務大臣に申立を行い、自治紛争処理委員による審査を求めることができる（自治法251条の3）。さらに、これらの審査結果に不服があるときは、高等裁判所に対して関与の取消し等の訴えを提起することができる（自治法251条の5、251条の6）。いわば国と自治体の「けんかのルール」

ができたのであり、高く評価できる。

なお、当初は、自治体側のみが審査の申出等をできることとなっていたが、国が是正の要求や指示をしても自治体側がこれに従わず、しかも審査の申出もせず、紛争が解決しない事例が生じたことから、2012年自治法改正において、こうした場合に国の側が不作為違法確認訴訟を提起できることとされた（自治法251条の7）。実際に沖縄県知事が辺野古の公有水面埋立法の埋立承認の取消しに対する国土交通大臣の是正の指示に従わなかった事例について、大臣がこの訴訟を提起し、知事の不作為の違法が確認された（最判平成28年12月20日・判タ1434号28頁参照）。

このように第1次分権改革では、国と自治体の係争を法的に解決する制度がつくられたのである。

■失敗に終わった三位一体の改革

法的権限の強化をめざした第1次分権改革の後、税財政関係の分権化のために、2003～05年に小泉純一郎内閣の下で「三位一体の改革」が進められた。この改革は、①国庫補助金の廃止・縮減、②税源の移譲、③地方交付税の見直しを、一体的に進めようとするものである。

国と地方の支出の比率は、ほぼ4対6と地方の方が多いが、国と地方の収入（税収）比率はほぼ6対4と国の方が多くなっている。そのギャップを国庫補助金や地方交付税等の財源移転によってカバーしているのであるが、このうち特に国庫補助金は、使途が限定され、自治体の自主性を損なうため、国庫補助金を削減し、その代わり国税を地方税に切り替えるとともに、地方交付税のあり方を見直すという

図表1－6　三位一体の改革の結果

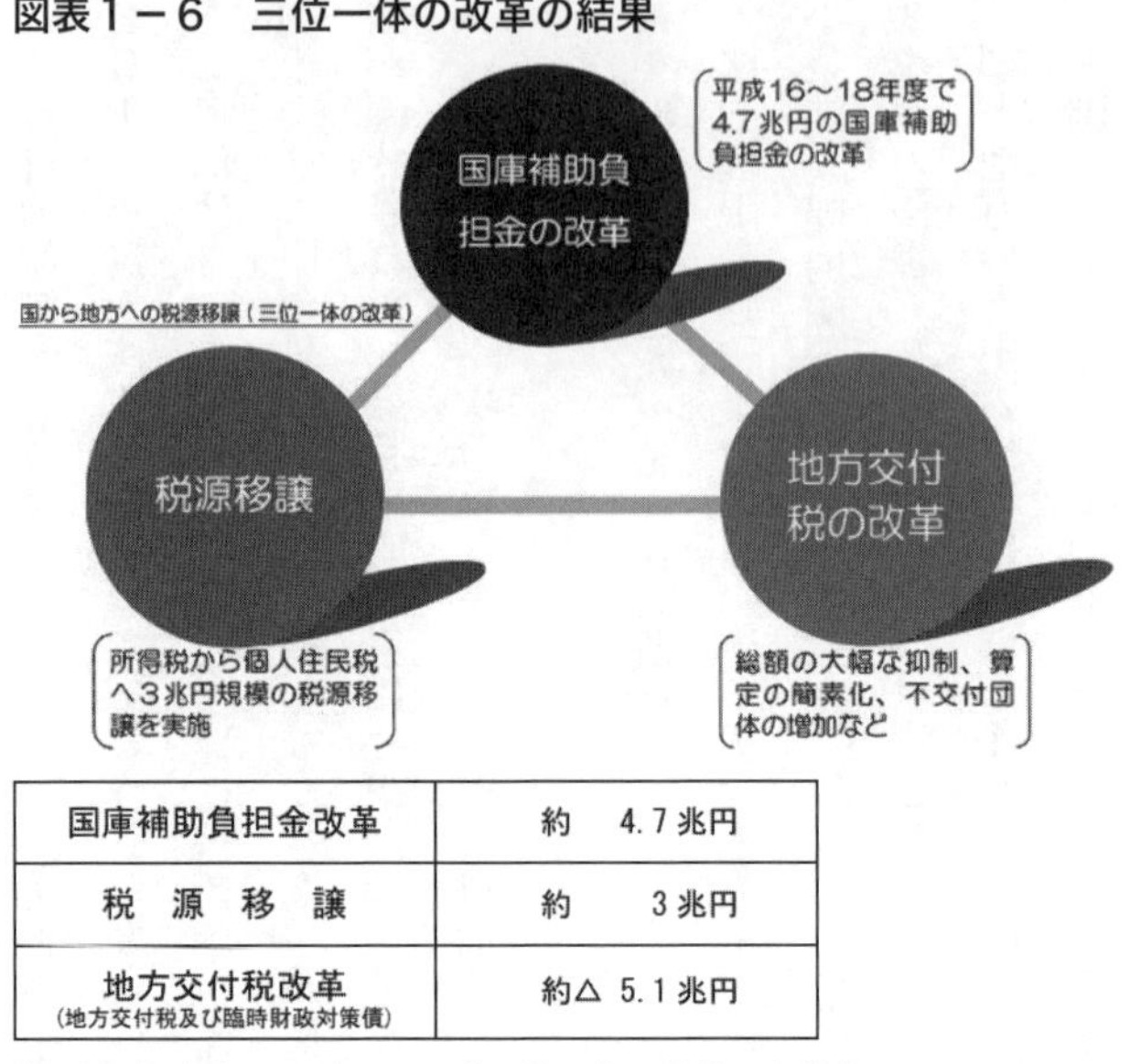

国庫補助負担金改革	約　4.7兆円
税　源　移　譲	約　　3兆円
地方交付税改革 （地方交付税及び臨時財政対策債）	約△ 5.1兆円

（出典）総務省ウェブサイト「三位一体の改革の全体像」https://www.soumu.go.jp/main_sosiki/jichi_zeisei/czaisei/czaisei_seido/zeigenijou2_1.html

のが、この改革である。

しかし、実際には財務省などの省庁の抵抗もあって、**図表1－6**のとおり、①の国庫補助負担金については、補助の割合が引き下げられ（義務教育費国庫負担金1／2→1／3、児童扶養手当3／4→1／3など）、金額は約4・7兆円減少したものの、しくみ自体は残ったため、自治体の自主性・自立性の向上にはつながらなかった。②の税源移譲は、所得税の一部を個人住民税に移譲することによって約3・0兆円の増額となったが、小規模なものにとどまった。③の地方交付税は約5・1兆円と大幅に減額され、自治体財政をひっ迫させた。全体に地方財政全体ではマイナス6・7兆円となり、とくに税源の少ない地方圏の自治体には大きな打撃となった。三位一体の改革は、国の財政再建が優先され、地方分権の視点からは失敗に終わったのである。

■第1期分権改革の評価と残された課題（まとめ）

以上の第1期分権改革の成果と評価をまとめると、**図表1−7**のとおりである。

全体としては、(1)の機関委任事務の廃止と自治事務・法定受託事務の制度化、(2)の関与のルールの明確化と係争処理の制度化は、国と自治体の関係を「上下・主従」から「対等・協力」の関係に転換する改革であり、大きな意義があるため、◎と評価した。(4)の都道府県と市町村の関係の見直しも、両者の関係を転換するものであるが、多くの関与が残された点で○と評価した。(3)の必置規制の縮小は、一部は緩和されたが、重要な規制は変わらなかったため、△と評価した。(5)の三位一体改革は、金額としては国庫補助金が減り地方税が増えたが、自治体の自主性の拡大につながらず、地方交付税の大幅減額が行われたため、×と評価した。

残された課題としては、次の点が挙げられる。

第1に、自治法という「一般法」は変わったが、検討時間の限界もあって、分野ごとの「個別法」はほとんど改正されていないことである。コンピュータに例えると、ＯＳ（オペレーティングシステム）は「分権バージョン」に変わったのに、その上で動くアプリケーションソフトは「集権バージョン」のまま使われている状態なのである。そして実務は個別法で動いているため、分権改革の効果が自治体実

図表1－7　第1期分権改革の内容と評価

課題	改革の内容	評価
(1) 機関委任事務の廃止と「自治事務・法定受託事務」化	・国の包括的な指揮監督権を否定 ・上下・主従から、対等・協力の関係へ →①法令解釈権、②条例制定権の拡大	◎制度改革は実現 ＊個別法による枠付け（規律密度）は残存
(2) 関与のルールの明確化と係争処理の制度化	・国の関与（働きかけ）のルール化 →①関与の法定主義、②必要最小限の原則、③関与手続の公正・透明化 ・係争処理制度の導入（国地方係争処理委員会の審査、高裁への提訴）	◎制度は実現 ・対等・協力の原則を制度化 ・国と自治体の「けんかのルール」ができた
(3) 必置規制の縮小	・法令等により自治体の組織、職員などの設置を義務付ける制度を縮小 〈例〉図書館司書の配置基準を廃止	△実現不十分 〈例〉保健所所長の医師資格を維持
(4) 都道府県と市町村の関係の見直し	・都道府県の上位性を前提にした規定を削除 〈例〉統制条例、統一事務の削除等	○制度改革はほぼ実現 ＊実態は変わったか
(5) 税財政の見直し〈三位一体改革〉	①国庫補助金の削減（－約4.7兆円） ②税源の移譲（＋約3兆円） ③地方交付税の見直し（－約5.1兆円）	×自由度は拡大せず、地方財源は削減

（注）評価欄中、◎＝高く評価できる、○＝評価できる、△＝部分的に評価できる、×＝評価できない、を示す。
（出典）著者作成。

務にまで浸透していないのである。

第２に、第１の点にもつながるが、法令の規律密度が高いことである。個別法では、政令、省令、大臣告示を含めて法律を施行するための事項を細部にいたるまで定めており、自治体の裁量・工夫を拘束してしまう。そこで、第２期分権改革における「義務付け・枠付けの見直し」が行われたのである。

第３に、自治体の自主性・自立性にとって、いくつかの重要な関与が残されたことである。特に自治体が行政計画を策定する際に、国や都道府県に協議することが義務付けられ、しかも同意を得なければならないというしくみが残されたため、自治体の自主的な政策展開の支障となっている。こうした関与についても、第２期分権改革において見直しが検討された。

3　第2期分権改革は何を改革したか

■第2期分権改革の5つの課題

第２期分権改革は、**1**で述べたとおり第２次分権改革、地域主権改革、新・地方分権改革と３つの時期に分けられるが、概ね共通の課題について継続的に検討が進められた。そこで３つの時期を通して、５つの課題に分けて改革の内容と評価について紹介しよう（**図表1－8**、**1－9**参照）。

第１に、国から都道府県等への権限移譲が検討された。第４次～第６次一括法を中心に計60法律に基づく権限の移譲が進められたが、地方側が求める内容に比較すると不十分な内容に終わっている。特に

図表1－8　第2期分権改革の経過（第10次一括法まで）

一括法の区分（制定年月）	根拠となる計画・勧告等	1）国から都道府県への権限移譲等	2）都道府県から市町村への権限移譲	3）義務付け・枠付けの見直し等
第1次（2011.4）	地方分権改革推進計画			41法律
第2次（2011.8）	地域主権戦略大綱		47法律	160法律
第3次（2013.6）	地方分権改革推進委員会勧告			74法律
第4次（2014.5）	地方分権改革推進委員会勧告等	43法律	25法律	
第5次（2015.6）	自治体の提案（提案募集方式）	7法律	5法律	8法律
第6次（2016.5）	同上	9法律	2法律	4法律
第7次（2017.4）	同上		4法律	6法律
第8次（2018.6）	同上	1法律	2法律	14法律
第9次（2019.5）	同上		1法律	12法律
第10次（2020.6）	同上		1法律	9法律
合　計	—	60法律	87法律	328法律

（出典）内閣府地方分権改革推進室「各一括法の概要」（同ウェブサイト）から作成。

地域主権改革では、国の出先機関（地方支分部局）が担当する道路・河川管理等の事務を都道府県に移譲し、これらの機関を原則廃止するという課題が掲げられたが、各省庁の強い反対があり、２０１２年に都道府県による広域連合であれば権限を移譲するという限定的な方針が閣議決定されたものの、いくつかの条件も付されており、該当例は出ていない。△と評価する。

第2に、都道府県から市町村への権限移譲が進められた。これについては、第2次および第4次一括法を中心に、都道府県から政令市、中核市、一般市などに計87法律に基づく事務を移譲することになったし、そ

図表１－９　第２期分権改革の内容と評価

課題	改革の内容	評価
(1) 国から自治体（都道府県・市町村）への権限移譲	・国から都道府県への権限移譲　計60法律 ・道路・河川管理等の広域連合への移譲方針（2012年）＝実績なし	△ある程度進展した ・道路・河川管理事務は実質的に移譲せず
(2) 都道府県から市町村への権限移譲	・都道府県から市町村（政令市、中核市等）への権限移譲　計87法律	○相当に進展した ・規律密度は変わらず
(3) 法令の義務付け・枠付けの見直しと条例制定権の活用	・法令の規定、特に①施設･公物管理、②計画策定、③協議等について条例事項とする　計328法律 ・条例制定にあたり、従うべき基準、標準、参酌基準を設定可能	○長期検討により進展した ・条例委任の事項が細かすぎる ・条例制定の義務付け
(4) 自治財政権の強化	地域主権改革で一括交付金制度を導入（2011年度～都道府県に、2012年度～政令市に）→自公政権復活で廃止	△一時的に実現、後に廃止
(5) 国と地方の協議の場の法制化	国と地方の協議の場に関する法律により法制化（2011年）	○実現した ・協議の拘束力は弱い

（注）評価欄中、◎＝高く評価できる、○＝評価できる、△＝部分的に評価できる、×＝評価できない、を示す。
（出典）著者作成。

の中には都市計画決定、県費負担教職員の給与負担、公立小中学校の学級編制基準の決定など重要な事務も含まれている。国は、自らの権限を都道府県等に移譲することには慎重だが、都道府県から市町村への移譲には柔軟だったといえる。○と評価できる。

第３に、法令による義務付け・枠付けの見直しと条例制定権の拡大が進められた。このうち多かったのは「枠付け」の見直しであるが、これは第１次分権改革で着手できなかった個別法の規律密度の改革といえるものである。

地方分権改革推進委員会は、第２次勧告（２００８年12月）において、自治体の事務に関する法律の規定（４８２法律、1万57条項）を対象として、一定のメルクマールに該当しない４０７６条項について、廃止または条例委任のいずれかの見直しを行うという方針を打ち出した（第２次勧告では「条例による補正」も選択肢とされていたが、第３次勧告では選択肢から外された）。さらに第３次勧告（２００９年11月）では、特に問題のある形態として、①施設・公物設置管理の基準、②協議、同意、許可・認可・承認、③計画等の策定とその手続を取り上げ、その見直しを勧告した。これらの成果が第1次〜第３次一括法に盛り込まれた。また第5次一括法以降は、全国の自治体の提案を受けて検討を行う「提案募集方式」によって毎年、見直しが行われ、計３２８法律の多岐にわたる条項が見直された。

もっとも、この枠付けの見直しでは、①法律の細かな事項を条例委任する例が多く、自治体の政策展開への活用が難しいこと（注5）、②単純な規律密度の緩和ではなく条例委任という方式が採られたため、各自治体には条例制定という新たな「義務付け」になったこと、③条例委任の場合に、国が「従うべき基準」「標準」「参酌基準」を提示できることなど、いくつかの限界があった。その条項数の多さのわり

（注5）たとえば保育所の居室面積の基準は、国の「従うべき基準」の範囲内で条例で定めることが可能となったが（第1次一括法）、待機児童ゼロをめざして保育所の増設に努めている自治体は、用地の確保、保育士の確保、周辺住民との調整など多くの課題に直面しているのであり、居室面積の問題などは一部の問題にすぎない。自主決定の余地があることは悪いことではないが、政策課題の解決には個別的・部分的な緩和では意味がないことが多いのである。

に分権化の効果は限定的だといえる。とはいえ、長期にわたる見直しを考慮して、○と評価しておこう。なお、地方分権改革推進委員会では、前述のとおり「条例による補正」すなわち条例の「上書き権」の制度化が検討されたが、実現されなかった。この点については**第4章5**で検討する。

第４に、自治財政権の強化として、国庫補助金の一括交付金化と地方税財源の充実確保が検討された。民主党政権下の地域主権改革では、国庫補助金について使途の範囲を拡大して「一括交付金」とする方針が掲げられ、２０１１年度から都道府県への補助金（約５０００億円分）に導入され、２０１２年度からは政令市への補助金（約８０００億円分）にも導入された。しかし、地方税の拡充は進まなかったし、さらに自公政権の復活によって制度自体が廃止された。△と評価する。

第5に、国と地方の協議の場の法制化である。これは、地方自治に影響を及ぼす国の政策の企画・実施について、国（関係大臣）と地方の代表者（全国的連合組織の代表者）が協議を行う「国と地方の協議の場」を設置するものであり、地域主権改革の中で「国と地方の協議の場に関する法律」（２０１１年）の制定によって実現した。ただし、ここでの協議については、国会への報告義務、参加者の協議結果の尊重義務にとどまる。ただ、実現した以上、○と評価できる。なお、この法律に基づいて、２０２０年末までに37回の会合が開催されている（内閣官房ウェブサイトより）。

以上のように、第2期分権改革は長期にわたる検討によって、いくつかの成果をおさめたのである。

■第2期分権改革の残された課題

第2期分権改革の残された課題としては、次の点が挙げられる。

第1に、法令の規律密度を改革し、自治体の政策裁量を生かせるよう個別法のあり方を見直すことである。そのためには、単に条例委任の規定があるか否かではなく、個別法をどう改正すべきか、「青写真」を提示する必要がある。多数の法令についてこの作業を行うのは簡単ではないが、まず自治体の政策展開に重要な意味をもつ法令について改正案を検討・提示し、そうした改正の考え方を他の法令にも及ぼすことが考えられる。この改革については、**第4章2**で検討しよう。

第2に、「法定事務条例」の可能性を広げるとともに、条例の「上書き権」を制度化することである。第2期分権改革では、自治体の事務に関する法律の規定の一部を条例委任するという見直しを行ったが、法令の「枝葉」の一部を委任しても自治体の政策裁量の拡大にはつながらない。自治体の事務である以上、委任がなくても法律の範囲内であれば条例を制定することは可能だから、法定事務の基準、手続等を定める法定事務条例を積極的に制定するべきである。また、法令の規律密度が高い現状では、法定事務条例も制限されるため、地方自治法等の通則法に、法令の規定の一部について条例で上書きができるという規定を定めて、この権限を制度化することが求められる。これらについては、**第4章4、5**で検討しよう。

第3に、地方分権の進め方として、わかりやすい方針と骨太の戦略を掲げ、国民の理解と応援が得られる方法を採ることである。第2期分権改革では、1万をこえる個別の条項を洗い出し、廃止か条例委任かを求めるといった詳細な検討を行うとともに、２０１４年からは提案募集方式を採り、各自治体の具体的な提案に基づいて個別に法律改正を行ってきた。この間の政権や内閣府等の関係者がこうした地道な作業を行ってきたことは評価すべきであるが、その結果、改革の議論が視野狭窄に陥って、本来の目標から次第に遊離するとともに、メディアや国民の関心や共感を失う結果になっている。今後は、大きな目標やビジョンを掲げ、わかりやすい戦略でこれに取り組む必要がある。

以上を踏まえて、「立法分権」の戦略を検討し、分権改革の第３ステージ（第３期）を切り拓くことが求められている。

4　分権改革20年の成果をどう評価するか

■分権改革で自治体は変わったか

分権改革については、改革の成果が出ていない、自治体実務は変わっていないという指摘が多い。

確かに、第1次分権改革は、機関委任事務制度を廃止して法令の自主解釈権を拡充することに意味があったが、自治体が法令の自主解釈を行っている事例は少なく、相変わらず所管省庁が示す通知やガイドラインに依存して事務を処理しているのが現実である。また、機関委任事務制度の廃止によって条例制定権の対象は広がったが、法令に基づく事務に関する法定事務条例の制定は進んでいない。

また第2期分権改革では、法令の義務付け・枠付けの見直しが進められ、法令で条例委任された事項に関する条例は制定されたが、個別的・部分的な規定が多く、一部を除いて政策的な運用には生かされていない。国と地方の協議の場も、受け皿はできたものの、実際に国の施策に自治体側の意向を反映させたり、国と自治体の関係を「対等・協力」の関係にするような機会にはなっていない。

このように過去20年の状況をみると、分権改革は自治体実務の改革、すなわち自立的な行政運営や独自の政策展開につながっておらず、期待された成果を生み出していないのである（分権改革全体に対する著者の評価については礒崎２０１３、礒崎２０１７ａ参照）。

■なぜ自治体実務が変わらなかったか

では、それはなぜだろうか。

第1に、分権改革といっても実務で活用できるような改革になっていないためである。これまで述べてきたとおり、この間の改革は一般法レベルの原理原則の転換にとどまっており、実務に直結する個別法レベルの改革は不十分なままになっている。税財政面では、地方税は増加したものの、国庫補助金の減額と地方交付税の削減によって、かえって財政のひっ迫を招いた。

この分権改革を担ってきた西尾勝氏は、「自治体側がどんどん独自の法令解釈を推し進めることができる時代になったにもかかわらず、この大きな成果が活かされておらず、その恩恵が地域住民にまで及んでいない点がまことに残念である。」とする（西尾２０１３：77）。前述のとおり自治体がいまも国の通知に依存していることなど、自治体側が分権改革の成果を生かしていないことは事実であるが、個別法令の規律密度は高く、「どんどん独自の法令解釈を推し進め」られるほど、ゆるい法制度にはなっていない。

第2に、分権改革の1990年代から2000年代には、自治体財政の緊縮と職員削減が行われ、平成の市町村合併も進められたため、自治体側に独自の法解釈や地域づくりに取り組む余裕がなかったのである。

まず90年代からの「失われた20年」といわれる長期不況によって、**図表1－10**のとおり自治体の税収は減少し、さらに地方交付税の減額も加わって財政運営の自由度は狭まった。また職員数は、**図表1－11**のとおり、警察・消防部門の増加に対して、一般行政部門は1994年の約117万人から2019年の約92万人に21・4％減少している。財源も人員も削減され、自治体組織が余裕を失っている中で、地方分権の成果を生かせといっても、難しいであろう。

さらに、地方分権の受け皿を整備するという目的で、平成の市町村合併（1999～2005年度）が進められ、市町村数は3229（1999年）から1730（2010年）＝53・6％に減少した。第1次分権改革の施行から5年間は、多くの市町村が合併の検討や準備で揺れ動いていたのであり、こうした時期に地方分権の成果を生かすという発想を持つことも難しい。

第3に、少子高齢化の進展を踏まえて、国が全国的な制度を整備したため、自治体は独自の政策判断の余地を制限される一方、行政・財政の両面で大きな負担を負うことになった。

たとえば高齢者介護については、従来の老人福祉法による公費方式による裁量性の高い制度から、介

図表１－10　地方税収（地方財政計画ベース）の推移

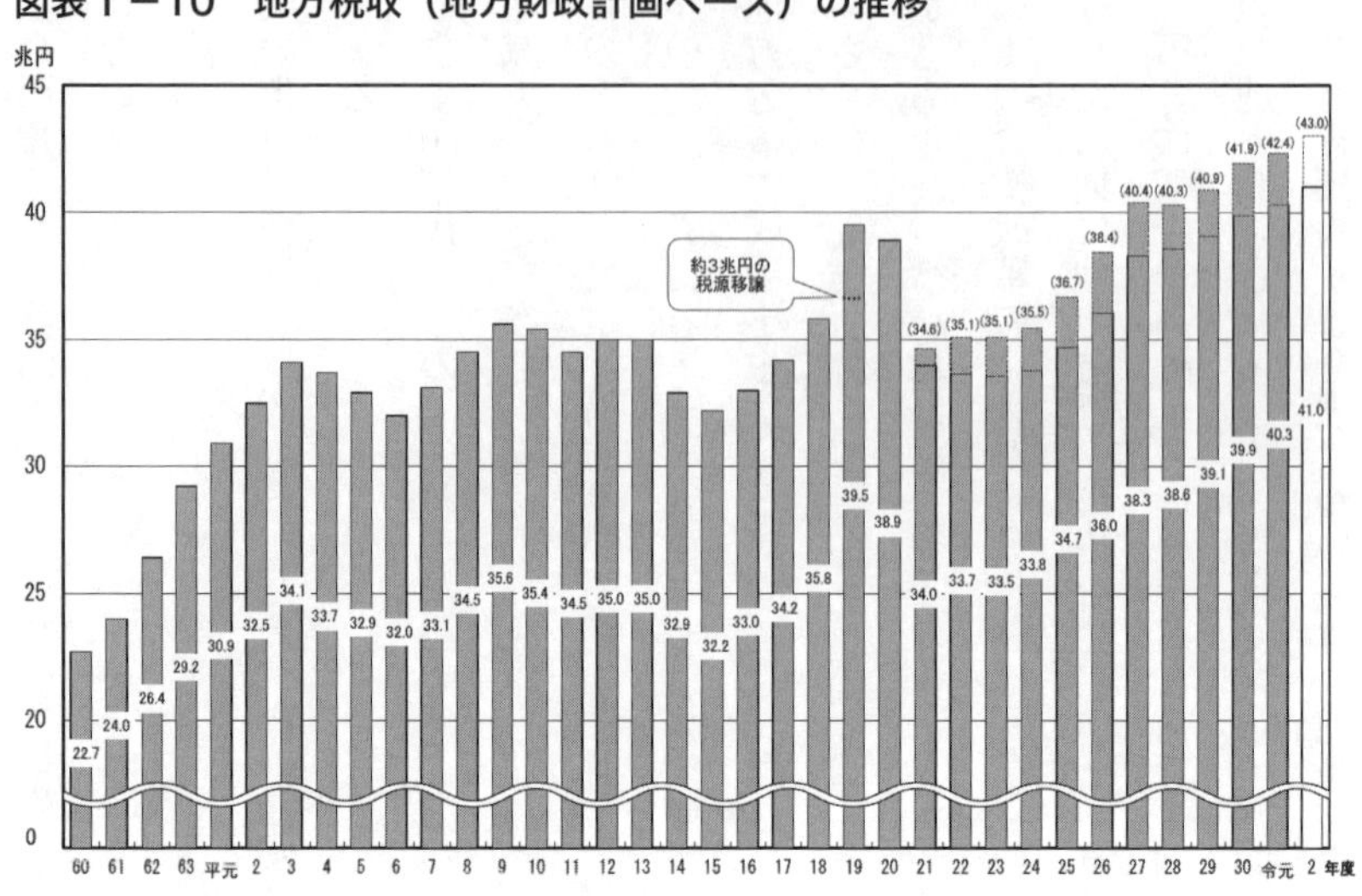

（出典）総務省ウェブサイト「地方税収等の状況」。

護保険法（２０００年施行）による社会保険方式による詳細かつ画一的な制度に切り替わり、自治体は政策的裁量を制約される反面、多くの事務負担と財政負担が求められた。また、子育て支援次世代育成支援対策推進法（２００３年）、子ども・子育て関連３法（２０１２年）によって、認定こども園など多様な子育てサービスの提供が求められた。これらの法制度の規律密度の高さや前述の財政緊縮もあって、独自の制度や施策を考える余裕はなかったのである。

　分権改革による自治体現場の変化が乏しい理由について、嶋田暁文氏は、①「未完の分権改革」仮説、②「自治体職員の認識・意識・努力不足」仮説、③「自治体行政システムによる変革抑制・阻害」仮説の３つを提示し、自治体関係者の多くは①の仮説が説明力が高いという前提に立ってきたが、②や③の仮説の方が実態をよりよく説明す

図表１－11　自治体職員数の部門別の増減（1994年〜2019年）

（単位：人、％）

部　門	1994年	2019年	増減数	増減率
一般行政部門	1,174,514	922,764	▲251,750	▲21.4
教育部門	1,281,001	1,014,962	▲266,039	▲20.8
警察部門	253,994	289,849	35,855	14.1
消防部門	145,535	162,076	16,541	11.4
公営企業等会計部門	427,448	351,002	▲76,446	▲17.9
合　計	3,282,492	2,740,653	▲541,839	▲16.5

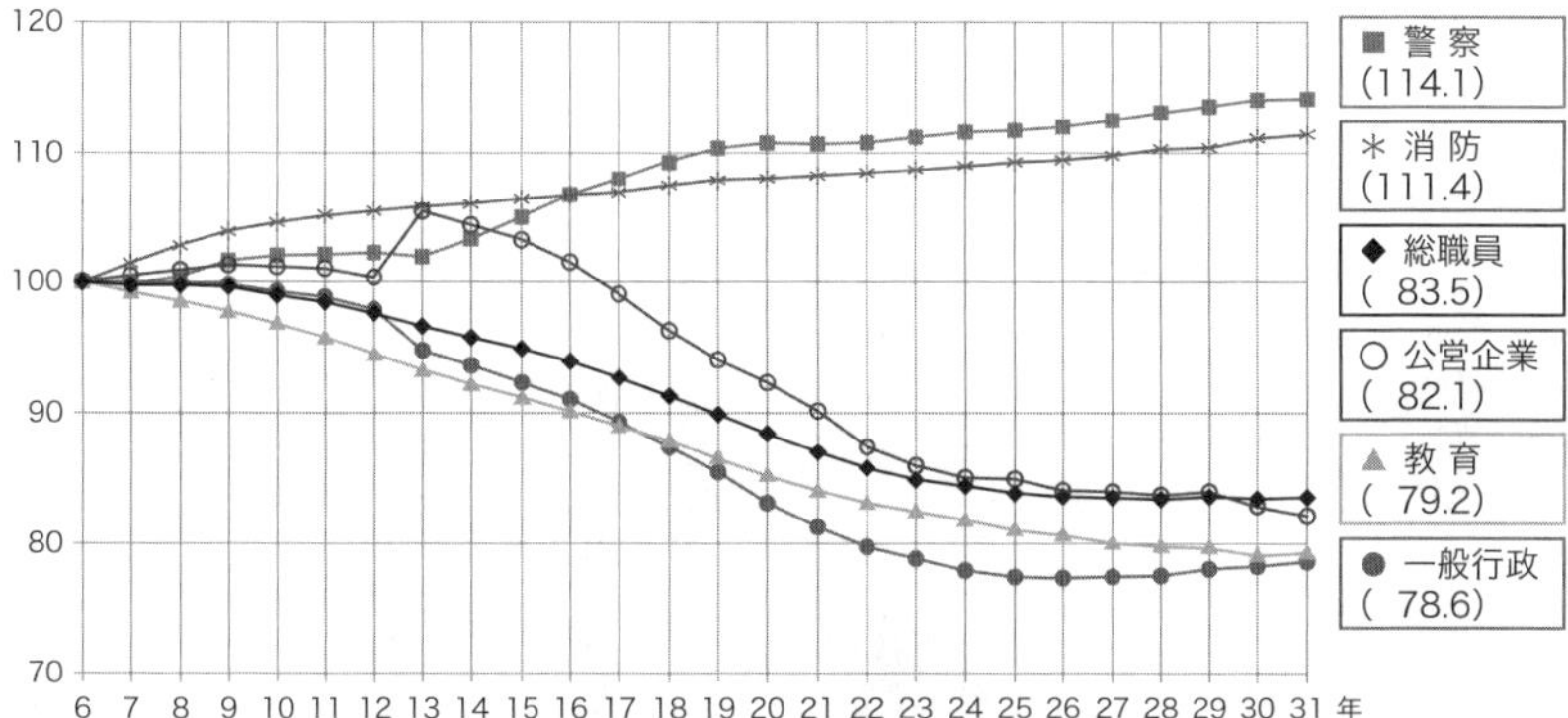

（出典）総務省「地方公共団体定員管理調査結果の概要」2019年版（4月1日現在）。

ると指摘し、自治体職員の働き方や自治体行政システムを変えていくべきだと指摘する（嶋田２０１７）。自治体が置かれている状況に着目することは卓見だが、そもそもこの①〜③の仮説は選択的な関係ではなく、それぞれ原因・背景の一部を説明しているものと考えられる。また、②の職員の意識や③の行政システムの問題は重要だが（**第５章４**参照）、どんな改革にもあてはまる障害であり、要するに「よい自治」になっていないのはなぜかという問いに答えようとしているのではないか。こうした区分を借用すれば、著者は①「未完の分権改革」仮説を基本としつつ、分権改革の実施時期に着目し、④「行政資源ひっ迫」仮説、⑤「福祉負担増大」仮説を提示しているといえよう。いずれにしても、できるだけ分権改革に固有の事情から検討し、今後の改革につなげることが重要であろう。

■分権改革には波及効果もあった

もっとも、地方分権の潮流の中で新しい取組みや変化が生まれた面もある。

第1に、政策条例の制定が進み、「政策法務」の考え方や実践が広がった。前述のとおり、地方分権の潮流に押されるようにさまざまな政策条例・独自条例が制定されるとともに、そうした実践を支えるための政策法務・自治体法務が重要とされ、政策法務研修が広がり、自治体法務検定もスタートした（自治体法務検定委員会編２０２０参照）。

第2に、平成の合併もあって政令市や中核市など中規模市以上の自立性や存在感が高まった。これらは、都道府県からの権限移譲という制度上の変化にとどまらず、行政組織が整備され、都市としての自立意識が強まり、その反面、都道府県の影響力低下につながった。

第3に、首長や議会が能動的になり、住民代表のしくみが活性化したことである。地方分権によって自治体運営の自主性・主体性が強調されたことから、首長のリーダーシップが求められ、マニフェストを掲げて独自政策に取り組む例も増えてきた。また議会への期待が拡大し、議会基本条例の制定や議会改革の実践が全国に広がった。なお、自治体職員も、国や都道府県に依存しないといった意識は強まったが、職員定数の削減等によって業務上の余裕がないためか、地域自立の時代のように政策研究に取り組むなどの能動性は弱まっている面があり、その評価は複雑である。

以上のような波及効果まで視野に入れれば、分権改革は日本の地方自治に相当の影響を与えたといえる。

■「分権改革休止論」は妥当か

分権改革が実質的に停滞する中で、分権改革を担ってきた有識者から、分権改革の要求をしばらく休止すべきだという「分権改革休止論」が唱えられている。たとえば西尾勝氏は、「自治体職員は、こうした最近の分権改革論議の動向に一喜一憂し右往左往することをやめ、それよりもむしろ、地方分権改革の既往の成果を活用することにこそ専心してほしい。」とする（西尾２０１３：95）(注6)。

確かに、自治体側には分権改革の成果を生かそうという姿勢や努力が不足している。しかし、前述のとおり国の法制度にはさまざまな問題があり、地域課題の解決に生かすことは難しい。また**本章1**でみたとおり、分権改革は「わが国の政治・行政の基本構造をその大元から変革しようとするもの」であり、

(注6) また西尾氏は「『分権改革を続けろ、続けろ』と言うことをしばらくお休みにする。（中略）そうして自力(ママ)を蓄え、次に絶好のチャンスが巡ってくるときに備えて弾込めをする。改革案を真剣に考えて、その際はこれを打ち出すというものを蓄えておくべき時期なのではないか」と語り、神野直彦氏も同様に「今はどちらに転ぶかわからないところで動いていますので、戦略的に言うと差しあたりは塹壕戦かなと思っています。」と語っている。地方自治制度研究会編２０１５：１５９、１５１。

「明治維新・戦後改革に次ぐ『第三の改革』というべきものの一環」であって「一朝一夕に成し得る性格のものではない」とされていた（地方分権推進委員会1996）。目標の一部しか実現できていないこの段階で、改革の要求を休止してよいのだろうか。今後は新しい目標と方法論を掲げて、分権改革の第3ステージを切り拓くべきではないか(注7)。それが「立法分権」だというのが、本書の提案である。

（注7）前出（注6）の座談会でも、松本英昭氏は、「機関委任事務制度の廃止のように、まさに中央集権の岩盤に到達するような改革はあったのですが、結局、岩盤が残っているために、そこから次から次に地方分権と理念とは違う制度と仕組みが生じてきています。（中略）こうすれば岩盤に到達する改革ができるのではないかという課題は挙げられるものだと思います。（中略）その一つひとつについてしっかり検討していく作業は、必要ではないかと思います。」とする（地方自治制度研究会編2015：152）。同感である。

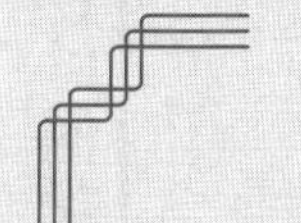

第2章　なぜいま立法分権か

第1章でみたように、日本の分権改革は重要な改革をなし遂げたが、改革の成果を実感する状況には至っていない。その最大の要因は、法令の執行権を拡充する「行政分権」にとどまっている点にある。今後は、「法令の過剰過密」にメスを入れ、自治体の立法権すなわち制度をつくる権能を拡充する「立法分権」を進める必要がある。今後、人口減少時代の地域課題に対応するためにも、過剰過密な法令が障害になっており、「立法分権」は不可欠である。そのためにも重要となる条例制定権について、3つのハードルがあることを解説する。

１「立法分権」とは何か

■分権改革20年を振り返る

第1章でみてきた分権改革の要点を振り返っておこう。

まず第1次分権改革では、①機関委任事務制度の廃止（自治事務と法定受託事務への転換）、②関与のルール化と係争処理制度の創設、③都道府県と市町村の対等化が行われた。この改革は、地方自治法という一般法を改正して国・自治体関係の基本原理を変える画期的なものであった。しかし、行政事務のあり方を左右する個別法はほとんど改正されず、規律密度の高さを含めて積み残し課題となった。三位一体改革では、税財政面の分権化が試みられたが、税源移譲はある程度進んだものの、補助金制度は変わらず、地方交付税は削減されて、地方財政の基盤はかえって脆弱化した。

また第2期分権改革では、①法令の義務付け・枠付けの見直し、②都道府県から市町村への権限移譲、③一括交付金制度の導入、④国と地方の協議の場の法制化が進められた。なかでも①の見直しは、第1次分権改革で残された個別法のあり方を改革するものであったが、その内容は規定の一部を条例に委任するものにすぎず、自治体の政策展開につながる改革になっていない。

分権改革には、政策条例の制定が進み「政策法務」の実践が広がったことや、首長や議会が能動的になり、住民自治が活性化したことなどの波及効果もあった。そうした効果を含めると分権改革の意義は小さくないが、限界ややり残したことの方が大きいのである。

近年の提案募集方式では、細かい法改正に終始し、議論自体が視野狭窄に陥っている。分権改革の看板は下ろされていないものの、国民やメディアの関心も薄れ、分権改革の灯は消えつつあるように見える。この状況をどう打開すべきだろうか。

■「行政分権」から「立法分権」へ

分権改革の最も大きな限界は、「行政分権」にとどまっている点にあると考えられる。すなわち、機関委任事務制度の廃止、関与のルール化、権限移譲など、いずれも現行の法制度を前提として法令を執行する権限を拡充・移譲することを求めてきた。もっとも第2期分権改革の「義務付け・枠付けの見直し」は、法令で定めていた事項を条例に委ねる点で立法権拡充の可能性を有していたが、実際には国にとって重要性の低い事項を条件付きで条例に委任（下請け）する改革になり、立法権拡充につながらなかった。今後は、自治体が自ら制度をつくる権限を拡充する「立法分権」が求められている。

そもそも法令事務は、①立法、②法執行、③争訟評価の3段階で展開される（**第6章1**参照）。従来は、立法は国が担当し、法執行は自治体が担当するという役割分担があった。実はこの法執行にも国が通達等を出して統制（行政的関与）していたため、これを自治体の自主判断に委ねるのが、これまでの分権改革であった。しかし、立法段階で制度が細かくつくられると（立法的関与）、法執行にあたり地域の実情を反映することも、自治体の創意工夫を生かすことも難しい。そこで、今後は自治体の立法権ないし制度をつくる権能を拡充する必要がある。これが「立法分権」の考え方である。

「立法分権」といっても、国の法令は基本的な枠組みを定めるうえで引き続き重要であるが、具体的な基準や手続は条例等のローカルルールに委ねることを主張するものである。いわば「国法と条例のベストミックス」をめざすのである。

実は、英国では行政分権と立法分権が明確に区別されている。すなわち、Devolution（権限移譲・分権）にはAdministrative devolution（行政的分権）とLegislative devolution（立法的分権）があるとされ、１９９０年代末から進められたスコットランド等への分権は後者であることが強調されている(注1)。もちろん英国のスコットランド等への分権と日本の自治体への分権を同列に論じることはできないが、その発想や概念は日本でも有効であろう。

では、なぜいま日本に「立法分権」が求められるのか。

第１に、国の法制度が過剰過密であるため、自治立法の可能性が限定されているためである。自治体には憲法で条例制定権が保障されているが、「法律の範囲内で」とされているため（94条）、法律が過剰過密だと条例制定の範囲が狭くなってしまう。

（注1）Lynch and Fairclough 2001,pp286-289によると、Administrative devolutionとは、政治的権力が中央に集中されている中で地域的な利益やアイデンティティを考慮するような設計が行われることであるのに対し、Legislative devolutionとは、地域に議会をつくり、そこに立法権を付与することであり、政策形成の力が中央から地域の議会に移ることであるという。

第2に、国の法制度が縦割りで画一的であるため、多様な地域課題に対応できなくなっているためである。とくに人口減少時代には、都市のコンパクト化、空き家対策、公共施設の再編など新たな問題が生じ、自治体の知恵と工夫が不可欠であり、条例が重要になる。

第3に、国のフルセットの法制度を執行するのは、コストがかかり過ぎるためである。国の法制度は、全国の状況に適合するため複雑な制度になるが、自治体の条例なら地域課題に照準を合わせたシンプルな制度にでき、効率的な執行が可能になる。

第4に、自治体の制度・政策であれば、住民の意見を反映しやすく、合意形成を図りやすいためである。今後、公共サービスの削減も予想される中で、住民の理解と協力を得るには、自治体独自の可変性のある制度に転換する必要がある。

では、立法分権を進めるうえで何が障害になるのか、そしてその障害をどう克服すべきか。それが本書で考えようとするメインテーマである。

2　「法令の過剰過密」とは何か―法令のインフレが地方分権を妨げる

■「法令の過剰過密」とは何か

前章では、20年に及ぶ地方分権改革には、やり残した課題が大きいことを指摘し、今後は、自治体の立法権すなわち制度・政策をつくる権限を拡充する「立法分権」が求められていることを指摘した。このやり残した課題のうち最大の問題が「法令の過剰過密」である。

現在、日本の自治体は、多くの法令を執行するとともに、それに縛られて仕事をしている。法令を執行する場合は、その内容が地域の実情に合致していなくても、忠実に執行するしかない。また、地域の活性化のための施策や事業を企画しても、法令の規制にぶつかって断念・修正を余儀なくされる。そうした法令は、課題の増大とともに増える一方である。自治体職員は、法令の世界に慣れ親しむうちに、地域独自の制度をつくる、つくれるという発想を失ってしまう。このように、社会の課題に対して多くの法令（行政法規）が制定され、かつ細部の事項まで規定している現状が、「法令の過剰過密」の問題である（礒崎１９９９：38－39、１０９）。

このうち法令の「過剰」とは、縦割りの行政システムの下で必要以上に多数の法令が制定されていることであり、「過密」とは、それらの法令が必要以上に細かい規律をしていることである。「過密」は、第２期分権改革で取り上げられた「枠付け」の問題であり、いわゆる「規律密度」の問題である。

以下では、まず「過剰」問題を取り上げ、次いで「過密」問題を取り上げる。

■「法令の過剰」の状況－立法のインフレをどう見るか

まず日本の法令数であるが、国のｅ－ＧＯＶ法令検索・ＤＢ登録法令数によると、①憲法・法律２０５５、②政令・勅令２２８２、③府令・省令・規則４３５５、合計８６９２本の法令が制定されている（２０２１年２月末現在）。ここには民事法、刑事法なども含まれているが、相当部分は行政法規であり、自治体の事務に関する法令も多い。

川﨑政司氏は、「社会国家化に伴う行政の役割の飛躍的増大は、それに比例して社会生活の細部にまで国家が介入することを許すこととなり、法規制の過度の増大と立法主体の多様化をもたらした。そして、そのことによる法規範の過剰は、議会の立法能力の低下と相まって、複雑化・難解化・予見可能性や法的安定性の低下・不整合化など法規範の質的な低下を招」いていると指摘し、こうした現象を「法令の洪水」「立法のインフレーション」と呼んでいる（川﨑2011：76−78。ザワツキー1989も参照）。この指摘は、地方分権を意識したものではないし、立法の質の低下に重点があるが、日本の立法が過剰になっているという認識は貴重である。著者の問題意識でいえば、自治立法に委ねるべき事項まで国の法令で規定するために、「国法のインフレ」が生じていると指摘したい。

行政分野別の実務用六法を調べてみると、**図表2−1**のとおり多数の法令・通知等が掲載され、いずれも3000頁以上になっている。このうち環境六法を除く六法には、各70〜200本程度の法律・政省令・告示（以上は法的拘束力あり）と100〜300本の通知等（原則として法的拘束力なし）が掲載されている。その特徴は、①法律よりその委任による政令・省令・告示が多いこと、②都市計画では法律・政令が多く、環境・介護・障害者では告示が多いこと、③多数の通知等が掲載されていることである（注2）。法令事務の現場では、こうした六法を参照しながら日々の業務が行われているのである。

図表２－１　行政分野別六法（例）の法令数等の状況

単位：本数（割合：％）

六法（法令集）名	法律	政令	省令	告示	通知等	合計	総頁数
都市計画法令要覧 平成29年版（国土交通省監修、ぎょうせい）	73 (23.9)	59 (19.3)	56 (18.3)	9 (2.9)	109 (35.6)	306 (100)	4,715
農地六法 平成29年版（農林水産省監修、新日本法規）	17 (8.5)	16 (8.0)	27 (13.6)	9 (4.5)	130 (65.3)	199 (100)	3,174
環境六法Ⅰ、Ⅱ平成26年版（中央法規）	142※1 (19.9)	104 (14.6)	178 (24.9)	271 (38.0)	19 (2.7)	714 (100)	6,565
介護保険六法 平成27年版（中央法規）	19 (4.5)	8 (1.9)	29 (6.8)	120 (28.3)	248 (58.5)	424 (100)	3,558
障害者総合支援六法 平成29年版（中央法規）	22※2 (4.5)	20 (4.0)	49 (9.9)	107 (21.7)	296 (59.9)	494 (100)	2,935
合　計	273 (12.8)	207 (9.7)	339 (15.9)	516 (24.1)	802 (37.5)	2,137 (100)	20,947

（注）本来の対象法令に限定し、関連法令は除いた。※1は条約13本を、※2は条約1本を含む。
（出典）各六法の「目次」から著者作成。

■「法令の過剰」の原因は何か

では、法令の過剰が生まれる原因は何だろうか。

第1に、省庁別の縦割りの行政体制の下で、各省庁が競って立法化するためである。たとえば、1994年に水道水源の水質保全立法をめぐり厚生省と環境庁が対立したため、結果的に別々の目的を掲げた2つの法律を制定したという（川崎1996d）。

（注2）ここで通知等とは、国が主として自治体向けに発出した通知・要領・計画等をいう。これらは機関委任事務制度の廃止によって、原則として技術的助言（自治法245条の4第1項）となり法的拘束力を失ったが、実務ではなお重要な役割を担っており、実務用六法の掲載内容がそれを示している。その意味で「通達行政」は残念ながら健在である。

第2に、省庁・議員ともに、問題対処の実績づくりのために法律を制定する傾向があるためである。たとえば養豚農業振興法（2014年制定）は議員立法で成立したが、その必要性・実効性を考えると、関係業界向けの実績づくりの感がある。

第3に、国民・メディア側も、問題が生じると国の対応を求めるためである。たとえば、待機児童対策と保育の質の確保は基本的には自治体の責任であるが、国民はすぐに国の対策や規制を求めがちである。

第4に、多くの法令は自治体が執行主体になるため、立法にあたり執行コストによる抑制が働かないためである。特に規制行政は直接的には国の負担にならないため、安易に法令を制定しがちであり、また必要性が薄れても廃止する誘因は働かない。

■「法令の過剰」は何をもたらしているか

この法令の過剰は、自治体行政にどのような影響を与えているだろうか。

第1に、自治体に「法令ありき」の受け身の姿勢が生まれ、政策的な発想や主体性が育たないことである。法令に縛られるうちに、「政策を考えるのは国の役割」という固定観念が生まれ、地域に新しい問題が生じても国の法令対応を待つことになりがちである。たとえば、空き家や所有者不明土地の問題は、現場では以前から問題になっていたが、多くの自治体は国の対応を待ってきた。

第2に、国の法令が縦割りであるために、地域づくりの総合的な視点が失われることである。自治体職員は、担当する法令に慣れ親しむほど縦割りの発想になり、市民目線で問題を捉えることが難しくなる。たとえばある市にショッピングモールの進出計画が持ち上がったとしよう。都市計画担当は都市計画法との整合性を問題にし、農政担当は農地転用の可否を考え、商業担当は既存商店街への影響を気にするが、市民生活や将来の地域像に照らして検討するという基本は失われがちである。

第３に、法令の「過密」の問題も相まって、法令の執行に多大なコストを要し、自治体の負担が大きくなっていることである。いま自治体では、職員数が削減される一方で法令事務（分権改革による移譲事務を含む）が増加しているため、職員はその対応に追われている。たとえば、ある市の都市計画課に配属された職員は、短期間に『都市計画法令要覧』の３０６本の法令・通知等を理解することなどできないため、問題にぶつかるたびに該当箇所を探したり、同僚や都道府県職員に相談したりしてかろうじて処理するのが現実であろう。こうした現場に分権改革の成果を生かせといっても無理な相談ではないか。過剰な法令が執行現場の重荷になっている。

こうした状況を変えるために、今後は法令の廃止と統合を大胆に進めるべきである。その方法は、**第4章2**で検討する。

■「法令の過密」の状況―モンスター化する「法令の森」

次に、法令の「過密」の問題、すなわち自治体の事務を定める法令が必要以上に細かい規律をしているという問題を取り上げよう。

この問題は、第2期分権改革では「枠付け」の問題として取り上げられ、**第1章の図表1－8**のとおり、10次に及ぶ地方分権一括法で計328法律の改正が行われた（義務付けの見直しを含む）(注3)。その中には、児童福祉施設の基準、公営住宅の入居資格、道路構造の技術的基準など実務的に意味のある見直しもあったが、全体として、法令基準の根幹は政省令で定め、枝葉は条例で定めてよいという内容にすぎず、本当の「改革」にはならなかった。

そもそも法令の規定は膨大である。328本の法律を改正したといっても、「法令の森」のいくつかの樹木の枝葉を伐採したようなものである。この間の分権改革でも、地方自治法という一般法は改革したが、個別法の具体的な改革は省庁間の検討に委ねざるを得なかった。この「法令の森」の実態と問題点について検討しよう。

法令の「過密」の状況を端的に示すことは難しいが、ひとつの試みとして、主な法令の条文数と文字数をみてみよう。**図表2－2**は、自治体の事務を定める典型的な法律・政令・省令と、それと同分野の条例を取り上げ、それぞれの条数と文字数をカウントしたものである。これによると、①法律の条と文字は相当数に及ぶこと、②各法律を施行するための政令と省令が制定され、その条と文字は膨大な数であること、③これらの数は新しい法律ほど増加する傾向があること、④条例・規則の条と文字の数は法

（注3） 義務付け・枠付けの見直しについては、内閣府ウェブサイト「地方分権改革」http://www.cao.go.jp/bunken-suishin/ 参照。

図表2－2　主な法律と条例の条数・文字数

法律名（制定年）	法律／条例		政令（施行令）／規則（施行規則）		省令（施行規則）	
	条数	文字数	条数	文字数	条数	文字数
公有水面埋立法（1921年）	53	9,404	33	4,963	18	5,016
墓地、埋葬等に関する法律（1948年）	20	2,717	—	—	10	2,193
生活保護法（1950年）	109	36,502	17	6,863	44	15,116
農地法（1952年）	75	41,078	36	13,267	108	46,373
河川法（1964年）	133	43,878	111	37,768	111	32,676
都市計画法（1968年）	152	72,716	96	35,721	118	38,908
介護保険法（1997年）	363	216,366	126	100,586	475	197,154
景観法（2004年）	109	41,906	29	11,973	32	7,645
山梨県景観条例（1990年）	24	7,109	16	5,665	—	—
世田谷区街づくり条例（1995年）	51	13,319	44	11,988	—	—
箕面市高齢者等介護総合条例（2000年）	40	12,302	13	38,416	—	—

（注）字数は各条文（附則は削除し別表は原則として含む）をコピーし、Wordのカウント機能によりカウントした。

（出典）法令は「e-Gov法令検索」から、条例は各自治体の例規システムから著者作成（2018年5月現在）。

律・政省令よりも少なく、スリムであることが確認できる。

実は、公有水面埋立法や墓地埋葬法などの古い法律では、行政庁の自由裁量を前提にしていたこともあってシンプルな規定が多いが、介護保険法のように最近の法律では、きわめて詳細な規定が設けられている。このことは、行政庁の恣意を抑制し、国民に予見可能性を保証する点で、法治主義を実質化するという利点につながる。しかし、あまりに詳細かつ複雑な規定では、国民は（行政担当者も）内容を理解できず、かえって法治主義の形骸化を招いているのではないか。これに対して、条例・規則の規定はかなりシンプルである。

前出の川﨑氏は、「法制度の構造は極めて複雑かつ難解なものとなっている。そして、ますます複雑化する現代社会において、法令はこれに対応するために非常に詳細な規定を設けるようになり、専門化・高度化・緻密化の度合いを増してきている」と指摘するとともに(注4)、その結果「法制度は国民にとって非常に分かりづらいものとなっているだけでなく、専門家にとってもその把握・理解が容易ではなくなって」おり、「立法作業をますます困難なものとし、立法のミスや制度間の不整合といったものも目立つようになっている」と指摘し、2004年の年金改革に伴う国民年金法等改正法に40箇所にわたる立法のミスが見つかって政治的問題になった事例を紹介している（川﨑2009：54－55)。「過密」な法令の世界は、立法担当者すらコントロールできないモンスターのようになっている。

■「法令の過密」の原因は何か

では、なぜ法令の規律密度は高くなるのだろうか。

第1に、法令の全国的な汎用性を維持し、あらゆる事例に適用できるよう細かい基準が必要になるた

（注4）川﨑2011：77参照。同77－78では「委任立法の数が法律の数をはるかに凌駕していること」による「法治主義の形骸化」にも警鐘を鳴らしている。

めである。たとえば開発規制の法律では、農村におけるゴルフ場開発から都心の高層ビル建築まであらゆる形態を想定して規制の対象や基準を決める必要があるため、膨大な規定が必要になる。

第２に、国が自らの政策方針に基づいて執行機関をコントロールしようとするためである。とくに第１次分権改革で機関委任事務制度が廃止された結果、法令の根拠がなければ自治体を統制できないため、法令に規定しておく必要が生じた。分権改革の成功が法令の過密化を進めているとすれば、皮肉な結果である。

第３に、立法担当者の中に法令とは自己完結すべきものだという固定観念があるためである。法令の内容が論理的に一貫し、必要な事項を不足なく定めている法令がよい立法だという意識があり、さらに内閣法制局の審査（**第４章７**参照）がこの思い込みに拍車をかけているのではないか。

第４に、立法担当者が法解釈の誤りや現場の混乱が生じないようにしたいと努力するためである。とくに現場の処理能力に疑問があるとき、いろんな規定を設けて現場が対応しやすくしようとする。立法担当者の善意と心配症が法令の過密化をもたらしているのではないか。

■「法令の過密」は何をもたらしているか

このような法令の過密は、自治体行政にさまざまな問題をもたらしている。

第１に、執行を担当する自治体の裁量を限定し、地域の実情に合った法令の解釈運用を難しくする。北海道から沖縄まで地域の事情は異なるのに、細かい規定で画一的に規律しようとするため、実態に合わない結果をもたらしたり、自治体なりの解釈や工夫の可能性を閉ざしてしまう。とくに地域の特性に応じて処理すべき自治事務（自治法2条13項）について、こうした法令がまかり通るなら、地方分権の目的は損なわれ、「地方自治の本旨」（憲法92条）は絵にかいた餅になる。

第2に、膨大な法令の規定によって法令が扱いにくいものとなり、自治体現場の混乱・困惑と執行コストの増大を招いている。前述のように、立法担当者は現場が混乱しないようにさまざまな規定を書き込むが、分厚い取扱説明書がかえって無謀な製品使用を招くように、自治体職員は過密な法令を見て理解すること自体を断念し、簡単なマニュアルで処理しようとして誤った法解釈や不適切な対応をしてしまう。また、過密な法令は、その執行のコストを増大させる。たとえば過密な介護保険法を施行するために、市町村は担当課に多くの職員を配置し、介護認定審査会などの機関も設置するため、そのコストは大きなものになる。

第3に、小中規模の自治体では複雑・緻密な法令を適切に解釈・運用できないため、権限移譲の可能性を狭めてしまう。地方分権のためには、住民に身近な基礎自治体が多くの行政事務を処理できることが理想であるが、担当職員が1名しかいないような役場で過密な法令を円滑に執行することは難しい。

以上に対し、条例であれば、地域の実情に適合した内容にできるし、地域の問題に対応できればよいためシンプルな規定で済むし、制定後に支障があれば改正することも容易である（注5）。法のあり方・将

（注5）礒崎2018a：11では、個別適応性、アナログ性、総合性、応答性が自治立法の特性であると位置付けた。

来のためにも、国法から条例への「立法分権」が求められるのである。

３　人口減少時代の地域課題と法令の拘束
ー成長時代の法制度がなぜ機能しないか

■地方創生を阻むものは何か

２０１４年に「まち・ひと・しごと創生法」（地方創生法）が制定され、いま全国の自治体がいわゆる地方創生に取り組んでいる。すでに第１期（２０１５～１９年度）を終えて、第２期（２０２０年度～）に突入している。地方の活力を高める取り組みが、国主導のしくみの下で多分に補助金獲得を目的として進められていることは、地方分権の見地からは問題があるが、本格的な人口減少時代を迎え、各自治体が自ら魅力ある地域づくりを進めることは、重要なことである。

そもそも地方創生とは、①国民が潤いのある豊かな生活を安心して営むことができる地域社会の形成（まちの創生）、②地域社会を担う個性豊かで多様な人材の確保（ひとの創生）、③地域における魅力ある多様な就業の機会の創出（しごとの創生）を一体的に推進することとされている（まち・ひと・しごと創生法１条参照）。

地方創生の概念をここまで広げると、ほとんど自治体の行政活動全体を指すことになりそうだが、自治体が本格的な人口減少・経済縮小の時代を迎えて、自らの知恵と力でこうした地域づくりを進めることが求められていることは確かである。狭義の地方創生の取組みとは異なる意味で、いま確かに「地方創生の時代」を迎えている。

では、地方創生時代に地域はどのような課題に直面しているだろうか。そして、それに対してどのような施策・対応が求められているか。もちろん、地域によって抱える課題は異なるが、ここでは法律の枠組みであるまち・ひと・しごとの3面から、多くの地域に共通する課題を概観してみよう（以下、礒崎２０１８ｃ、礒崎２０１７ｃ：12－17参照）。

■まちの創生―時代にマッチしなくなった規制法のしくみ

第1に、「まち」については、人口減少・経済縮小に伴って、空き家や耕作放棄地・荒地が増加して治安・防災・景観に悪影響を与えるとともに、地価の低落や相続手続の回避などにより所有者不明土地が増加し、まちの維持・形成を困難にしている（吉原２０１７参照）。また、道路、橋梁、公園、上下水道、公民館などの公共施設が老朽化し、利用者減少の中で維持管理コストが自治体の重荷になっているし、ローカル鉄道、路線バス、定期航路などの運営が困難となり、縮小・撤退が進み、自動車を利用できない高齢者を買い物難民、通院困難者になっている。

こうした課題に対して、開発意欲が旺盛な時代に、開発行為という作為を規制することによって効果を発揮してきた都市計画法、農地法等の土地利用規制法は、放置・放棄という不作為や、地権者さえ不明の土地に対しては、なすすべがない。その点で、不作為に対して適正な管理を要求する空き家等対策法（２０１４年制定）は、人口減少時代の象徴的法制度である。都市の「スポンジ化」への計画的な対応も問われている（饗庭２０１５参照）。また、利用者の増加を想定して高水準の施設整備を求める道路法、水道法、都市公園法等の公物管理法は、施設の機能縮小や複合化に対応できなくなっている。道路運送法、旅館業法等の事業規制も、採算がとれず参入事業者の少ない地域では、身の丈に合った小規模サービスの障害になっている。

右肩上がりの時代につくられた規制法の発想を脱して、新しい誘導・支援のしくみが求められている（たとえばパブリック・イニシアティブ編２０１７参照）。

■ひとの創生―暮らしを支えられない縦割りの専門的サービス

第2に、「ひと」については、本格的な少子化が進み、人口減少・労働力不足・地域の活力低下を招いている。また、地方の学校・大学が経営困難となり、学びの場の活力が失われつつある。また、超高齢化に伴い、介護・医療のサービスが行き届かず、一人暮らしの高齢者の生活をどう支えるかも問題になっている。地域によっては、交流人口が増えたり、歴史文化が注目される例もあるが、多くの地域は生活課題への対応に追われている。

こうした課題に対して、保健・福祉等の法制度は縦割り・画一的であり、専門分化している。暮らしの課題は相互につながっており、総合的かつ個別的な対応が求められるが、児童福祉法、介護保険法などの法律は縦割りで、住民の多様なニーズに対応しきれなくなっている。

今後は、コンパクトで使いやすい法制度と、ＮＰＯ・コミュニティ組織によるきめ細かなサービスが求められているのである。

■しごとの創生―有効性を失った護送船団型の産業政策

第３に、「しごと」については、農林漁業や地域商業が衰退し、グローバル化の中で製造業の現場も縮小し、雇用の基盤が脆弱になっている。福祉・医療の事業者は増えたが、公的保険制度に依存する事業者では、高い報酬や思い切った人材養成は難しい。一方、人口減少により地価は低落し、農地の集団化も容易になるため、農業経営の可能性は高まるはずである。情報技術、ＡＩ、ロボットなどの技術は、地方圏の産業も活性化させる可能性がある。

こうした状況に対して、地域資源を生かした産業の振興を図るとともに、コミュニティ・ビジネスなど働く場をつくることが重要である。たとえば農林漁業の六次産業化、観光資源の開発とネットワーク化、道の駅等の交流拠点の整備、福祉・医療の拠点整備と雇用の創出、ＮＰＯやコミュニティ・ビジネスの振興、地域独自の就業支援などが課題になろう。

国が主導してきた画一的で大型の産業政策ではなく、また昔ながらの補助金や業界支援でもない、小規模で多機能型の政策や支援が求められている（たとえば増田監修２０１５参照）。

図表2－3　人口減少時代の地域課題と対策

キーワード	地域の課題	対策の方向性
①リニューアル	空き家・耕作放棄地、所有者不明土地の増加、公共施設の老朽化、公共交通機関の弱体化	空き家・耕作放棄地対策、土地利用規制の改革、街並み・景観の再整備、公共施設のあり方改革
②コンパクト	少子化、人口減少・労働力不足・活力低下、教育機関の活力低下、介護・医療サービスの限界	サービスの小規模多機能化、地域密着型施設、個別ニーズ対応型のサービス、法制度の統合
③コミュニティ	一人暮らしの増加、高齢者の孤独化、人間関係の希薄化、行政組織の限界、社会保障制度の限界	コミュニティの支援、Uターン・Iターンの支援、市民農業の支援
④ローカル・ルール	縦割り・画一な法制度の機能不全、行政サービスの非効率、住民の自己決定への要求	法制度の統合・枠組み法化、コミュニティ組織の支援、協働の推進、熟議型デモクラシー

（出典）著者作成。

■地方創生時代のキーワードは何か

以上、問題領域ごとにみてきたが、かつて有効性を発揮した制度や政策が、いまや時代の要請に合致しなくなっている。もちろん地域の課題はさまざまであるが、今後求められる構造的な改革や再編の方向性をキーワード的に集約すると、**図表2－3**のとおり、①リニューアル、②コンパクト、③コミュニティ、④ローカル・ルールが挙げられるのではないか。

現行法制度の「過剰過密」の問題は、**第3章**で具体的に検証するが、ここでは人口減少時代への対応という視点から、この4つの視点に即して、現行法制度の問題点と考えられる改革の方向性について考えておこう。

■土地利用・公共施設のリニューアルと法制改革

人口減少に伴って、土地利用の荒廃や公共施設の老朽化が進み、その「リニューアル」が求められる。

第1に、農地の不耕作・荒廃については、農地法や農業振興地域整備法（農振法）のあり方が問題になる。経済成長期には工業用地、住宅地等への転用が多かったが、２０００年代からは高齢化、担い手不足等のために耕作放棄地が増加している。これに対して、農地法や農振法では農地の転用を全国画一的な基準で規制して優良農地を守ろうとしているが、これらは耕作放棄という「不作為」には無力である。国では、農地法改正や関係法の制定（２０１３年）によって農地中間管理機構による担い手への集積・集約化などの対策を進めているが、対策が後手に回り、かつ小出しであるため、インパクトは少ない。

実は、人口減少によって農地の価格が低落すれば、農業への新規参入の可能性は高くなる。また農地を荒廃させておくなら、転用を認めた方が地域活性化につながる。そこで、地域の実情に合わせて、農地を株式会社を含む新規参入者に賃貸・譲渡したり、転用を弾力的に認めてはどうか。もちろん農地の権利移転や転用を規制した方が地域産業の振興につながる地域では、規制を維持すればよい。全国の農地を総合的な地域づくりから切り離して、縦割りの法制度で管理しようとすることに無理があるのではないか。

今後は、農地法、農振法を含む土地利用法制度を統合して、土地利用計画法等の「枠組み法」にするとともに、里づくり条例等で農地規制の内容や基準を定めるべきである。

第2に、森林の荒廃についても、森林法の保安林や開発許可などの規制制度があるが、農地の場合と同様に、森林の荒廃や所有者不明の問題には対応できない。国では2018年に森林経営管理法を制定し、市町村による経営管理権集積計画、不明共有者のみなし同意、確知所有者不同意森林の同意勧告・裁定などを制度化した。こうしたしくみは有用であり、遅すぎた感があるが、自治体に新たな事務を義務付ける点や、細かい基準・手続を定めている点で問題がある。今後は、法律では私権介入の根拠と基本的規定にとどめ、詳細は地域の実情にあわせて里づくり条例等で定めるべきである。

第3に、道路・橋梁、水道、公民館等の公共施設の維持運営については、縦割りの法制度をこえて総合的な見直しを進める必要がある。たとえば水道については、2018年の水道法改正では、広域連携の推進、適切な資産管理、官民連携の推進などが定められた。一般論としては必要な方向であるが、水道のように地域に根ざした公共サービスのあり方は各自治体が考えるべきである。今後は、各公物管理法は基本的事項にとどめ、まちづくり条例、公共施設計画条例等によって、住民との合意を形成しながら見直しを進めるべきである。

■まち・サービスのコンパクト化と法制改革

人口減少によって、暮らしの基盤であるまちと生活サービスの「コンパクト化」が必要になっている。

第1に、市街地の縮小とスポンジ化（市街地内部にまばらに空き家・空閑地ができること）に対応する必要がある（饗庭2015参照）。都市計画法では、経済成長期に、拡大する市街地を抑制し、効率的な公共投資を行うために、線引き制度や用途地域・容積率等の制限を定めたが、現在、市街化区域の縮小、用途地域の見直し、容積率の引き下げなどが必要になっている（たとえば大西編著２０１１参照）。中心市街地活性化法では、市町村による中心市街地活性化基本計画の作成と内閣総理大臣の認定、中心市街地共同住宅供給事業等の実施を定めている。また国は２０１８年に都市再生特別措置法を改正して、市町村による低未利用土地権利設定等促進計画、立地誘導促進施設協定などの制度を創設した。こうしたしくみは一定の意味があるが、法律で細かい事務を規定して自治体の仕事を増やす必要があるか、既存の法令をそのままにして追加するのが適切かなど、疑問がある。今後は法律では基本的な規定にとどめ、詳細はまちづくり条例等で定めるべきである。

第2に、中山間地域や都市周辺部では、生活条件の悪化への対応のほか、集落移転や街なか居住が課題になっている（集落移転については、林・齋藤編著２０１０参照）。たとえば国は過疎地域自立促進特別措置法（２０００年制定）に基づいて、定住促進団地整備や集落移転等に対する財政支援を行っているが、利用例は多くない。街なか居住には、公営住宅やサービス付き高齢者向け住宅の活用も必要になる。公共交通活性化・再生法（２００７年制定）では、自治体による地域公共交通網形成計画の策定等を定めているが、地域の実情を踏まえた対策が重要である（原田編著２０１５参照）。今後は、法律では基本的な事項にとどめ、詳細はまちづくり条例、暮らし支援条例等で定めるべきである。

第３に、福祉・保健・防災等については、コンパクトで総合的なサービス提供が求められている。たとえば介護保険法は、要介護認定の手続と、介護給付、予防給付など30種類以上のサービスを定め、それぞれ提供する事業者・施設を指定するしくみを設けているが、ここまで複雑なしくみが必要か、疑問がある。また、高齢者の生活に関しては、障害者自立支援法、高齢者住まい法、国民年金法、生活保護法など多くの法制度があるが、現場ではある高齢者の生活をどう支えるかが課題であり、縦割りの制度では使いにくい。通院、買い物、ゴミ出し、災害避難など高齢者の生活支援も必要になっている。その点で地域包括ケアのしくみづくりは重要な課題であるが、そのためにも関係法制度をできるだけ統合し、生活相談や地域密着型サービスについては、暮らし支援条例等で制度化することが望まれる。

■コミュニティ支援と法制改革

以上のような課題への対応を考えても、今後は「コミュニティ」の役割が重要になる。一方で、人口減少・高齢化・一人暮らし世帯の増加等によって、都市でも農村でもコミュニティの機能は脆弱になりがちである。そこで、自治会・町内会等のコミュニティ組織が、それぞれの実情に合った形で役割を果たせるよう、自治体として支援する必要がある。

たとえばコミュニティ支援条例で、コミュニティ組織への加入やその活動への参加を住民の努力義務として定めたり、市町村長・議会への提案権・意見具申権、行政計画への同意権を定めることが考えられる。また、一定の財源（枠予算）を保障したり、当該地区だけに適用される条例や住民協定などのコミュニティ・ルールをつくる権限（議会で追認的に議決）を付与することも考えられよう。

図表２－４　人口減少時代の地域課題と考えられる条例対応

〈方向性〉	〈主な課題〉		〈考えられる法制改革〉
1）リニューアル	①農地の荒廃・耕作放棄	→	土地利用規制法の統合と里づくり条例等
	②森林の荒廃・所有者不明	→	森林法等の枠組み化と里づくり条例等
	③公共施設の維持・見直し	→	水道法等の簡素化とまちづくり等
2）コンパクト	①市街地の縮小・スポンジ化	→	都市計画法等の枠組み化とまちづくり条例等
	②街なか居住・交通対策	→	過疎法等の改革とまちづくり条例等
	③高齢者の生活支援	→	介護保険法等の改革と暮らし支援条例等
3）コミュニティ	コミュニティの役割拡大	→	コミュニティ支援条例等
4）ローカル・ルール	縦割り・過密な法制度	→	法令の枠組み化と条例への転換

■法制改革とローカル・ルールへの転換

以上の要点をまとめると、**図表２－４**のとおりである。ここからもわかるとおり、人口減少時代の地域課題に対応するには、法令の枠組み化等の法制度の改革と、「ローカル・ルール」への転換が求められている。すなわち「立法分権」が求められているのである。

人口増加時代の諸問題に対応するために、現行の法制度がつくられた。そして問題が増えるたびに新たな法令をつくり（法令の過剰）、問題が複雑化するたびに各法令の規定を細かくしてきた（法令の過密）。２０１０年前後から人口減少期に移行すると、新たな問題が生じ、従来の法制度では対応できなくなっている。それでも法制度の枠組みを維持したまま、新たな法令をつくり、また規定を細かくすることで対応しようとしている。その結果、「法令の森」はますます拡大・過密化し、自治体の負担を増している。

２０２０年代、本格的な人口減少時代に突入したいま、こうした集権型の法令の増殖を断ち切り、「立法分権」を進める必要がある。

４　条例制定権の範囲ー３つのハードルとは何か

立法権の拡充をめざす立法分権を進めるには、そもそも条例はどこまで制定できるのか、その範囲について確認しておく必要がある。とくに**第４章３～６**では、立法分権に向けて条例制定権の拡充策を検討するが、そのためにも現状を明確にしておくことが重要である。

■条例制定権の３つのハードルとは

まず憲法は、条例は「法律の範囲内で」制定できると定めているし（憲法94条）、当然ながら条例は憲法に反することはできない（憲法98条1項）。この憲法94条を受けて自治法は、条例は「法令に違反しない限りにおいて」「地方公共団体の事務に関して」制定できると定めている（14条1項）。そこで条例制定には、①当該自治体の事務に関するものであること、②憲法に違反しないこと、③法令に違反しないこと、という３つのハードルがあることになる。

なお、条例には独自条例（自主条例）と法定事務条例がある（**第４章４**参照）。独自条例とは独自に事務を創設して必要な事項を定める条例であり、法定事務条例とは法律に基づく事務について必要な事項を定める条例である。法定事務条例についても、上記の3つのハードルがある点は変わらないが、事務の根拠となる法律の解釈が主な問題になるため、ここでは自主条例を念頭に置いて検討する。

■当該自治体の事務に関するものであること（第1ハードル）

第1に、条例は当該自治体の「事務」に関するものであることが必要である。市町村条例であれば、当該市町村が担当すべき役割に関して定めるものであり、国や都道府県が担当する役割に関して制定することはできない。たとえば、外交の処理や安全保障は国に専属する事務であり、大気汚染防止、森林保全等の広域的な事務は都道府県の事務であるため、基本的に市町村条例を制定することはできない。都道府県条例の場合は、国に専属する事務のほか、福祉サービス、義務教育、コミュニティ等の市町村の事務については、基本的に制定することはできない（少なくとも適切ではない）。

このハードルに関しては、次の点に留意する必要がある。

1つ目に、当該自治体の事務といっても、現に法令等に基づいて処理している事務である必要はなく、当該自治体の「役割」に属すると考えられれば、条例制定は可能である。たとえば、路上喫煙や吸い殻のポイ捨ての規制は、法令上、市町村の事務とされているわけではないが、快適な都市環境の確保は市町村の役割だと認められるため、市町村がポイ捨て防止等の条例を制定できると考えられる。

2つ目に、国・都道府県・市町村の事務配分は、相互に排他的なものではなく、「共管領域」も少なくない。たとえば土地利用の規制は、国土保全や県土管理といった広域的な視点からは国や都道府県の役割だが、まちづくりの視点からは市町村の役割でもあり、市町村がよりよいまちづくりのために条例を制定することは可能と考えられる。

３つ目に、市町村は「地域における事務」を包括的に担当できるが、都道府県は広域、連絡調整、補完の３つの事務に限定されているため（自治法2条5項）、都道府県が条例を制定する場合はこのいずれかに該当する必要がある。市町村条例よりも都道府県条例が優先するというイメージがあるが、守備範囲からいえば都道府県条例の方が狭いのである。なお、近年、都道府県条例と市町村条例の抵触が問題になる場面が増えているため、本節の最後に具体的に検討する。

■憲法（人権保障）に反しないこと（第2ハードル）

第2に、自治体の条例は憲法に反してはならない（憲法98条1項）。特に基本的人権の制限になる場合には、必要最小限の制限でなければならず、注意が必要になる。

基本的人権は、大きく幸福追求権、平等権、自由権、参政権、社会権の5つに分けることができ、さらに自由権は精神的自由、経済的自由、人身の自由に分けることができる（**図表2－5**参照）。たとえば、開発行為の規制は財産権や営業の自由の制限になるし、広告物の規制は表現の自由の制限になる。

もちろん人権も無制限ではなく、「公共の福祉」による制限を受けるし（憲法13条）、条例で人権を制限することも可能である。しかし、人権を規制する場合には、「公共の福祉」に基づく必要最小限度の

図表２－５　主な基本的人権の要点

区　分	人　権	憲法上の規定（抜粋）
1）幸福追求権	幸福追求権	生命、自由及び幸福追求に対する国民の権利については、公共の福祉に反しない限り、（中略）最大の尊重を必要とする。（13条）
2）平等権	平等権	すべて国民は、法の下に平等であって、人種、信条、性別、社会的身分又は門地により、政治的、経済的又は社会的関係において、差別されない。（14条1項）
3）精神的自由	思想・良心の自由	思想及び良心の自由は、これを侵してはならない。（19条）
	信教の自由	信教の自由は、何人に対してもこれを保障する。（20条1項前段）
	学問の自由	学問の自由は、これを保障する。（23条）
	表現の自由	言論、出版その他一切の表現の自由は、これを保障する。（21条1項）
	集会・結社の自由	集会･結社（中略）の自由は、これを保障する。（21条1項）
4）経済的自由	職業選択の自由	何人も、公共の福祉に反しない限り（中略）職業選択の自由を有する。（22条1項）
	居住・移転の自由	何人も、公共の福祉に反しない限り、居住、移転（中略）の自由を有する。（22条1項）
	財産権	①財産権は、これを侵してはならない。②財産権の内容は、公共の福祉に適合するやうに、法律でこれを定める。③私有財産は、正当な補償の下に、これを公共のために用ひることができる。（29条1項～3項）
5）人身の自由	人身の自由	何人も、いかなる奴隷的拘束も受けない。又、犯罪に因る処罰の場合を除いては、その意に反する苦役に服させられない。（18条）
	適正手続の保障	何人も、法律の定める手続によらなければ、その生命若しくは自由を奪はれ、又はその他の刑罰を科せられない。（31条）
6）参政権	参政権	公務員を選定し、及びこれを罷免することは、国民固有の権利である。（15条1項）
7）社会権	生存権	すべて国民は、健康で文化的な最低限度の生活を営む権利を有する。（25条1項）
	教育を受ける権利	すべて国民は、法律の定めるところにより、その能力に応じて、ひとしく教育を受ける権利を有する。（26条1項）
	労働基本権	勤労者の団結する権利及び団体交渉その他の団体行動をする権利は、これを保障する。（28条）

（出典）著者作成。

制限でなければならない。ざっくりいえば、規制の「目的」が公共的な必要に基づくものであり、かつ規制の「手段」が合理的でより制限的でない手段でなければならない。

法律や条例が憲法に違反するか否かについては、裁判所が審査する（憲法81条）。これを「違憲立法審査権」という。その際、経済的自由や財産権の制限については、立法機関の判断を尊重して比較的緩やかな基準で合憲性を審査するのに対して、精神的自由は、自由な言論を通じて選挙などの民主的過程を支えるものであり、これが過度に制限されると民主的過程に問題（瑕疵）が生じ、これに立脚する立法機関の判断を尊重することができないため、より厳しい基準で合憲性を審査するものとされている。これを「二重の基準」という。実務では、表現の自由よりも経済的な実害のある財産権の規制になることをおそれる傾向があるが、司法審査では逆なのである。

なお、財産権の内容は「法律で定める」とされていること（憲法29条２項）から、かつては財産権は条例では制限できないと解されていたが、現在ではここでいう「法律」とは議会制定法のことであり、条例もこれに含まれる、つまり条例でも財産権を規制できるという見解が有力となっている（奈良県ため池条例事件・最判昭和38年６月26日・刑集17巻５号５２１頁）。開発事業や建築行為の規制など、条例では財産権の制限につながる場面が多いため、この点は重要である。

■法令に違反しないこと（第３ハードル）

第３に、条例は法律の範囲内であること、法令に違反しないことを要する。ここで「法令」とは、法律とこれに基づく命令（政令・省令）のことである。といっても、法律で「〜を制限する条例を制定してはならない」などと書いてあるわけではない。法律が何らかの規制をしている場合に、条例で同じような規制をすると、両者が競合し、条例が法律に違反するのではないかという点が問題になる。微妙な判断が求められるのである。

以前は、「法律先占理論」といって、法律が規制している領域（先占領域）については、条例はつくれない、つくると法律に違反するという解釈が有力であった。たとえば建築基準法で建築行為について規制されている中で、自治体が建築行為を制限する条例をつくることはできないということになる。この解釈だと、同じ領域に法律があるか否かを確認すればよいので判断は簡単であるが、日本では内政のほとんどの領域に法律が制定されているため、条例は「空白領域」を探して制定しなければならなくなる。これでは、憲法94条が条例制定権を保障した実質的な意味がなくなってしまう。

そこで裁判所は、より柔軟な判断を示している。最高裁は、徳島市公安条例事件判決（最判昭和50年9月10日・刑集29巻8号489頁、判時787号24頁）において、法令への抵触については、法令と条例の対象事項と規定文言を対比するだけでなく、それぞれの趣旨、目的、内容及び効果を比較し、両者の間に実質的に矛盾抵触があるか否かによって決すべきであるとした（私はこれを「実質的判断説」と呼んでいる）。そのうえで、いくつかの場合に分けて矛盾抵触があるか否かの判断基準を示した。この判決は、法律と重複する対象について法律より厳しい規制を行う上乗せ条例についての基準であったが、さらに高知市普通河川等管理条例事件判決（最判昭和53年12月21日・民集32巻9号1723頁）は、横出し条例について法令の規律との均衡を失してはならないという判断基準を示した。

これらの判例は、法律先占理論を否定し、ケースバイケースで実質的な抵触（バッティング）の有無を判断するものだといえる。

■最高裁の判断基準とは？－フロー図で判断

最高裁の判断基準は、次のように４つの場合に分けて条例の適法性（法律適合性）を判断するものである。

【最高裁の判断の骨子】

⑴ある事項について法令が規律していない場合（横出し条例）＋法令がいかなる規制もしないで放置する趣旨のとき→これを規律する条例は法令に違反する

⑵ある事項について法令と条例が併存する場合＋両者が異なる目的であるとき（広義の上乗せ条例）→法令の意図する目的と効果を阻害しないときは、条例は法令に違反しない（阻害するなら違反する）

⑶ある事項について法令と条例が併存する場合＋両者が同一の目的であるとき（狭義の上乗せ条例）→法令が全国一律の規制を行う趣旨でなく、地方の実情に応じて別段の規制を施すことを容認する趣旨であるときは、条例は法令に違反しない

図表２－６　条例の法律適合性に関する最高裁の判断フロー

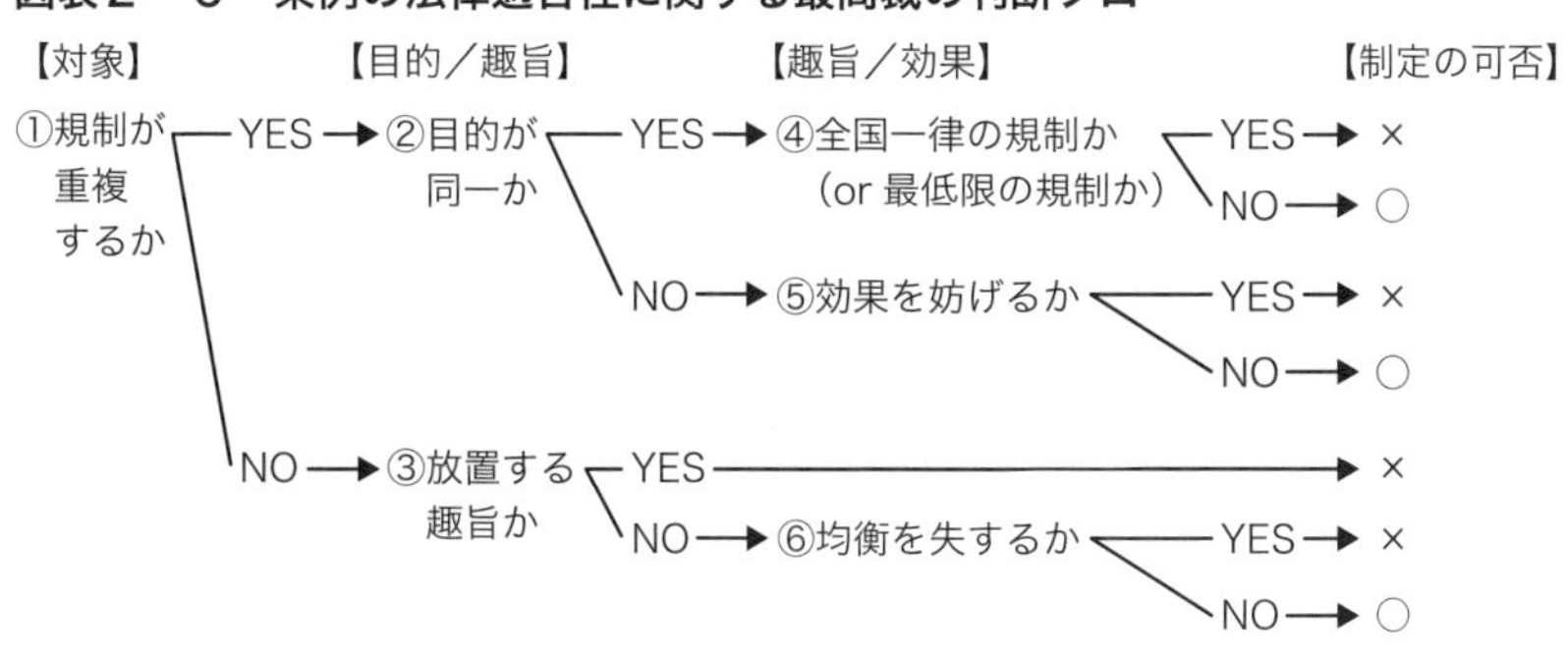

（出典）著者作成。

⑷ある事項について法令が規律していない場合（横出し条例）＋法令が条例でより厳しい規律を行うことを許容していないとき↓より厳しい規律を行う条例は法令に違反する（⑷は前掲・高知市普通河川等管理条例事件判決）

これだけではわかりにくいため、私はこれをフロー図にして、順に点検して結論を出すことをお勧めしている。**図表２－６**をみていただきたい。

第１段階は、図中の①のとおり法令と条例の「対象」が重複するか否かである。重複する場合はＹＥＳに、重複しない場合はＮＯに進む。第２段階は、①の結果によって分かれる。対象が重複する場合（①でＹＥＳの場合）は、②に進み、法令と条例の「目的」が重複するか否かが問題となり、目的が重複するならＹＥＳに、重複しないならＮＯに進む。対象が重複しない場合（①でＮＯの場合）は、③に進み、法令の「趣旨」が当該対象を放置する趣旨か否かが問題となり、放置する趣旨（ＹＥＳ）ならこの段階で条例は×（違法）になるが、そうでない（ＮＯ）なら第３段階に進む。

第3段階は、３つの場合に分かれる。

まず対象が重複し、かつ目的も重複する場合（②でYESの場合）は、④に進み、法令の「趣旨」が全国一律の規制か、全国最低限の規制か（地域による上乗せ規制を認める規制か）が問題になる。全国一律（YES）なら条例は×（違法）で、全国最低限（NO）なら条例は○（適法）となる。

次に対象は重複するが、目的は異なる場合（②でNOの場合）は、⑤に進み、法令の「効果」を妨げるか否かが問題になる。効果を妨げる（YES）なら条例は×（違法）で、妨げないなら条例は○（適法）となる。

さらに対象が重複せず、かつ法令が当該対象を放置する趣旨でもない場合（③でNOの場合）は、⑥に進み、法令と条例の規制が均衡を失するか否か（特別な理由もなく法令より厳しい規制をしていないか）が問題になる。均衡を失する（YES）なら条例は×（違法）、失しない（NO）なら条例は○（適法）となる。

以上のような最高裁判例の枠組みは、法令と条例の抵触の問題を、法令の趣旨解釈を中心としてケースバイケースで判断しようとするものであり、ある意味では常識的な判断といえる。すでに第1次分権改革の25年前にこうした枠組みが提示されたことは、高く評価できる。しかし、法令の趣旨解釈が中心になると、国の立法者の意思次第で条例制定権の範囲が左右され、条例制定権が脆弱な基盤の上に置かれるため、**第4章3**で紹介するように、一定の領域や条件の下では、法令の趣旨と関係なく条例の方が優先するという見解が唱えられてきた（憲法価値重視説、条例合理性重視説等）。また、第1次分権改革を踏まえて、その意義を条例制定権の解釈論に反映するため、より柔軟に判断しようという見解も唱えられている（法律標準規定説、合理的規範優先説等）。

こうした解釈論を広げることも立法分権につながるため、**第4章3・4**で検討しよう。

■都道府県条例と市町村条例の抵触をどう解釈するか

第1のハードル（当該自治体の事務に関するものであること）に関連して、都道府県条例と市町村条例の関係の問題を取り上げる必要がある。特に今後、立法分権が進み、条例制定権の範囲が拡大すると、都道府県条例と市町村条例が抵触する場合にその優劣をどう解釈し、解決するかという問題が重要になる（以下、澤２００７、礒崎２０１８ａ：２３１－２３４参照）。

従来は、市町村条例は都道府県条例に抵触してはならないと解されてきた。自治法は、「市町村及び特別区は、当該都道府県の条例に違反してその事務を処理してはならない」と定める（2条16項）。従来、この「事務の処理」には条例の制定も含まれると解され、都道府県条例に反して市町村条例を制定することはできないと解されてきた。そして、どのような場合に都道府県条例に反するかについては、前述の法律と条例の関係に関する解釈論が当てはまるという考え方が強かった（たとえば兼子１９７８：１４７－）。

しかし、第1のハードルで説明したように、都道府県条例と市町村条例は、それぞれの事務について定められるものであり、独立・対等の関係にある。法律の場合は、自治体の事務について規定できるが

（憲法92条参照）、都道府県条例は市町村の事務について規定することはできないため、原則として両者の矛盾抵触は生じないはずである。特に第1次分権改革では、都道府県と市町村は対等・協力の関係にあることが明らかにされたため（**第1章2**参照）、この原則を踏まえた解釈が求められる。むしろ都道府県は「地域における事務」のうち、広域的事務、連絡調整事務、補完的事務を担当し（自治法2条5項）、それ以外の地域における事務は広く市町村が担当する（同法2条3項。これを市町村優先の原則という）。もしこの境界をこえた条例を制定すれば、その条例が違法となる。両者の関係は、まず事務配分の問題として考える必要がある。

とはいえ、前述のとおり、都道府県の事務と市町村の事務は互いに排他的なものではなく、相互乗り入れの領域も少なくない。そこで、両条例が同一対象に対して重複・競合する場合でも、都道府県条例は都道府県の事務として、市町村条例は市町村の事務としてそれぞれ規律するものであれば、両者は原則として並存すると解すべきである。たとえば土地利用に関して、都道府県が広域的な土地管理の視点から県土保全条例で規制し、市町村が身近な空間管理の視点からまちづくり条例で規制する場合は、ともに有効であり、開発事業を行う場合は両方の規律を遵守する必要があると解される。

しかし、例外的に両方の条例を遵守できない場合がある。たとえば、県土保全条例で開発の規模を抑制するため、開発区域を必要最小限にすることを義務付けているのに、まちづくり条例で良好な住環境を形成するため、開発区域に緑地等を含めて十分な面積を確保することを義務付ける場合は、いずれが優先するかが問題になる。

この場合は、まず広域的事務と連絡調整事務に関する都道府県条例については、都道府県の役割を確保するため、原則として都道府県条例が優先し、市町村条例はこれに抵触する部分に限り違法・無効になると解するべきである。前述の自治法2条16項は、条例制定に関してはこのような場合に適用されると解される。これに対し、補完的事務に関する都道府県条例については、本来、市町村が担当すべき事務であり、市町村が自らルールを定めた以上、原則として市町村条例が優先し、都道府県条例はこれに抵触する部分に限り違法・無効になると解すべきである。

もっとも、たとえば都道府県条例において市町村条例が制定された場合は当該市町村の区域を適用除外とするなどの市町村配慮規定を定めることが考えられるし、実務的には相互に事前に協議・調整することが求められよう。いずれにせよ、立法分権が進むと「条例間関係の理論」が求められるのである。

以上のように、条例制定権は憲法によって保障されているものの、法律上あるいは法解釈上の制約もある。立法分権にあたってはこの制約をどう緩和できるかが問われるのである（**第4章3～6**参照）。

第３章　法令の過剰過密を検証する

第２章では、法令の過剰過密の現状と問題点を指摘し、特に今後の人口減少時代には立法分権が求められることを指摘した。本章では、実際に自治体の事務を定める法令のうち、①地域づくり法制、②暮らしづくり法制、③自治法制の３領域、計41件の法律と政省令等を取り上げて、その過剰過密の状況を具体的に検証する。その結果を先取りすると、抜本的に見直しすべき法令が18件（40％）、部分的に見直しすべき法令が15件（33％）、基本的に維持してよい法令は12件（27％）という判断にいたった（地方自治法は５分割で評価）。あわせて近年、行政計画の策定を求める法律が増加し、自治体の自主性を制約し、負担を課していることを指摘する。

1 検証の視点と方法

前章で指摘した法令の過剰過密等の問題を踏まえて個別の法令の状況を確認し、それぞれどう分権化するか、検討する必要がある。いわば「法令の森」の点検ツアーである。

といっても、過剰過密なこの森のすべての樹木を点検することはできないし、地図や手順書を持たないで歩き回っても迷子になるだけだ。

■「法令の森」の点検ツアーへ

そこで、以下では、第1に、自治体の事務を定める法令を地域づくり法制、暮らしづくり法制、自治法制の3領域に分け、さらに各領域を3つの分野に分けて、分野ごとに特徴的な法律（各5件）を取り上げる。地方自治法は多様な規定が定められているためひとつの分野ととらえて、計41件の法律を点検することになる。自治体の事務を定める法律はもっと多いが、領域・分野ごとに中心になる法律を対象にすれば、ある程度、全体像も把握できると考えられる。

第2に、法令の内容は、①目的、②執行主体、③対象、④執行手段、⑤執行基準、⑥執行手続に分けられるが、特に地域の実情に配慮すべき⑤の執行基準に関する規定がどうなっているかに注目する。

第3に、法令の規定がどのような目的・要請によって設けられているかに着目し、全国的統一性の類型による分析を行う。法令で具体的な規定を定めている場合は、何らかの意味で全国的な統一を図りたいという要請があると考えられるが、その要請は、**図表3－1**のように5つに分けることができる。も

図表３－１　法令における全国的統一性等の類型

類　型	説　明	該当分野（例）
Ａ：国家的統一性	国の存在意義・役割を確保するための統一性	安全保障、外交、私法秩序
Ｂ：人権的統一性	国民の人権・平等を保障するための統一性	信教の自由、教育を受ける権利、生存権
Ｃ：規格的統一性	検定・調査等の基準を維持するための統一性	測量、全国調査、商品表示
Ｄ：広域的統一性	広域的課題や自治体間関係に関する統一性	環境保全、交通政策、紛争処理
Ｅ：政策的統一性	国の政策の実効性を確保するための統一性	都市計画、産業振興、高齢者福祉
＊統制的介入	自治体の独自判断を統制するための規律	
＊後見的介入	未熟な自治体でも処理できるよう指揮するための規律	
＊その他	その他の規律	

（出典）著者作成。

ともと立法にあたり国の直接執行事務とする選択肢がありながら、自治体の事務としている以上、自治体が担うべき地域的適合性を重視しているはずであるが、それでも国が全国統一性を確保すべき理由はそれなりに存在すると考えられる。

まず、Ａ：国家的統一性やＢ：人権的統一性は、ある程度、地域的適合性より優先すべきものと考えられる。Ｃ：規格的統一性やＤ：広域的統一性は、内容を吟味したうえで判断すべきであり、Ｅ：政策的統一性は、自治体の事務としておいて国の政策方針を自治体の政策方針よりも優先させる理由が乏しく、特に地域的適合性を重視すべき自治事務については枠組みの設定にとどめるべきであると考えられる。以上に対し、これらに該当しない場合、たとえば自治体が独自判断を行わないよう統制する規定（統制的介入）や、未熟な自治体でも処理できるよう誘導する規定（後見的介入）

は、廃止または簡素化すべきである。このように、法令の規定の適否や見直しを考えるうえで、こうした類型分析は一定の指針を提供すると考えられる（**第４章２**参照）。

2　地域づくり法制を分権化する

地域づくり法制は、地域の空間管理に関する法領域であり、いわゆるハードの政策分野である。この分野は、都市部か農村部か、農地が多いか森林が多いかなど地域的事情による差異が大きく、地域的適合性を重視すべきだと考えられるが、人口増加時代にはどこまで都市化を認め、どこまで自然環境を保全するかという基本的問題があり、いまなお国が全国的な見地から細かな法規制を行っている。

(1)　土地利用規制法の場合

■土地利用規制法とはどんな領域か

まず地域づくり法制のうち、土地利用規制法を取り上げよう。土地利用規制法とは、計画的な土地利用や国土保全を目的として、土地利用を規制する法分野である（以下は礒崎２０１８ｂ参照）。主な法律５つを取り上げると、**図表３−２**のとおりである。特に法律と省令で詳細な規定が定められており、「過密」であることがうかがわれる。

図表３－２　土地利用規制法（対象５法律）の条数・文字数

法律名（制定年）	法律		政令（施行令）		省令（施行規則）	
	条数	字数	条数	字数	条数	字数
都市計画法（1968 年）	152	72,716	96	35,721	118	38,908
農業振興地域整備法（1969 年）	51	20,107	19	6,748	45	20,656
農地法（1952 年）	75	41,078	36	13,267	108	46,373
森林法（1951 年）	161	59,024	21	8,206	119	44,163
自然公園法（1957 年）	90	30,850	6	1,419	52	56,163

（注）字数は各条文（附則は除外し別表は含む）の字数を Word のカウント機能によりカウントした。

（出典）法令は「e-Gov 法令検索」によった（2018 年５月現在）。

■都市計画法は分権配慮型？

まず都市計画法の開発許可を取り上げよう。これは自治事務である。

この許可基準については、法律で14号にわたる技術的基準が定められており（33条１項、２項）、これを受けて政令で16条にわたる事項、省令で15条にわたる事項が定められている（施行令23条の２～29条の４、施行規則20条～27条の５）。

これらは政策的統一性に基づく規律といえるが、自治事務については「地方公共団体が地域の特性に応じて当該事務を処理することができるよう特に配慮しなければならない」（自治法２条13項）のだから、ここまで細かい規律を行うことは妥当でない。政省令の規定は立法論としては削除すべきであり（**第４章２**参照）、解釈論としてはこれを標準的規定と解し、条例による上乗せ・緩和を容認すべきである（**第４章３・４**参照）。

実は開発許可の基準の中には、「政令で定める基準に従い、条例で、当該技術的細目において定められた制限を強化し、又は緩和することができる」といった規定も設けられている（33条３項、

４項）。条例など考慮もしない法令が多い中で、都市計画法はそれなりに「分権配慮」をしているのである（開発許可制度研究会編２０１７：１９４－２１４参照）。

しかし、いずれも「政令で定める基準に従い」という限定があり、細かい規定を設けている（施行令29条の2、29条の3）。これではせっかくの「分権配慮」も効果が薄い。この規定は削除すべきである（注1）。

■農振法は意外に分権的？

農業振興地域整備法（農振法）の農用地区域の指定・除外も、自治事務である。

農用地区域を定める農用地利用計画については、「農用地等及び農用地等とすることが適当な土地であって、次に掲げるものにつき、（中略）農林水産省令で定める基準に従い区分する農業上の用途を指定して、定めるものでなければならない」とされ、５つの基準が示されている（10条3項）。ここでも規模については政令で、施設の種類等については省令で定めるしくみになっているが、定型化が難しいという計画策定の性格もあって、他の法律ほど詳細な規定にはなっていない。

また、農用地区域の除外（農用地利用計画の変更）については、「必要が生じたときは、政令で定め

（注1）このほか市街化調整区域の開発行為については立地基準も定められ、14の開発行為に限って許可できることとされ（34条）、これを受けて政令で6条にわたり建築物の種類等が定められている（施行令29条の5～30条）。自治体の裁量は比較的認められているが、十分ではない。

るところにより、遅滞なく、農業振興地域整備計画を変更しなければならない」と定められ（13条1項）。さらに転用目的の除外は、「次に掲げる要件のすべてを満たす場合に限り、することができる」とされ、5項目の基準が定められている（同条2項）。この除外基準は、「代替すべき土地がないこと」「支障が軽微であること」など抽象的な内容にとどまっている。

こうした規律は、優良農地の確保と国民の食糧確保など政策的統一性に基づくといえるが、個別にどういう農地を保全するかは、地域の実情に応じて判断する必要がある。立法論としては、国は行政方針等で農用地区域の量的目標を掲げ、自治体がその達成・確保に努力するしくみにとどめるべきだろう。

■**徹底した集権発想の農地法**

農地法の農地転用許可は、基本的には自治事務だが、4haを超える許可は法定受託事務とされ、しかも農林水産大臣への事前協議が義務付けられている（附則2項1号）。個別の許認可にいちいち国が関与するという制度は、国と自治体の役割分担の原則に反するため、廃止すべきだ。

許可基準は、①優良な農地は極力転用を認めないという農地基準と、②転用の必要性、実現の確実性等の一般的基準に分けられる（4条6項。他に5条の許可もあるが、内容はほぼ同じ）。

農地基準としては、イ農用地区域内にある農地、ロ良好な営農条件を備えている農地として政令で定めるものは、許可できないと定める（4条6項1号）。これを受けて政令で6事項（4～8条）、省令で12の条（33～46条）が定められ、複雑な規定になっている。

一般的基準としては、①周辺の土地で事業目的を達成できるとき、②省令で定める事由により転用行為の実現が確実でないとき、③周辺農地の営農条件に支障を生ずるおそれがあるとき、④一時的な利用のための転用の後に耕作目的に供されることが確実と認められないとき、の4つが定められ（4条6項2〜5号）、この②を受けて省令で5つの項目が定められている（47条）(注2)。

これらは、優良農地の確保という政策的統一性に基づくと考えられるが、量的な確保であれば前述のとおり計画的手法で足りる。少なくとも政省令の規定は、立法論としては削除すべきであり、解釈論としては標準的規定と解すべきである。

■森林法は法令より通知が問題

森林法の開発許可も自治事務であり、4つの基準が示されている（10条の2第2項）。この規定は基本的な事項を定めるとともに、政省令への委任規定も置かれていない。農地法のように許可基準を通達から政省令に移行させることもなく、同法は珍しく地方分権に適合した妥当な立法例といえる。

（注2）実はこれらの許可基準は、以前は通達に定められていたが、分権改革直前の1998年法改正により法律・政令・省令に規定されたものである。いわば「駆け込み」で国の統制を維持したのであり、地方分権の理念に正面から挑戦した行為といえる。礒崎2000b：171−172参照。

もっとも実務的には国の通知で許可基準を定めており(注3)、多くの自治体がこれに準拠して許可基準を作成している。自治体側の政策主体性の欠如を示しているが、国も数値を含む確定的な基準や唯一の基準例を示すことは、やめるべきだろう。

■細かい規定の多い自然公園法

自然公園法の特別地域（国定公園）の行為許可は、自治事務である。この許可基準については、法律で「都道府県知事は、前項各号に掲げる行為で環境省令で定める基準に適合しないものについては、同項の許可をしてはならない」とされ（20条4項）、省令で37項目にわたる基準が定められた（11条）(注4)。「駆け込み」による国の規律維持である。

これらは、「優れた自然の風景地」の保全という広域的統一性または政策的統一性の要請に基づくが、国立公園ではないことや地域的適合性を考えると、ここまで詳細な基準は妥当でない。少なくとも省令

（注3）農林水産事務次官通知「開発行為の許可制に関する事務の取扱いについて」2002年3月29日付13林整治2396号、林野庁長官通知「開発行為の許可基準の運用細則について」2002年5月8日付14林整治第25号参照。

（注4）この省令の基準は、農地法と同様に（注2参照）、以前は通達に定められていたが、第1次分権改革の際に法令化されたものである。さらに環境庁自然保護局長通知（2000年8月7日付環自計171号）において具体的な内容・注意事項が定められており、ほとんどの都道府県がこれに基づいて審査していると推測される。

の規定は、立法論としては削除すべきであり、解釈論としては標準的規定と解すべきだ。

総じて地域的特性の強い土地利用分野であるが、細かい規定が多く、抜本改革が必要になっている。

⑵ 公物管理法の場合

■公物管理法とはどんな領域か

公物管理法とは、広く「公の施設」の管理・提供のあり方を定める法分野である（注5）。公の施設とは、住民の福祉を増進する目的をもってその利用に供するための施設である（自治法２４４条1項）。住民サービスの拡充に伴い公の施設は増加し多様化しており、その管理・提供は自治体の重要な業務になっている。

公物管理法のうち主な法制度５つを取り上げると、**図表３−３**のとおりである。特に道路法と河川法で詳細な規定が定められている（以下は礒崎２０１９ａ参照）。

なお、公物管理法については、第２期分権改革（２００７年〜１３年）の義務付け・枠付けの見直しにおいて「施設・公物設置管理の基準」が取り上げられ、いくつかの法律の枠付けについて条例委任等の改正が行われたが、徹底した改革にはなっていない（注6）。本稿でもその点に適宜触れる。

（注５）公物管理法は「行政主体がある物的施設を管理し、公の利用に提供するための法律または法分野」であるが、ここでは利用関係に着目して「公の施設」の概念から定義した。塩野２０１２：３４６−３５７参照。

図表３－３　公物管理法（対象５法律）の条数・文字数

法律名（制定年）	法律		政令（施行令）		省令（施行規則）	
	条数	字数	条数	字数	条数	字数
道路法（1952 年）	156	61,281	89	51,927	60	16,737
＊道路構造令・同施行規則	－	－	49	21,707	5	842
河川法（1969 年）	133	43,878	116	38,406	111	32,676
＊河川管理施設構造令・同施行規則	－	－	81	20,059	42	14,485
都市公園法（1952 年）	62	18,664	35	15,830	31	6,464
水道法（1957 年）	116	33,830	17	8,636	101	39,130
公営住宅法（1951 年）	52	22,477	17	7,278	24	5,252

（注）字数は各条文（附則は除外し別表は含む）の字数を Word のカウント機能によりカウントした。
（出典）法令は「e-Gov 法令検索」によった（2018 年 5 月現在）。

■規律密度の高い道路法

まず道路法の道路管理の基準を取り上げよう。都道府県道と市町村道の整備管理は自治事務である（道路法については道路法令研究会編著２０１７参照）。

道路の構造については、道路構造の原則（29条）を踏まえて、①通行する自動車の種類に関する事項、②建築限界、③橋その他政令で定める主要な工作物の自動車の荷重に対し必要な強度に係る基準については「政令で定める」が、それ以外の基準は「政令で定める基準を参酌して、（中略）条例で定める」とされている（30条2項、3項）。この後段は、前述の分権改革による規定である[注7]。

この前段の規定を受けて道路構造令では、一般国道等

（注6）地方分権改革推進委員会２００９：7－は、枠付け見直しによる条例委任の場合の国の基準設定として、参酌基準、標準、従うべき基準の3方式を提示した。

の①～③に関する規定を都道府県道等に準用することを定める（41条1項）。また後段の規定を受けて、参酌基準として一般国道等に関する規定を準用する（同条2項）。この参酌基準では、車線等、路肩、停車帯、自転車道、歩道、植樹帯、舗装など39項目（施行令5～38条）がそのまま準用されている。

以上の規律は、道路網の安全性を確保するための規定であり、広域的統一性に基づくといえるが、ここまで細かな規定は自治体不信に基づく後見的介入であろう。自治体も自ら管理する道路の安全性は軽視しないし、山間地や半島など地理的な事情から画一的な基準によりがたい場合もある。少なくとも参酌基準は、国道の規定を一括して準用するという大ざっぱな規定で済ませるのであれば、立法論としては削除するのが適切である(注８)。

（注７）道路法令研究会編著２０１７：２３２は、条例で定める趣旨は「都道府県道及び市町村道の構造について広く地方公共団体が定めることができるとすれば、地域住民の安全に深く関わることになるため、議会の関与により住民の意思を十分反映させる必要があるため」とする。そうであれば、参酌基準は不要であろう。なお、参酌基準は注６に示した3類型では最も緩やかな基準であるが、それだけにその必要性や技術的助言との差異について疑問がある。

（注８）公の施設の構造については、安全性・利便性等の観点から国が一定の基準を定めた方がよいという考えもありうるが、人口減少も視野に入れて地域実情や自治体方針に沿った対応を行うには、国の規律は極力排除すべきであり、必要なら技術的助言として示せばよいと考えられる。

■地域事情を反映すべき河川法

河川法では、二級河川は基本的に都道府県知事が管理し、この事務は法定受託事務とされる(注9)。これに対して準用河川は市町村長が管理し、この事務は自治事務とされている。

河川管理において重要なのは、河川整備計画の策定と河川管理施設等の構造基準である。

河川整備計画は、「河川整備基本方針に即し、かつ、(中略)公害防止計画との調整を図って、政令で定めるところにより、当該河川の総合的な管理が確保できるように定められなければならない」とされ(16条2項)、これに基づいて政令で河川整備計画に定める事項を規定している(10条の3)。この規律はそれほど過密なものではない。

河川管理施設の構造基準については、「水位、流量、地形、地質その他の河川の状況及び自重、水圧その他の予想される荷重を考慮した安全な構造のものでなければならない」という原則を規定したうえで、「ダム、堤防その他の主要なものの構造について河川管理上必要とされる技術的基準は、政令で定める」とし(13条2項)、これを受けて河川管理施設等構造令において、ダム、堤防、床止め、堰、水門・樋門等について78条に及ぶ規定が定められている。

(注9)河川法研究会編著2006：547は、二級河川の管理は「国土保全上又は国民経済上重要な河川」であるとともに、「国民生活に不可欠な水の供給を確保する」ために法定受託事務とされているとするが、国民的見地から重要な河川は一級河川に指定できるから、根拠不十分であろう。

こうした規律は、道路法と同様に広域的統一性の要請に基づくといえるが、自然公物である河川の状況は多様であるし、法の目的の一つである「河川環境の整備と保全」（1条）は地域事情によって異なるため、ここまで詳細な規律が必要か疑問である。少なくとも構造令の規定は、立法論としては大幅に簡素化すべきであり、解釈論としては標準的規定と解すべきである。

■都市公園法は利用者本位に

都市公園は、都道府県・市町村等が都市計画施設等として設置する。この事務は自治事務である（都市公園法については国土交通省監修２０１４参照）。

都市公園の設置は、「政令で定める都市公園の配置及び規模に関する技術的基準を参酌して条例で定める基準に適合するように行う」とされる（3条1項）。ここでも条例委任方式が採られたが、参酌基準として施行令で、都市公園の配置・規模の技術的基準、住民1人当たりの敷地面積の標準、自治体設置の都市公園の基準が定められている（1～2条）。その内容は、「都市公園の住民1人当たりの敷地面積の標準は、10㎡（……）以上」とするなど（1条の2）、柔軟な内容になっている。

しかし、都市公園のあり方は利用者である住民の意向を重視すべきであり、国が数値基準まで示す必要はない。抑制すべき政策的統一性に基づく規律であり、参酌基準ではなく技術的助言でも効果はあろう。政令の規定は削除すべきである。

■集権発想の強い水道法

水道事業の経営には厚生労働大臣の認可が必要であり、原則として市町村が経営するものとされている(6条1項、2項)。この事務は自治事務である(水道法については水道法制研究会監修2011参照)。

水道施設については、「原水の質及び量、地理的条件、当該水道の形態等に応じ、取水施設、貯水施設、(中略)の全部又は一部を有すべきものとし、その各施設は、次の各号に掲げる要件を備えるものでなければならない」(5条1項)とされ、さらに「必要な技術的基準は、厚生労働省令で定める」とされ(同条4項)、「水道施設の技術的基準を定める省令」で8条にわたる規定が定められている。

また、事業認可の基準については、法律で需要への適合など7項目を定めるとともに、これらの「基準を適用するについて必要な技術的細目は、厚生労働省令で定める」とし(8条2項)、施行規則で15項目を定めている(5条～7条)。

水道事業は都道府県をまたがるほど広域ではないため、以上の規律を広域的統一性で正当化することは難しい。政策的統一性に基づく規律なら技術的助言で十分であろう。また事業認可を大臣の権限としていることは、集権的な発想を示している。一部の権限は政令によって知事等が実施できるが(46条、令14条・15条)、政令で決めるという安易さからも集権発想が透けて見える。

大臣による認可制度を見直すとともに、施設と認可の基準に関する省令の規定は削除すべきである。

■後見的介入の公営住宅法

公営住宅については、施設整備よりも入居者決定の事務が重要である。この事務は自治事務である（公営住宅法については公営住宅法令研究会編２０１８参照）。

入居者の基準について法律は、「政令で定める金額以下で事業主体が条例で定める金額」等の基準を超えないことと、住宅に困窮していることが明らかであることを求めている（23条。特例は24条）。これを受けて施行令では「政令で定める金額は、25万9千円とする」等と定める（6条1項）。

さらに、申込者数が住宅戸数を超える場合は「住宅に困窮する実情を調査して、政令で定める選考基準に従い、条例で定めるところにより、公正な方法で選考して、当該公営住宅の入居者を決定しなければならない」とする（25条1項）。これを受けて施行令では、この選考は「条例で定めるところにより、当該入居者が住宅に困窮する実情に応じ適切な規模、設備又は間取りの公営住宅に入居することができるよう配慮し、次の各号の一に該当する者のうちから行う」とし、６つの類型を提示する（7条）。この条例委任も前述の分権改革で導入された。

そもそも公営住宅は、当該自治体が住民のために設置する施設であり、地方自治法の公の施設に関する一般規定をこえて、国が規律すべき根拠は見当たらない。考えられるのは政策的統一性であるが、自治体が提供する公営住宅に対して国の政策として統一する根拠は乏しく（国庫補助金の支給基準等は別問題である）、自治体不信に起因した後見的介入と考えられる。

少なくとも政令の規定は、立法論としては削除すべきであり、解釈論としては標準的規定と解すべき

図表３－４　環境保全法（対象５法律）の条数・文字数

法律名（制定年）	法律		政令（施行令）		省令（施行規則）	
	条数	字数	条数	字数	条数	字数
大気汚染防止法（1968年）	106	29,614	24	8,047	49	20,677
水質汚濁防止法（1970年）	61	22,658	17	6,247	36	17,666
土壌汚染対策法（2002年）	73	21,635	9	4,115	83	57,371
廃棄物処理法（1970年）	151	86,877	81	64,116	425	258,266
景観法（2004年）	109	41,968	29	11,973	32	7,645

（注）字数は各条文（附則は除外し別表は含む）をコピーし、Wordのカウント機能によりカウントした。
（出典）法令は「e-Gov法令検索」によった（2019年３月現在）。

である。
　人口減少時代の施設維持のためにも、公物管理法の分権化が求められている。

(3)　環境保全法の場合

■環境保全法とはどんな領域か

　環境保全法とは、自然環境または生活環境の保全を目的とする法分野である。良好な環境は人の生存の基盤であるが、人は経済活動や生活によってそれを侵害しがちであるため、これを規制・誘導するのが環境保全法であり、環境法の一部をなす（注10）。もっとも自然環境の保全については土地利用規制法において取り上げたため、ここでは生活環境の保全法を中心に取り上げる。
　環境保全法のうち主な法制度５つを取り上げると、**図表３－４**のとおりである。特に廃棄物処理法の制度で詳細な規定が定めら

（注10）環境法については、北村２０２０、同２０１８ａ、阿部・淡路編２０１１、大塚２０２０参照。

れていること、政令よりも省令で詳細な規定が定められていることが特徴である。

環境保全法は基本的に、①確保・達成すべき基準や計画（目標）を設定し、②対象となる行為や施設（対象）を特定し、③上記の基準や計画を遵守するよう規制する（作為または不作為を強制する）というしくみを採っている。以下では①～③のしくみを確認したうえで、各制度の重要な要素に着目して、その法的根拠と内容を点検することにしよう。

■大気汚染防止法は広域的統制か

大気汚染防止法の内容は多岐にわたるが、たとえばばい煙については、①排出基準を設定し（法３条、４条）、②発生施設を規定して設置の届出を求め（６条）、③計画変更等の命令（９条等）や改善命令（14条）を行うというしくみを採っている。このうち知事の届出の受理と計画変更等の命令は、自治事務である（ただし、後述の総量規制基準の設定は法定受託事務である）。

このうち①の排出基準の多くは省令で定めることとされ（３条１項、２項）、省令では、排出物の種類ごとに排出基準やその算出方法を細かく定めている（３～７条）。

都道府県も、通常の排出基準では人の健康や生活環境の保全が十分でない区域があるときは、政令で定めるところにより、条例でより厳しい排出基準を定めることができるが（４条）、政令と省令に詳細な基準が定められているうえに、環境大臣はそれを変更するよう勧告できる（５条）。知事による総量規制基準の制度もあるが（５条の２）、政省令に詳細な規定が定められ、全体的に都道府県の裁量は限定的である。

大気は都道府県をこえて流動するため、こうした規律は広域的統一性に基づくといえる。しかし、地域的基準の設定についてここまで詳細な規定は許容範囲をこえよう。少なくとも省令の規定は、立法論としては簡素化すべきであり、解釈論としては標準的規定と解すべきである。

■地域性を考慮すべき水質汚濁防止法

水質汚濁防止法でも、①排水基準を設定し（3条）、②特定施設設置の届出を求め（5条）、③計画変更等の命令（8条）や排出制限（12条）等を行うというしくみを採っている。このうち知事の届出の受理と命令は、自治事務である（後述の総量規制基準の設定は法定受託事務）。

このうち排水基準は、省令で定めることとされ（3条）、省令（排水基準を定める省令）では、有害物質とその他に分けて別表の形式で基準を定めている。

都道府県も、通常の排水基準では人の健康や生活環境の保全が十分でない区域があるときは、政令で定める基準に従い、条例でより厳しい排水基準を定めることができるし（3条3項）、知事による総量規制基準の制度もあるが（4条の5）、政省令に詳細な規定が定められ、全体に都道府県の裁量は限定的である。

こうした規律は広域的統一性に基づくが、大気に比べて水域は地域性・滞留性が高い。その規律も技術的な内容が多いため、技術的助言として提示することも考えられる。少なくとも省令の規定は、立法論としては簡素化すべきであり、解釈論としては標準的規定と解すべきである。

■画一的な土壌汚染対策法

土壌汚染対策法は、①有害物質を使用していた土地等について所有者等に土壌汚染状況を調査させ（３条等）、②その結果を踏まえて知事が要措置区域を指定し（６条）、③汚染除去等の措置を指示する（７条）というしくみを採っている（土壌汚染対策法については平田２００３、八巻・森島２０１３参照）。この知事の事務は自治事務である。

このうち重要なのが、要措置区域の指定基準である。これについて同法は、①土地の汚染状態が省令で定める基準に適合しないこと、②土壌の汚染により人の健康に係る被害が生じ、または生ずるおそれがあるものとして政令で定める基準に該当することを定め（６条）、詳細は政令と省令で定めている。条例による上乗せは定めていない。

土壌汚染は容易に拡散するものではないため、広域的統一性の要請があるとはいえない。土壌の安全性について細かい基準があれば国民生活や経済活動には便利だが、便利だからといって自治事務にここまで詳細な規律を行うことを正当化することはできない。少なくとも省令の基準は、立法論としては簡素化すべきであり、解釈論としては標準的規定と解すべきである。

■規律密度の高い廃棄物処理法

廃棄物処理法の内容は多岐にわたるが、ここでは、しばしば地域の紛争となる産業廃棄物処理施設の設置許可を取り上げよう（廃棄物処理法については、廃棄物処理法編集委員会２０１２、英保２０１５参照）。この許可は、①知事が廃棄物処理計画を策定し（5条の5）、②施設設置者が知事に申請を行い（15条）、③知事が一定の基準に基づいて許可の可否を判断する（同条）というしくみを採っている。この知事の事務は法定受託事務である（24条の4）。

この事務に関して重要なのは許可基準である。同法は、①施設設置の計画が省令の技術上の基準に適合していること、②施設設置・維持管理の計画が周辺地域の生活環境及び省令で定める周辺施設に適正な配慮がなされていること、③申請者の能力が省令の基準に適合していること、④申請者が暴力団員等（14条5項2号）に該当しないことを定めている（15条の2）。これを受けて省令では、施設の技術基準に関して7項目の共通基準（12条）と16項目の種類別基準（12条の2）を定めるとともに、配慮すべき周辺施設（12条の2の2）、設置者の能力の基準（12条の2の3）を定めている(注11)。

廃棄物の適正な処理は、自治体本来の責任だから、これを法定受託事務とすることには問題がある。また、産業廃棄物処理施設のあり方は周辺施設を含む地域の実情によって異なるため、省令でここまで

(注11) さらに同法は、知事は施設設置によって、ごみ処理施設等の過度の集中により大気環境基準の確保が困難となるときは、許可しないことができるとするが（15条の2第2項）、「できる規定」であり、基本は法律と省令で完結している。

詳細な規定を設けることは妥当でない。省令の規定は、立法論としては簡素化すべきであり、解釈論としては標準的規定と解すべきである。

■景観法は誠実だが作り込みすぎ

景観法は、①景観行政団体の長が景観計画を定め（8条）、②景観計画区域内で一定の行為を行う場合は長に届出をしなければならず（16条）、③長は設計変更その他の必要な措置を勧告し、一定の場合は命令を行う（16条、17条）というしくみを採っている（景観法については国土交通省都市・地域整備局都市計画課監修２００４、坂和２００５参照）。これらは自治事務である。

このうち重要なのは、届出の対象行為の設定である。同法は４つの行為を挙げているが、その中には政令で定める行為だけでなく景観計画に従って条例で定める行為を含めている（16条1項）。またこれに該当しても11の行為には適用を除外しているが（同条7項）、その中には政令のほか条例による除外も含めている（同項11号）。条例への授権は注目されるが、政令で詳細な規定を定め（8～10条）、さらに省令にも委任しており、複雑な規定になっている。

このように景観法には、自治体の裁量を生かそうという姿勢が見られるが、全国で生じうる行為に対応しようとして過度に複雑な規定になっている。立法者の誠実さが規律密度を高めたといえよう。今後はこれらの規定は、立法論としては簡素化すべきであり、解釈論としては標準的規定と解すべきである。

これまで多くの独自条例が制定されてきた環境保全の分野だけに、もっと条例の役割を拡大すべきだと思われる。

3　暮らしづくり法制を分権化する

本節では、住民生活に身近な「暮らしづくり法制」を取り上げる。急速な少子高齢化が進む中で、国は新しい法律を定めるとともに、法令で細部にわたるまで規定するようになっている。人口減少時代において、こうした法制度をそのままにしてよいかが問われている。

(1)　社会福祉法制の場合

■社会福祉法制は詳細化・画一化

社会福祉法制は、さまざまな事情により支援を要する住民が日常生活を営めるよう、必要なサービスを提供するための法分野である。

社会福祉法制の特徴は、①戦後、対象者の拡大・多様化に伴って縦割りの法令がつくられ、複雑化したこと（法令の過剰）、②1990年代から、高齢化等によるニーズ拡大に対応するため、社会福祉基礎構造改革が進められ、「措置から契約へ」の転換、民間活力の活用（福祉の市場化）、福祉の分権化・市民化が進められたこと、③児童虐待やDVの防止など福祉行政自体が多様化したこと、④2000年前後から関係法令の規定が詳細になっていること（法令の過密）を指摘できる(注12)。

図表３－５　社会福祉法（対象５法律）の条数・文字数

法律名（制定年）	法律		政令（施行令）		省令（施行規則）	
	条数	字数	条数	字数	条数	字数
社会福祉法（1951年＝旧法）	235	73,885	44	12,860	120	44,668
生活保護法（1950年）	113	46,988	19	7,091	44	15,116
介護保険法（1997年）	363	238,058	126	102,729	475	197,154
障害者総合支援法（2005年）	156	75,956	94	45,813	198	75,603
子ども・子育て支援法（2012年）	88	44,194	44	32,385	62	23,686

（注）字数は各条文（附則は除外し別表は含む）をコピーし、Wordのカウント機能によりカウントした。
（出典）法令は「e-Gov法令検索」によった（2019年４月現在）。

本書では、社会福祉法制のうち**図表３－５**の法律を取り上げる。これを見ても、新しい法律ほど条数・字数が多い。

社会福祉法制の中核は、①サービスを提供すべき対象を定め、②サービスの内容や手続を定め、③そのためのサービス提供主体を整備するという点にある。以下では、各法律の重要な要素に着目して、どのような規定になっているか、点検しよう。

■社会福祉法の法人制度は合理的

社会福祉法は社会福祉の基本法としての意味を有するが、実際に重要なのは、前記③に該当する社会福祉法人の認可制度（31条1項）である（社会福祉法については社会福祉法令研究会編２００１参照）。この知事等の認可は、法定受託事務である（１２７条）。

（注12）社会福祉法制については、さしあたり河野ほか２０１５、菊池２０１８、山口２０１６参照。また著者の理解については、礒崎・金井・伊藤２０２０：第13章（礒崎執筆）参照。

この認可では、社会福祉事業に必要な資産を備えているか、定款内容と設手続が法令の規定に違反していないかを審査する（32条）。同法では設立、機関、会計、解散・清算・合併、助成・監督など129条に及ぶ規定（22条～59条の3）を定めるとともに、政令で18条、省令で85条にわたる規定を定めており、認可ではこれらの規定に適合しているかを審査する。

法人格を付与すれば都道府県の区域をこえて活動し、私法秩序にも影響する。また、その内容は会計処理や解散・清算手続など技術的な事項が多い。そこで規格的統一性に基づく法令の規律は必要であるが、省令の規定は簡素化する余地があろう。

■生活保護法は大臣告示で画一性を確保

生活保護法は、①保護の基準を定め、②申請を受けて保護の要否と内容を決定し、③扶助を支える機関を指定する、というしくみを採る（生活保護法の実務については中央法規出版刊2020参照）。ここでは①の基準が重要である。この保護は、知事、市長等の法定受託事務である（84条の5）。

同法では、最低生活の原則（3条）、補足性の原則（4条）等を前提として、「厚生労働大臣の定める基準により測定した要保護者の需要」を基とし、そのうち「その者の金銭又は物品」で満たせない不足分を補うという考え方を示す（8条1項）。これを受けて「生活保護法による保護の基準」（大臣告示）を定めるとともに、「保護の実施要領」等の通知を出している（その一部は法定受託事務に係る処理基準）。条例はもちろん政省令も定められていない。

生活保護は、国の責任において維持すべき制度であり、人権的統一性に基づく一定の規律はあってよい。しかし自治体の事務とする以上、何らかの裁量の余地を認めるべきであり、現行の規律は行き過ぎだ(注13)。少なくとも大臣告示と処理基準は、立法論としては簡素化すべきであり、解釈論としては標準的規定と解すべきである。

■福祉の画一化を招いた介護保険法

介護保険法は、①要介護認定によって対象者を決定し、②事業者・施設との契約によって各種サービスを利用し、③そのために事業者・施設を指定するというしくみを採る（介護保険法については社会保険研究所刊２０１８、増田２０１６参照）。ここでは①の事務が重要である。この認定は市町村の自治事務である。

同法では「要介護状態」とは、「身体上又は精神上の障害があるために、（中略）日常生活における基本的な動作の全部又は一部について、（中略）常時介護を要すると見込まれる状態」であって、「介護の

（注13）ナショナル・ミニマムの法制度について自治体の裁量を認めるべきかは、立法分権をめぐる焦点の一つである。私は「地方自治の本旨」（憲法92条）の下で自治体の事務とする以上、自治体に制度的な裁量の余地（条例の制定、支給基準の策定等）を認めるべきであり、もしそれを認めないのであれば、国の直接執行事務とし、国の地方機関に処理させるべきだと考える。

必要の程度に応じて厚生労働省令で定める区分（中略）のいずれかに該当するもの」とする（7条1項）。その認定のため、訪問調査、主治医の意見を踏まえて介護認定審査会が審査・判定を行う（27条）。これを受けて「介護認定審査会による審査及び判定の基準等に関する省令」と「要介護認定等基準時間の推計の方法」（大臣告示）で、面接調査を踏まえたコンピュータによる1次判定と、前記審査会による2次判定の方法を具体化している。

介護保険は全国的な公的保険制度であり、財政面の規律は必要ではあるが、サービス利用者を全国画一の基準で決めたのでは自治事務の意味がない。特にコンピュータ判定では、市町村の裁量が制約されるとともに、説明責任の困難化（注14）、事務処理の煩雑さを招いた。高齢化に直面して介護保険法の制定は必要だったと考えられるが、保険給付、事業者指定を含めて福祉の画一化を招いた。同法施行から20年が経過したいま、抜本的な改革が求められているのではないか。立法論としては、前記の省令と告示を技術的助言とし、コンピュータによる判定を参考情報にとどめるべきであり、解釈論としてはこれらの規定は標準的規定と解すべきである。

（注14）この1次判定は実証的ではあるが、なぜその基準時間になるかを論理的・定性的に説明できないため、説明責任の点で問題がある。

■障害者総合支援法も画一的

障害者総合支援法は、①申請に対して障害支援区分を認定し、②サービスの支給決定を行い、③そのために事業者・施設を指定するというしくみを採る（障害者総合支援法については障害者福祉研究会編２０１９参照）。ここでも①の事務を取り上げよう。この認定は市町村の自治事務である。

同法で「障害支援区分」とは、「障害の多様な特性その他の心身の状態に応じて必要とされる標準的な支援の度合を総合的に示すものとして厚生労働省令で定める区分」とされ（４条４項）、市町村審査会が関係者の意見を聴いて審査・判定を行う（21条）。これを受けて「市町村審査会による審査及び判定の基準等に関する省令」では６つの区分を定めている。ここでもコンピュータによる1次判定と上記審査会による2次判定という、介護保険と同様のしくみが位置づけられているのである。

支給決定（22条）では市町村の裁量を生かせるものの、自治事務の基準を過度に画一化するものである。特に省令の規定は、立法論としては大幅に簡素化し、解釈論としては標準的規定と解すべきである。

■子ども・子育て支援法も工夫を

子ども・子育て支援法は、児童福祉法と相まって、①教育・保育給付を受ける資格等の支給認定を行い、②教育・保育給付を行い、③そのために特定教育・保育施設を整備・確認する、というしくみを採る。ここでも①の事務を取り上げよう。この認定も市町村の自治事務である。

同法では、教育・保育給付の対象として「満３歳以上の小学校就学前子どもであって、（中略）内閣府令で定める事由により家庭において必要な保育を受けることが困難であるもの」等を掲げ（19条）、省令（施行規則）で保護者のいずれもが1か月で「48時間から64時間までの範囲内で月を単位に市町村が定める時間以上労働することを常態とすること」など10項目を定める（1条の5）。また、市町村は前記に該当すると認めるときは、政令で定めるところにより、当該子どもに係る保育必要量の認定を行うとし（20条3項）、省令（施行規則）で「保育必要量の認定は、保育の利用について1月当たり平均275時間まで又は平均200時間までの区分に分けて行う」等と定めている（4条1項）。

介護保険法等に比べると自治体の裁量を生かせる制度になっているが、子ども施策は地域の実情に応じて実施すべきである。少なくとも政省令の規定は、立法論としては簡素化するか、条例授権を行うべきであり、解釈論としては標準的規定と解すべきである。

少子高齢化への対応など自治体が主体性を発揮すべき社会福祉分野だけに、その裁量と工夫を生かせる制度設計をすべきである。

⑵　保健衛生法の場合

■専門的事項の多い保健衛生法

保健衛生法は、疾病の予防・治癒や生活環境の整備によって人々の健康を保持するための法分野である。保健衛生は古くからの行政分野であるが、近年、高齢化や医療技術等の発達に伴って多くの法令が制定され、拡大・複雑化している。

図表３－６　保健衛生法（対象５法律）の条数・字数

法律名（制定年）	法律		政令（施行令）		省令（施行規則）	
	条数	字数	条数	字数	条数	字数
医療法（1948 年）	276	89,864	51	25,724	320	247,010
感染症予防法（1998 年）	160	71,435	34	8,696	108	49,105
医薬品医療機器法（1960 年）	294	144,507	184	66,627	628	434,160
食品衛生法（1947 年）	81	29,721	42	8,539	74	41,100
墓地埋葬法（1948 年）	20	3,330		–	10	2,298

（注）字数は各条文（附則は除外し別表は含む）をコピーし、Word のカウント機能によりカウントした。
（出典）法令は「e-Gov 法令検索」によった（2019 年５月現在）。

ここでは保健衛生法のうち**図表３－６**の５つの法律を取り上げる。これをみても、とくに医療関係の法律は字数が多く、規律密度の高いことがうかがわれる。その内容は医療、公衆衛生など専門的事項が多く、地域の実情や自治体の方針とは関係ないと考えられがちだが、それでよいか検討を要する。

保健衛生法ではさまざまな事務が定められているが、概ね共通するのは、①対象の施設・行為を特定し、②施設・人員・取扱等の基準を設定し、③違反行為等への罰則や監督処分を用意するというパターンである。以下、各法律の重要な事務に着目して、規律の内容を点検しよう。

なお、２０２０年の新型コロナウイルス感染症の拡大によって、この分野の法律のあり方には注目が集まっている。ただ、本章ではあくまで概括的な分析を行い、新型コロナウイルス感染症に関わる法制度は、**第７章**で改めて検討することとする。

■医療法の規律密度は行き過ぎ

医療法は、①病院、診療所等の範囲や種類を定め、②その開設にあたり一定の基準を設けて知事等の許可を必要とし、③違反等があった場合は許可取り消しや是正命令等を行うというしくみを採る（医療法や感染症予防法については米村２０１６、手嶋２０１８参照）。この開設許可等は自治事務である。

同法では、知事、保健所設置市長等は「施設の構造設備及びその有する人員が（中略）厚生労働省令並びに（中略）都道府県の条例の定める要件に適合するとき」は、開設を許可しなければならないとし（7条4項）、人員及び施設の基準（21条）、その他の構造設備の基準（23条）等を定める。これらの詳細は主として省令で定められるが、看護師等の人員や主要施設以外の施設については条例で定める（21条1項）。また医療計画に整合しない場合は許可しないことができる（7条の2）。そのほか病院等の管理についても詳細な規定を定め（10条等）、これを受けて省令で膨大な規定を定めている。

安全で良質な医療を確保するため、政策的統一性に基づく全国的な最低規制は必要である（注15）。しかし、より良質な設備基準や利用者の立場に立った運営基準などは、自治体の条例で定めるのが適切であろう。少なくとも省令の規定は、立法論としては簡素化すべきであり、解釈論としては標準的規定と解すべきである。

（注15）医療法の規律根拠については、全国共通の水準確保の点では規格的統一性に、患者が広域的に利用する点では広域的統一性に求めることもありうるが、雑多な規律を包括する根拠としては政策的統一性が妥当であろう（**本章1**参照）。

■感染症予防法は広域的規律

感染症予防法は、①感染症等の範囲を定め、②感染症にかかっていると疑われる場合に入院等の措置を求め、③従わない者に罰則等を科すというしくみを採る。これらの事務は法定受託事務である（65条の２）。

同法では、知事等は「感染症の発生を予防し、又は感染症の発生の状況、動向及び原因を明らかにするため必要があると認めるとき」は関係者への質問や必要な調査を行い（15条１項）、「感染症のまん延を防止するため必要があると認めるとき」は検体の提出等の勧告（16条の３第１項）、健康診断の勧告（17条１項）、省令で定める業務への就業の制限（18条１項、２項）、関係医療機関への入院の勧告と措置（19条１項、３項）を行うことができる。これを受けて省令で、感染症調査を行う場合、検体採取の通知事項、検査・報告の事項、就業制限の業務・期間等の詳細を定めているが、手続的な内容が多い（８条、10条、11条等）。

感染症の予防は広域的かつ緊急に対応すべき問題であるため、以上は一般的には広域的統一性による合理的な規律といえる。ただし、新型コロナウイルス対策の経験を踏まえて、より具体的な検証が求められている。

■医機法の規律は概ね合理的

医薬品医療機器等法（医機法）の内容は多様であるが、ここでは自治体の事務である薬局規制を取り上げると、①薬局の定義を定め、②その開設に一定の基準を定めて許可を必要とし、③その違反等について是正命令等を行うというしくみを採る（医機法については手嶋2018、㈱ドーモ編2016、團野編著2017参照）。この薬局規制の事務は自治事務である。

同法では、薬局は知事、保健所設置市長等の許可を受けなければ開設してはならないとし（4条1項）、その基準として、①薬局の構造設備が省令の基準に適合すること、②業務体制が省令の基準に適合すること、③申請者が業務を適正に行うことができない者として省令で定めるものでないことを定めている（5条1項）。また薬局の管理（7条）、管理者の義務（8条）、薬局に関する情報の提供等（8条の2）、薬局開設者の遵守事項（9条）、調剤された薬剤に関する情報提供及び指導等（9条の3）等を定めるとともに、その他薬局に関し必要な事項は政令で定めるとする（11条）。これを受けて、政令と省令で主として手続的規定が定められている。

医薬品の品質や安全に関しては、全国的な水準の確保が必要であり、以上は概ね政策的統一性による合理的な規律と考えられる。ただし、自治事務である以上、もう少し自治体の裁量を生かすべきであり、政省令の規定は条例で定めることが考えられる。

■食品衛生法は自治体にも配慮

食品衛生法の内容も多様であるが、ここでは飲食店営業等の規制を取り上げると、①飲食店営業等の定義を定め、②営業に一定の基準を定める許可を必要とし、③その違反に対して是正命令等を行うというしくみを採る（食品衛生法については日本食品衛生協会編２０１３、厚生労働省生活衛生・食品安全企画課監修２０１８参照）。この知事の許可は自治事務である。

同法は、都道府県は飲食店営業その他公衆衛生に与える影響が著しい営業で政令で定めるものの施設について、条例で公衆衛生の見地から必要な基準を定めるとし（51条）、その営業を営むには省令で定めるところにより知事の許可を受けなければならず、知事は前条の基準に合う場合は基本的に許可しなければならないと定める（52条1項、２項）。これを受けて政令で対象となる営業を指定するとともに、省令で許可の手続等について定めている。

食品の安全性は広域的な連携が必要であり、広域的統一性に基づく一定の規律は必要であろう。施設の基準を条例で定めるなど自治体への配慮もあり、合理的な設計といえる。

■墓埋法は数少ない枠組み法！

墓地、埋葬等に関する法律（墓埋法）は、国民の宗教的感情と公衆衛生に適合させるため、①墓地等の定義を定め、②埋葬等の方法を限定するとともに、③墓地等の経営に許可を必要とするというしくみを採る（墓埋法については生活衛生法規研究会監修２０１７参照）。この知事の墓地経営の許可は、自治事務である。

同法は、墓地、納骨堂又は火葬場を経営しようとする者は、知事の許可を受けなければならないとする（10条）。その許可基準については政省令を含めて規定がなく、その経営者は管理者を置き、その住所等を市町村長に届け出ること（12条）、埋葬等の求めを受けたときは、正当の理由がなければ拒んではならないこと（13条）等を定めるにとどまる。これを受けた政令はなく、省令も書類の交付、図面・帳簿の備え付け等を定める程度である。

同法は、古い法律とはいえ、珍しく規律密度の低い「枠組み法」である。一方で、墓地開設には地域住民の反対も多く、許可権を持つ自治体が許可基準等に関する条例を定め、その適法性が裁判で争われ、同法は「許可の判断につき広範な裁量を認めている」との解釈も示されている（**第4章4**参照）。政策的な妥当性は別として、地方分権の観点からは望ましい法律例である。

住民の健康を守る保健衛生分野だけに、医療の発展を踏まえた全国的統一性と自治体の主体性をどう均衡させるかが課題になるのである。

(3)　教育関係法の場合

■論議と改革の多い教育関係法

教育関係法は、教育を受ける権利（憲法26条）の保障を中心として広く教育活動に関する法分野である。この分野では、教育基本法の下で多数の法令が定められ、教育の自由や公共性をめぐって様々な議論が行われてきたし、集権的な「地教行法体制」が問題とされ、様々な立法や法改正が行われてきた（注16）。

ここでは、この分野から**図表3－7**の5つの法律を取り上げる。教育関係法の分野は比較的規定が少なく、政省令の規律密度も高くない。これは教育機関の自主性を尊重する観点や、対象に公共的機関が

図表３－７　教育関係法（対象５法律）の条数・字数

法律名（制定年）	法律		政令（施行令）		省令（施行規則）	
	条数	字数	条数	字数	条数	字数
地方教育行政法（1956 年）	75	25,584	25	11,666	－	－
学校教育法（1947 年）	158	29,605	60	16,566	228	47,826
私立学校法（1949 年）	79	15,793	6	2,037	15	9,961
社会教育法（1949 年）	60	10,275	4	566	－	－
文化財保護法（1950 年）	189	56,058	7	8,024	－	－

（注）字数は各条文（附則は除外し別表は含む）をコピーし、Word のカウント機能によりカウントした。

（出典）法令は「e-Gov 法令検索」によった（2019 年６月現在）。

多いことが反映していると考えられる。以下、各法の主な事務を抽出し、法令の規律を点検する。

■後見的発想の強い地教行法

「地方教育行政の組織及び運営に関する法律」（地教行法）は、自治体の教育行政の組織と運営の基本的事項を定める法律である。ここでは組織と運営の両面を点検しよう。

まず組織については、都道府県と市町村等に教育委員会（以下「教委」という。）を置くとし、その組織、任命方法、任期、罷免の方法、解職請求、服務、会議の招集、教委規則、事務局の設置などの規定を定める（3～20条、令1～6条）。

また運営については、教委の職務権限について19項目を列挙するとともに（21条）、教育長への委任等を定める（25条）。一方、

(注16) 教育関係法については、解説教育六法編修委員会編２０１９、別冊法学セミナー２０１５、古川・今西・五百住編著２０１８、藤井編著２０１８、姉崎ほか編２０１５参照。

長の教育に関係する職務権限についても6項目を定める（22条）。

こうした教委の事務処理に対し、文科大臣は、指導・助言・援助（48条）、指示（50条）、調査（53条）、調査・資料・報告の求め（54条）を行うことができる。これらは地方自治法の関与の類型に追加したものだが、教育行政だけこうした包括的規定が必要なのか、疑問がある(注17)。

教育行政の体制整備は国の役割だが、これらの規律は広域的統一性等に基づくとはいえず、後見的介入と考えられる。今後は、法律では基本的規定にとどめ、具体的内容は条例で定めるべきであろう。

■画一的・集権的な学校教育法

学校教育法は、学校教育の基本を定める法律であり、幼稚園から専修学校まで学校の種類ごとに必要な基準を定める（同法については、注16の文献のほか窪田・小川２０１９参照）。自治体の事務としては、学校設置の認可と学校の運営が重要である。ともに自治事務である。

まず設置認可であるが、市町村の設置する高等学校等には都道府県教委の認可が、私立の幼稚園、小

（注17）徳永保氏（文部省教育助成局財務課長＝当時）が執筆した徳永２０００：84によると、このうち指導・助言・援助は、地方自治法上の「その他の関与」であり、非権力的関与ではあるが、主観的な判断または意思等を含まない「技術的な」ものにとどまらず、「相手方が将来においてすべきことを指し示し、相手方を一定方向に導く行為」も含まれるとする。教育委員会は国から「将来においてすべきことを指し示」されなければならない半人前の機関なのだろうか。

学校、中学校、高等学校等には都道府県知事の認可が、それぞれ必要となる（４条）。その設置基準は大臣が定めるとされ（３条）、省令で各設置基準が定められている。さらに施行規則（省令）では、認可申請の手続等のほか、校長等の資格、教務主任等の配置、職員会議の設置などを規定している。全国で見慣れた小学校の画一的な光景は、省令でつくられていたのである。

次に市町村が小学校を運営する場合は、大臣が定める教育課程の遵守（33条）、大臣の検定を経た教科用図書等の使用（34条）など13条に及ぶ規制があるほか、施行規則でそれらの詳細が定められている。確かに国には国民の教育を受ける権利（憲法26条）を保障する義務があるため、人権的統一性に基づく一定の規律が認められる。一方、学校の認可・運営は自治事務であり、地域の実情や住民の声を反映することも重要だ。少なくとも省令の規定は、立法論としては廃止すべきであり、解釈論としては標準的規定と解すべきである。

■私立学校法の法人制度は合理的

私立学校法は、私立学校に関する教育行政とその設置者である学校法人に関する基本的な法律である。同法に基づく自治体の事務としては、知事による学校法人の認可が挙げられる。この事務は法定受託事務である（65条の３）。

知事は、①私立大学・私立高等専門学校以外の私立学校及び私立専修学校・私立各種学校、②これらを設置する学校法人等の所轄庁とされる（４条）。これらの学校法人を設立する場合は、寄附行為に必要な事項を定め、省令の定める手続に従って所轄庁の認可を受けなければならない（30条1項）。

　この申請に対して、所轄庁は当該学校法人の資産が法律上の要件に該当しているか、寄附行為の内容が法令の規定に違反していないかを審査する（31条）。資産については、設置する私立学校に必要な施設・設備に要する資金及びその経営に必要な財産を有する必要がある（25条1項）。法令の規定については、学校教育法等の規定のほか、私立学校法の規定としては、たとえば役員・理事会の設置、役員の職務、理事の忠実義務、評議員会の設置、評議員の選任等の規定が挙げられる（35～48条）。

　こうした規律は、前述の社会福祉法の社会福祉法人の認可と同様に、法人格を付与すれば都道府県の範囲を超えて活動し私法秩序にも影響するため、規格的統一性によると認められる。その事業規模からすれば条例に基づく規律も加えてよいと思われるが、全体としては合理的であろう。

■社会教育法は「枠組み法」的

　社会教育法は、広く学校教育以外の社会教育を保障するための法律である。ここでは実務的に重要な公民館の設置・運営を取り上げる。この事務は自治事務である。

　公民館は、主として市町村が条例に基づいて設置する施設であり、その事業として定期講座の開設をはじめ6項目が定められている（20～22条、24条）。このほか公民館の運営方針、公民館の職員、公民館運営審議会等の規定も定められている。

　同法では、文部科学大臣は公民館の設置及び運営に必要な基準を定めるとされ（23条の2）、「公民館の設置及び運営に関する基準」（告示）が定められている。もっとも、その内容は「地域の実情に応じて、必要な施設及び設備を備える」（９条）など大綱的な規定にとどまっている。

もともと地域の創意工夫が必要な施設ではあるが、同法と大臣告示は「枠組み法」的なものであり、概ね妥当な立法例といえよう。

■文化財保護法は役割が混在？

文化財保護法は、文化財の保護・活用を図り、国民の文化的向上等を図る法律である（1条）。その規定は多岐にわたるが、ここでは埋蔵文化財の保護に関する事務を取り上げる。これらは自治事務である。

まず同法では、土地の所有者等が遺跡等を発見したときは文化庁長官に届け出なければならず（96条1項）、長官は一定の基準を満たすときは所有者等に対し現状変更停止等の命令を行うことができる（96条2項）。これらの事務は、政令により都道府県または市の教育委員会に行わせることができ（１８４条）、政令で都道府県教委等が行うこととしている（5条1項）。

一方、自治体は埋蔵文化財について調査の必要を認めるときは、埋蔵文化財を包蔵すると認められる土地を発掘でき、事業者に協力を求めることもできる（99条）。

埋蔵文化財の保護には国の役割が大きいし、政省令は過密ではないが、同法は長官を原則的な執行主体としながら、合理的な事務分担も考えず政令でその事務を都道府県に委任している。集権的な発想であり、法律を改正して自治体の役割と権限を明確にすべきである。

4　自治法制を分権化する

4つ目の領域として、自治体の組織・運営や住民との関係に関する一般法である自治法制を取り上げる。自治法制は、①自治体基本法、②自治体運営法、③住民関係法に分けられる。自治法制は、後述のように本来は「地方自治の本旨」（憲法92条）で保障された団体自治・住民自治に関わる領域であるため、自治体と住民の自己決定に委ねるべきであるが、現行の法令では国の規律・介入を幅広く認めている。その状況を検証しよう。

⑴　地方自治法の場合

■地方自治法は「分権的」か

まず地方自治の基本法であり通則法である地方自治法を取り上げる（自治法に関する文献は多いが、さしあたり松本２０１７、村上・白藤・人見編２０１１参照）。

憲法は、「地方公共団体の組織及び運営に関する事項は、地方自治の本旨に基いて、法律でこれを定める」とする（92条）。自治体の組織・運営については法律で定めるが、その法律は「地方自治の本旨」に基づく内容でなければならない。ここで地方自治の本旨とは、団体自治（地方自治が国から独立した団体に委ねられ、その意思と責任の下で行われる自由主義的・地方分権的要素）と住民自治（地方自治が住民の意思に基づいて行われる民主主義的要素）の両面を保障したものと解されている（芦部２０１９：３７８）。

この自治体の組織・運営に関する基本的法律が地方自治法である。同法は地方自治の本旨を具体化し保障するとともに、自治体の組織・運営を規律する。その規律が地方自治の本旨に照らして適切か、地方分権を支える同法自身が分権的なのかが問われなければならない。

条文を概観すると、地方自治法は４７４条、２３万６３７０字、同法施行令は３４１条、２５万４５７２字、同法施行規則は58条、１万２２５０字である(注18)。法律と政令の条数・字数は、本章で検証してきた法律の中で最も多く、規律密度が高いことがうかがわれる。

地方自治は、住民・自治体・国のほか、自治体内部の議会・首長・行政委員会など多様な主体の相互作用によって運営されている（**図表３－８**参照）。地方自治法の対象も、Ａ地方自治の基本原則、Ｂ自治体内の組織、Ｃ自治体の運営、Ｄ住民と自治体の関係、Ｅ国と自治体の関係、Ｆ自治体間の関係に大別できる。このうちＡは地方自治の保障に必要であり、Ｅ・Ｆも各自治体で決定できないため、基本的には必要といえる。これに対してＢ・Ｃ・Ｄは、団体自治の原理からは自治体の自己決定に委ねるべき

（注18）以上はｅ－Ｇｏｖ法令検索（２０１９年7月現在）により、字数は各条文（附則は除外し別表は含む）をコピーし、Ｗｏｒｄのカウント機能により把握した。

図表３－８　地方自治のしくみ

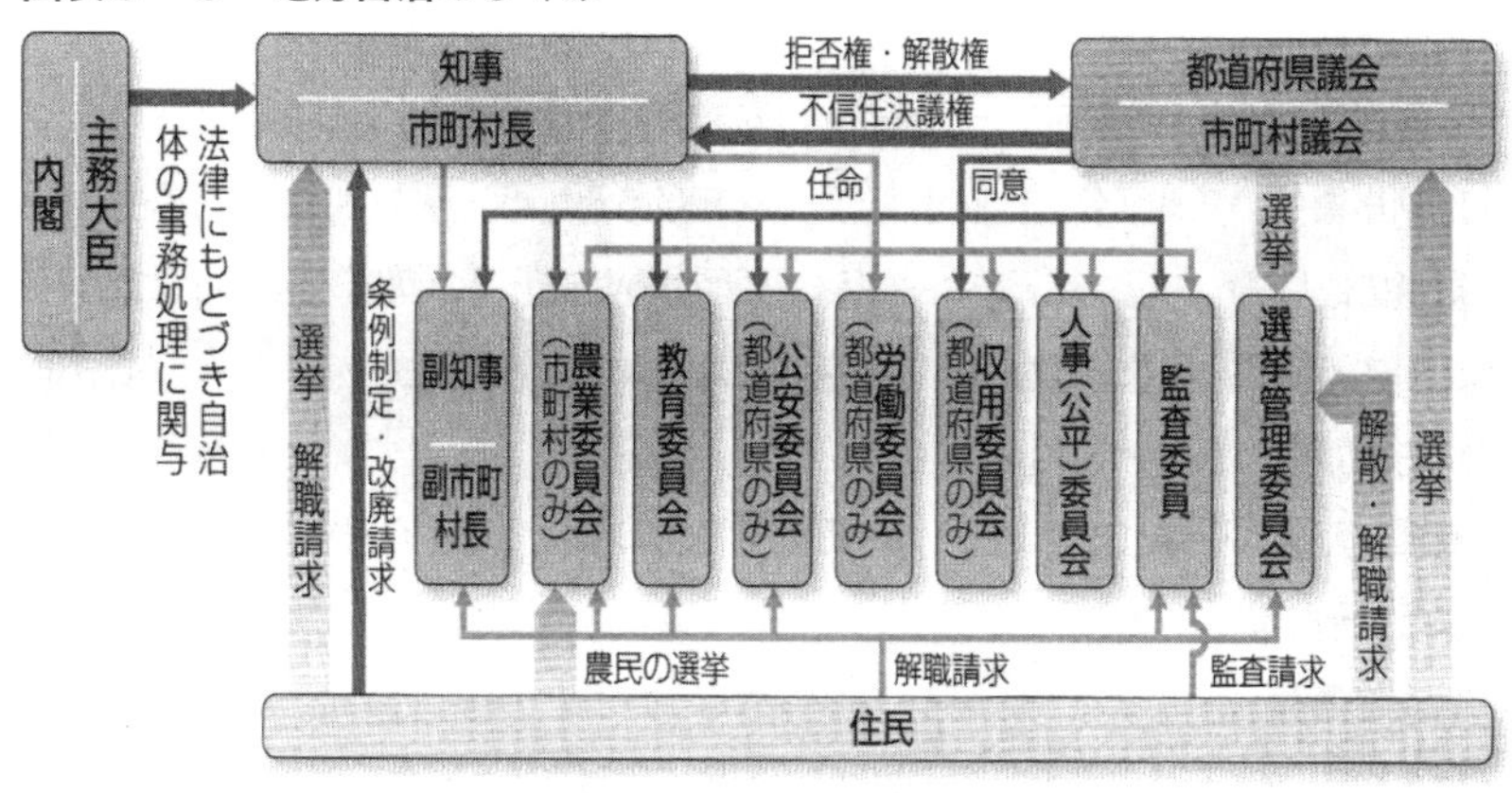

（出典）宮本憲一ほか『高校政治・経済』（実教出版、2017 年）70 頁。

領域であり、法律が規律する場合は、規格的統一性か広域的統一性の要請に基づく必要がある。特に後見的介入になっていないかを点検する必要がある。

以下では、このB・C・Dの領域を中心に検討しよう。

■後見的介入の多い組織規定

まず自治体内の組織に関する規定（B領域）として、第1に議会に関する規定（89～138条）がある。二元代表制では、議会と首長は抑制と均衡の関係にあり、各自治体で両者の関係を決めることは難しいため、法律で基本的事項を定めることは必要であろう（規格的統一性）。しかし、同法の規定は詳細すぎる。

たとえば議会の議決事件については15項目を限定列挙し、たとえば契約については「その種類及び金額について政令で定める基準に従い条例で定める契約を締結すること」（96条1項5号）と定めているが、政令の基準は不要だろう。

また、招集・会期（１０１条～）、議長・副議長（１０３条～）、委員会（１０９条～）、会議（１１２条～）、議会事務局（１３８条）の規定は、議会の自律的事項であり条例または会議規則で定めるのが原則であるし[注19]、規定が細かいだけに法律に書いていないことはできないといった硬直的な解釈を生んでいる[注20]。これらの規定は廃止するか、大幅に簡素化すべきだ。

第2に執行機関に関する規定（１３８条の2～２０２条の9）も詳細である。このうち議会との関係（１７６条～）や他の執行機関との関係（１８０条の2～）は、機関間関係となるため法律で定める必要性は認められるが、各機関の自己決定に委ねるべき事項まで規定している。たとえば支庁・地方事務所・支所の長は「長の補助機関である職員をもって充てる」とともに「普通地方公共団体の長の定めるところにより、上司の指揮を受け、その主管の事務を掌理し部下の職員を指揮監督する」（１７５条）と定めるが、自主組織権への余計な介入ではないか[注21]。

（注19）たとえば116条1項で「この法律に特別の定がある場合を除く外、普通地方公共団体の議会の議事は、出席議員の過半数でこれを決」するとされているため、自治基本条例の制定・改廃について憲法にならって特別多数議決（たとえば3分の2以上）にしたくても同法の定めがないため許されないという問題がある。

（注20）たとえば議会の検査（98条）は「あくまでも書面による検査であって、実地検査は許されない」とされているが（行政実例１９５３・4・1、松本２０１７：３８５）、本来こうした検査の方法は条例で決めるべきであり、98条とは別に条例で実地検査（調査）の規定を設けることができると解される。法律が細かく規定しているために、実務家も研究者もそれ以外のことはできないという悪しき「法律主義」に陥っているのではないか。

また基本的規定であるが、執行機関たる委員会又は委員を置くには法律の定めが必要だという規定（138条の4第1項、いわゆる執行機関の法定主義）は、たとえば情報公開条例に基づく審査会を設置する際に、独立した審査権を持つべきであるにもかかわらず長の附属機関にせざるを得ないという問題を生んでいる。条例で執行機関を設置する余地を認めるべきだ。

■比較的問題の少ない運営規定

次に自治体の運営に関する規定（C領域）として、第1に財務に関する規定（208〜243条の5）がある。このしくみが自治体ごとに異なると全国的・横断的な把握が困難になるため、基本的には規格的統一性による規律として必要といえよう。たとえば予算の内容(215条)、決算の時期や書類(233条）については統一的な基準が必要であり、金銭債権の消滅時効（236条）は私法秩序に関する事項として法律で定める必要がある。これに対して、分担金、手数料等の督促・滞納処分（231条の3）

（注21）組織規定に関連して、条例で首長の多選制限が可能かという問題がある。総務省は、公職選挙法や自治法で知事の多選が制限されていない以上、そうした条例は違法だとしているが、著者は法律が制限していないのは一律に制限する必要はないと判断したものにすぎず、各自治体が条例で制限することは団体自治に委ねられているし、もし法律がこれを禁止する趣旨だとすれば憲法92条に違反する可能性があると考えている。神奈川県の知事多選禁止条例の制定にいたる経緯を含めて礒崎2017c：218−228参照。

などは条例に委ねてよいと考えられる。

第2に公の施設に関する規定（244〜244条の4）は、住民の利用権に関わるが、それを含めて団体自治に委ねるべき事項であり、基本的事項に限定すべきである。この点で、2003年法改正により指定管理者制度（244条の2第3項）が導入され、全国の自治体が管理委託からの転換や事業者の公募を迫られたことを想起したい。民間活力の導入という目的には合理性があるとしても、公の施設のあり方は住民参加を含む「自治」を基本とすべきであり、国の方針転換で一律に義務付けるのはおかしい。地方自治法にはそうした後見的介入の根拠規定が少なくないのである。

■過密すぎる住民との関係規定

さらに住民と自治体の関係に関する規定（D領域）として、直接請求に関する規定（74〜88条）がある。これらの規定は、直接民主主義的な制度として住民自治を具体化する意義がある。

しかし、施行令の規定（91〜121条）を含めてここまで詳細な規定が必要か、疑問がある。たとえば有権者の1／50以上や1／3以上といった署名数（法74条1項、76条1項）や2か月以内または1か月以内という署名収集期間（令92条3項、100条）を自治体の規模と関係なく確定的に定めるのは過剰な統制的介入であろう。これらの規定は立法論としては簡素化すべきであり、解釈論としては標準的規定と解するべきであろう。

そもそも住民自治のしくみは各自治体が決定すべきであり、自治体は直接請求を含む住民参加制度を独自に工夫して条例等で設けるべきだ(注22)。

■その他の規定は概ね適切

その他の規定にも言及しておこう。

第1に国と自治体の関係に関する規定（E領域）として、国または都道府県の関与等と紛争処理に関する規定（245～252条）は、国等の関与に対する制約や、紛争処理機関や訴訟制度を設ける規定であり、法律で定める必要がある。

第2に自治体間の関係に関する規定（F領域）としては、自治体相互間の協力（252条の2～252条の18の2）や自治体の組合（284～293条の2）があるし、大都市特例（252条の19～252条の26の2）や特別区（281～283条）の規定も、都道府県の権限等の問題に連動する。これらは、広域的統一性に基づく規律として基本的には法律で定める必要があるが、現在の規定は詳細すぎる。

(注22) この点で、条例で法的拘束力のある住民投票制度を設けることは、地方自治法で保障された議会や執行機関の権限を制約するため違法だという解釈が一般的であるが、同法も自治体の究極的な意思決定権が住民にあることを前提として、日常的な権限行使のしくみを定めているにすぎないから、こうした条例は適法と解するべきではないか。礒崎2018a：69参照。

図表3－9　自治体運営法（対象5法律）の条数・字数

法律名（制定年）	法律		政令（施行令）		省令（施行規則）	
	条数	字数	条数	字数	条数	字数
公職選挙法（1950年）	406	267,448	287	196,961	89	40,982
地方公務員法（1950年）	97	38,111	－	－	－	－
地方財政法（1948年）	51	17,198	52	16,581	－	関係省令14件
地方税法（1950年）	1,201	833,767	756	451,890	360	211,454
地方公営企業法（1952年）	53	12,301	57	19,310	55	34,572

（注）字数は各条文（附則は除外し別表は含む）をコピーし、Wordのカウント機能によりカウントした。
（出典）法令は「e-Gov法令検索」によった（2019年8月現在）。

地方自治を支え推進すべき地方自治法だが、現状では地方自治〝管理〟法の性格が強い。立法分権はまず地方自治法から始めてはどうか。

(2)　自治体運営法の場合

■自治体運営は自己決定が原則

自治体運営法は、自治体の運営を規律する法律である。地方自治法は自治体の組織・運営に関する一般法であるが、この分野の法律はその特別法といえる。

ここでは、この分野から**図表3－9**の5つの法律を取り上げよう。この表からは、公職選挙法と地方税法の条数・字数が多いこと、政省令の役割が比較的限定されていることがわかる。

これらの規定は、前述の地方自治法と同様に、A基本原則、B自治体内の組織、C自治体の運営、D住民と自治体の関係、E国と自治体の関係、F自治体間の関係に大別できる。このうちB・C・Dの領域は、本来、自治体の自己決定に委ねるべき領域であり、法令で規律するとすれば、規格的統一性か広域的統一性に基づく必要がある。自治体不信に基づく後見的介入は極力排除する必要がある。

■詳細かつ画一的な公職選挙法

公職選挙法は、憲法の精神に則り両議院の議員と自治体の議員・長の選挙が公明かつ適正に行われるための法律である（1条）（同法については安田・荒川編著２００９、選挙制度研究会編２０１３参照）。もともと選挙規定は地方自治法に規定されていたが（第4章）、公職選挙法制定の際に統合された。国政選挙等の事務は法定受託事務であるが、各自治体選挙の事務は自治事務である。

選挙は自治を支える根幹的な制度であり、そのルールは自治体の自己決定に委ねることが要請される。したがって自治体選挙を国政選挙と同じ法律で規律したこと自体に問題があるが、仮に同一の法律でも、規定ぶりは分ける必要がある。

第1に、選挙権・被選挙権（第2章）、選挙人名簿（第4章）等は、参政権に関わるため、人権的統一性による規律として認められよう。

第2に、選挙期日（第5章）、開票（第7章）、当選人（第10章）等は、規格的統一性または広域的統一性による規律として許容できる。

第3に、選挙に関する区域（第3章）、投票（第6章）、選挙運動（第13章）等は、原則、自治体の自己決定に委ねるべきであり、簡素化するか、標準的規定と解すべきである。

たとえば、都道府県議員の選挙区と議員定数は人口を基本として設定することが求められているが

（15条1～4項、８項）、各自治体が一票の格差や地域間の均衡を考えて決定すべきだ（注23）。また公務員の立候補は禁止されているが（89～91条）、立候補段階で一律に禁止するのは問題がある（注24）。さらに戸別訪問の禁止（１３８条）（注25）、文書図画の頒布の制限（１４２条）（注26）など選挙運動への多数の規制は、選挙を官製化し、市民から遠ざける原因になっている。少なくとも規模や社会状況の異なる自治体の選挙に一律に押しつけるのは合理的でない。

（注23）人口に従って設定すると、人口減少地域は十分な議員を選出できず、関係議題や都道府県施策の少ない政令市・中核市等の選出議員が多くなり、施策充実より負担軽減を求める傾向が強くなること等の問題が生じる。訴訟にもつながる難しい問題だが、それだけに各自治体の条例で決めるべきだ。

（注24）近年の議員のなり手不足や自営業者等への偏りが問題となっていることを考えると、地方公務員が勤務先と異なる自治体の議員を兼職することも認めてよいのではないか。地方制度調査会答申（２０１６年３月）も参照。

（注25）戸別訪問について、安田・荒川編著２００９：１０１９－１０２０は、「買収、利益誘導等選挙の自由公正を害する犯罪にとって格好の温床となりやすい」とともに、「候補者、運動員等が一々自宅や勤務先などに訪ねて来ることは迷惑である」ため禁止されているとする。最判昭和25年９月27日は合憲としたが、立法事実の裏付けを欠くと思われるし、市民を蔑視する見方であり、戸別訪問から対話が生まれる可能性を軽視していると思われる。

（注26）文書図画については、２００３年法改正によって国政選挙では政党等のマニフェスト（パンフレットまたは書籍）の頒布が可能となったが、自治体選挙では一定数のビラの頒布が認められるだけであり、政策中心の選挙を困難にしている。また、２０１３年法改正によってインターネットを用いた頒布が一部解禁されたが、なお制限が大きい。

■地方公務員法は過剰な規律

地方公務員法は、人事行政に関する根本基準を確立し、自治体の民主的かつ能率的な運営等の保障を目的とする（1条）（同法については橋本2009、晴山・西谷編2016、猪野2017参照）。職員人事はB領域に属するため、基本的には自治体の選択に委ねるべきである。

第1に、人事機関（第2章）、福祉・利益の保護（第8節）は、機関間の関係や争訟制度に関わるため、規格的統一性として概ね容認できる。

第2に、任用、人事評価、給与その他の勤務条件、服務、研修等（第2節〜第7節）は、広域的統一性のための基本的事項を除いて、自治体の自己決定に委ねるべきである。

たとえば採用・昇任の方法等（17条〜22条の2）は、自治体の人事政策の根幹をなし、広域的統一性が要請されるわけでもないため、自治体の裁量と責任で定めるべきだ。また、服務のうち政治的行為の制限（36条）や営利企業従事等の制限（38条）は、職員の萎縮や消極姿勢を生んでいる面があり、人口減少を踏まえて多様な地域人材の登用や公務員の「複業」が求められる場合もあるため、具体的ルールは条例や人事委員会規則に委ねるべきであろう。

■地方財政法の規律は概ね適切

地方財政法は、自治体の財政運営や国と自治体の財政関係の基本原則を定め、もって地方財政の健全性を確保することを目的とする（1条）。財政運営は自治事務であるが、前述のE・F領域の規定も多いし、規律密度もそれほど高くない。

たとえば、国は「地方財政の自主的な且つ健全な運営を助長することに努め、いやしくもその自律性をそこない、又は地方公共団体に負担を転嫁するような施策を行ってはならない」とし（２条２項）、自治体が「法律又は政令に基づいて新たな事務を行う義務を負う場合においては、国は、そのために要する財源について必要な措置を講じなければならない」とし、この措置に不服のある自治体は「内閣を経由して国会に意見書を提出することができる」（13条１、２項）（注27）。実効性にはやや疑問があるが、国に義務付けを行うＥ領域の規定であり、必要な規律である。

これに対し、地方債の制限やその協議・許可（５条〜５条の４）は、自治体の財政運営を縛るものであり、国の利害に直結するものでもないため、届出制など必要最小限の規制にとどめるべきである。

■地方税法の詳細規定は必要か

自治体は自主財政権（憲法94条）に基づいて地方税の賦課徴収権を有する。地方税法はこのための総則と各税の規定を定めている（同法については地方税務研究会編２０１７参照）。この事務は自治事務である。

（注27）たとえば２０１０年に民主党政権が子ども手当の財源に地方負担を含めようとしたため、地方側が反発し、神奈川県は同条に基づく意見書を提出した。

第1に、法定税については、税目、課税客体、課税標準、税率等を条例で定めるとしつつ（3条）、同法や政省令でおびただしい数の複雑な規定を定め、このうち自治体の選択を認めない規定（強行規定）については条例も遵守しなければならない。税については、租税法律主義（憲法84条）や執行裁量の抑制のため、規定が詳細化することは避けられない面があるが、自治事務である以上、条例による自治体間の差異は許容されるべきであり、国がここまで詳細な規律を行う理由は見当たらない。これらの規定は大幅に簡素化するか、標準的な規定と解すべきである。

第2に、法定外税については、あらかじめ総務大臣に協議し、その同意を得なければならず（259条等）、総務大臣は、①住民負担が過重、②物の流通に障害、③国の経済施策から不適当、のいずれかに該当しなければ同意しなければならない（261条等）。しかし自治体は自主課税権を有しているのであり、同意まで求めるのは問題がある(注28)。

■地方公営企業法は概ね適切

地方公営企業法は、自治体の経営する企業の組織、財務、職員の身分等の経営の根本基準等を定める

(注28) 具体例として、横浜市勝馬投票券発売税の導入に国の経済施策に照らして不適当との理由で同意せず、係争処理にいたった事例（地方自治判例百選（第4版）204頁）や、神奈川県臨時特例企業税の導入に対して総務大臣は同意したが、裁判で地方税法に違反するとされた事例（最判平成25年3月21日・判タ1391号113頁、同前56頁）がある。

図表３−10　住民関係法（対象５法律）の条数・字数

法律名（制定年）	法律		政令（施行令）		省令（施行規則）	
	条数	字数	条数	字数	条数	字数
住民基本台帳法（1967年）	121	96,471	67	26,984	39	9,064
番号法（2013年）	68	66,120	50	25,172	23	19,727
行政手続法（1993年）	48	17,513	4	5,171	−	−
行政不服審査法（2014年）	87	32,314	27	11,732	5	2,541
行政事件訴訟法（1962年）	51	15,050	−	−	−	−

（注）字数は各条文（附則は除外し別表は含む）をコピーし、Wordのカウント機能によりカウントした。

（出典）法令は「e-Gov法令検索」によった（2019年９月現在）。

法律である（１条）（同法については、細谷２０１３参照）。この経営事務も自治事務である。

このうち組織規定と職員規定は、Ｂ領域の問題でありもっと簡素化すべきだが、財務規定は規格的統一性に基づく規律として概ね妥当である。

人口減少とＡＩの時代に、以上のようなフルセットの法令で自治体経営を縛ることが合理的だろうか。

(3) 住民関係法の場合

■住民関係法は個別検討が必要

住民関係法は、住民と自治体の関係に関する法律である。この領域についても地方自治法で住民の定義、直接請求、住民訴訟等を定めているが、より実務的な規定は個別法で定めている。

ここでは、この分野から**図表３−10**の５つの法律を取り上げる。

住民基本台帳法や番号法の規定は細かいが、施行令等のない法律もあって、他の分野ほど過密ではない。

これらの規定は、地方自治法で述べた区分では、Ｄ領域の住民と自治体の関係に属する。この点では、自治体ごとに条例等で規律するのが原則となり、特に国の後見的介入は見直す必要がある。しかし、これらの法令では、住民関係の公証など統一的な扱いが求められる面や、訴訟制度等に連動する面もあり、法令ごとに見直しの要否を検討する必要がある。

■住民基本台帳法の規定は必要

住民基本台帳法は、「住民に関する記録を正確かつ統一的に行う住民基本台帳の制度」を定め、住民に関する事務処理の基礎とし、届出等の簡素化を図り、あわせて住民記録の適正な管理を図る法律である（1条）(同法については市町村自治研究会編2018、東京都市町村戸籍住民基本台帳事務協議会編著2018参照)。そのため、住民基本台帳の作成（第2章)、戸籍の附票の記載等（第3章)、届出（第4章)、本人確認情報の処理・利用等（第4章の2)、外国人住民の特例（第4章の3）などを定めている。たとえば住民票の記載事項については、氏名、出生年月日など17項目のほか、政令で定める事項を記載するとともに（7条)、政令で定めるところにより届出または職権によってその記載、消除、修正を行う（8条)。これらは自治事務である。

住民基本台帳は、自治の基盤をなす制度であるが、住民の公証や転出入の事務処理を考えると、統一的な扱いが求められる。規格的統一性に基づく必要な規律と考えられよう。

■番号法は基準の統一性が必要

番号法（行政手続における特定の個人を識別するための番号の利用等に関する法律）は、番号の特定個人等を識別する機能と情報システムを活用し、効率的な情報の管理・利用や迅速な情報授受を行うことにより、行政運営の効率化等と国民の負担軽減等を目的とする法律である（1条）（同法については宇賀２０１６参照）。

このため、個人番号（第2章）、個人番号カード（第3章）、特定個人情報の提供（第4章）、特定個人情報の保護（第5章、第6章）、法人番号（第7章）などを定めている。

たとえば、市町村長は、住民票に住民票コードを記載したときは、政令で定めるところにより、地方公共団体情報システム機構から通知された番号をその者の個人番号として指定し、その者に通知する（7条）。また、政令で定めるところにより、住民基本台帳に記録されている者の申請により、個人番号カードを交付する（17条）。これらは法定受託事務である（44条）。そして自治体の執行機関は、社会保障、地方税、防災等に関し条例で定める事務の処理に関し、必要な限度で個人番号を利用できる（9条）。

この法律には個人情報保護等から懸念の余地はあるし、政省令を含めてここまで細かい規定が必要かという問題はあるが、法律の制定が必要だとすれば、番号の生成や管理は全国統一的に行う必要があるため、規格的統一性に基づく規律としてやむを得ないと考えられる。

■行政手続法は見直しが必要

行政手続法は、処分・行政指導・命令等の共通事項を定めることによって、行政運営の公正の確保と透明性の向上を図る法律である（同法については（一財）行政管理研究センター2019、宇賀2013参照）。

このため、申請に対する処分（第2章）、不利益処分（第3章）、行政指導（第4章）、処分等の求め（第4章の2）、届出（第5章）、意見公募手続等（第6章）などを定めている。

たとえば、行政庁は申請に基づく許可等の処分について審査基準を定め、また標準処理期間を定めるよう努めるとともに、これらを公にしておかなければならない（5条、6条）。さらに不利益処分については、処分基準を定め、公にしておくよう努めなければならないし（12条）、不利益処分を行う場合は、聴聞または弁明の機会の付与を行わなければならない（13条）。

以上の規定は、自治体の行為のうち法律に基づく処分には適用されるが、行政指導や意見公募手続等には直接適用されず、自治体が同法の趣旨にのっとって必要な措置を講ずるよう努めることとされている（46条）。実際にはほとんどの自治体が行政手続条例を定め、同法と同様の規定を設けている。

同法の目的と主な内容は、概ね妥当である。しかし、行政機関個人情報保護法等が対象を国の行政機関に限定していることと比較すると、法律に基づく自治体の処分（自治事務を含む）まで法律で規律するという立法は、分権改革を経た現在となっては見直しを要するといえよう。統制的介入であり、少なくとも自治事務については対象外とし、条例に委ねるべきである。

■行政不服審査法は過剰な規律

行政不服審査法は、行政庁の違法・不当な処分等に関し、簡易迅速かつ公正な手続で不服申立てをするための制度を定め、国民の権利利益の救済と行政の適正な運営を確保する法律である（1条）（同法については橋本・青木・植山2014、宇賀2017、室井・芝池・浜川・本多編著2018参照）。このため、審査請求（第2章）、再調査の請求（第3章）、再審査請求（第4章）、行政不服審査会等（第5章）などを定めている。

たとえば、行政庁の処分に不服がある者は、法律（条例に基づく処分については条例）に特別の定めがある場合を除くほか、同法で定める行政庁に対して、審査請求をすることができる（2条、4条）。また、行政庁に処分の申請をした者は、相当の期間が経過したにもかかわらず行政庁の不作為がある場合は、不作為についての審査請求をすることができる（3条、4条）。

さらに2014年改正によって、より慎重な審理のため、審理員による審理（9条）、行政不服審査会等への諮問（43条）等の制度が導入された。

同法の目的と主な内容は、概ね妥当である。しかし、行政手続法が自治体の条例に基づく処分を適用除外しているのに対して、同法は自治体の処分等（自治事務を含む）も対象とし、国の機関と同様の規律を行っている。行政の適正をどう確保するかは団体自治の問題であり、オンブズパーソンの設置や苦情対応との連動等の工夫も考えられる。基本的なしくみは法律で定めるとしても、詳細は条例で定めるべきである。

■行政事件訴訟法は必要な規律

行政事件訴訟法は、他の法律で特別な定めがある場合を除いて、行政事件訴訟について必要な事項を定める法律であり（1条）、国民の権利利益の救済と法治主義の確保を目的とする法律である（同法については小早川・高橋編2004、室井・浜川・芝池編著2006、南・高橋ほか編著2014参照）。このため、抗告訴訟（第2章）、当事者訴訟（第3章）、民衆訴訟および機関訴訟（第4章）などの規定を定めている。

たとえば、処分の取消しの訴え・裁決の取消しの訴えは、当該処分または裁決の取消しを求めるにつき法律上の利益を有する者に限り提起できるとされ、この法律上の利益の有無の判断にあたっては、当該法令の趣旨・目的及び当該処分で考慮されるべき利益の内容・性質を考慮するものとしている（9条1項、2項）。

同法の規定も、自治体の処分その他の行為（自治事務を含む）に全面的に適用される。しかし、同法の規定は訴訟制度を定め、国の機関である裁判所の対応を拘束する。したがって、同法の規律は基本的には妥当であるが、訴訟対象の拡大など一部に条例への委任規定を設けることは検討の余地があろう。

住民の権利利益の保障は、自治体自身が考えるべき問題である。そうした視点で法律の見直しをしてはどうだろうか。

5　「法令の森」は過密だった！ー41法律の点検結果のまとめ

■困難だった「法令の森」のツアー

以上、９分野41法律について法令の個別規定の状況を点検してきた(注29)。この「法令の森」の点検ツアーは、予想以上に大変だった。その原因は何だろうか。

第１に、９分野41法律に絞ることが難しかった。自治体の主な行政分野のうち、法令に基づく事務の多い９つの分野を選定し（自治法は１分野とみなした）、さらに各分野で中核的な役割を担っていると考えられる５つの法律を抽出したが、明確な基準があったわけではない。

第２に、各法律にも多くの事務や規定があり、どれに注目するかが難しい問題だった。各法律で中心的な役割を有すると考えられる事務を選定し、その事務の「執行基準」に注目したが（**本章１**参照）、恣意的な選定にならないよう気をつかった。

第３に、法令の規律根拠について客観的な評価を行うことが難しかった。前述の５つの統一性基準に基づいて評価したが、基準自体が狭すぎるとか、基準の当てはめが法令側に厳しすぎるという指摘もあ

（注29）著者は、本稿で取り上げた分野ごとにより詳細な法令分析を行う予定である。すでに２分野について礒崎２０１８b、２０１９aを公表したが、今後、同誌または他誌で暮らしづくり法制や自治法制についても分析結果を発表する予定である。

りえよう。

このように限界のある点検作業ではあったが、得たものも少なくない。以下、本章のまとめとして、何を発見できたか、整理しておこう。

■後見的介入は早期見直しを

図表3−11は、41法律の点検結果の一覧である。「法律・事務」では複数の事務・規定を対象とした場合もあるし、「規律の根拠」として複数考えられる場合もあるが、この表では主なもの1つに絞った。また「評価・見直し方針」は単純ではないが、ここでは主な方向性に限定した。

この一覧表を要約したのが**図表3−12**である。これをみると、次の点を指摘できよう。

第1に、対象とした事務は、自治事務が39（87％）と多く、法定受託事務は6（13％）と少ない。細かくみる必要はあるが、自治体の主要事務は自治事務になっていることがうかがわれる。

第2に、法令の規律根拠については、5つの統一性基準（**本章1**参照）に後見的介入を加えて評価した結果をまとめた。その結果、政策的統一性が17（38％）と一番多く、次いで後見的介入が9（20％）、規格的統一性と広域的統一性が8（18％）と続く。一方、国の本来的役割である国家的統一性と人権的統一性は少数である。このうち政策的統一性は、国と自治体の役割分担原則（自治法1条の2）に反するおそれがあり、後見的介入は同原則に反するといえる。60％近くの規律が再検討を要するのである。

このうち地域づくり法制と暮らしづくり法制では政策的統一性による規律が多いが、自治法制では後

図表３－11　主要法令の規定状況の点検結果一覧

分野	法律・事務	事務の性格	規律の根拠	評価・見直し方針
①土地利用規制法	1　都市計画法・開発許可	自治事務	政策的統一性	× 政省令を削除
	2　農振法・農用地区域指定等	自治事務	政策的統一性	△ 法令全体を見直し
	3　農地法・転用許可	自治事務	政策的統一性	× 政省令を削除
	4　森林法・開発許可	自治事務	政策的統一性	○ 妥当な規律密度
	5　自然公園法・行為許可	自治事務	広域的統一性	× 省令を削除
②公物管理法	6　道路法・道路整備	自治事務	広域的統一性	△ 政令を簡素化
	7　河川法・管理施設整備	法定受託事務	広域的統一性	△ 政令を簡素化
	8　都市公園法・公園設置	自治事務	政策的統一性	× 政令を削除
	9　水道法・事業と施設整備	自治事務	政策的統一性	× 省令を削除等
	10　公営住宅法・入居者決定	自治事務	後見的介入	× 政令を削除
③環境保全法	11　大気汚染防止法・発生施設規制	自治事務	広域的統一性	△ 省令を簡素化
	12　水質汚濁防止法・特定施設規制	自治事務	広域的統一性	△ 省令を簡素化
	13　土壌汚染防止法・土地等の規制	自治事務	政策的統一性	× 省令を簡素化等
	14　廃棄物処理法・処理施設許可	法定受託事務	政策的統一性	× 省令を簡素化等
	15　景観法・届出と勧告等	自治事務	政策的統一性	△ 法令全体を簡素化
④社会福祉法制	16　社会福祉法・法人認可	法定受託事務	規格的統一性	△ 省令を簡素化
	17　生活保護法・要保護者の決定	法定受託事務	人権的統一性	× 告示等を簡素化
	18　介護保険法・要介護認定	自治事務	政策的統一性	× 法令全体を見直し
	19　障害者総合支援法・区分認定	自治事務	政策的統一性	× 省令を見直し
	20　子ども子育て支援法・支給認定	自治事務	政策的統一性	△ 法令全体を簡素化
⑤保健衛生法	21　医療法・病院等開設許可	自治事務	政策的統一性	△ 省令を簡素化

	22　感染症予防法・予防措置	法定受託事務	広域的統一性	○ 合理的な規律
	23　医薬品医療機器等法・薬局規制	自治事務	政策的統一性	△ 全体をやや簡素化
	24　食品衛生法・飲食店営業規制	自治事務	広域的統一性	○ 合理的な規律
	25　墓地埋葬等法・墓地経営許可	自治事務	政策的統一性	○ 妥当な規律密度
⑥教育関係法	26　地方教育行政法	自治事務	後見的介入	× 法律を簡素化
	27　学校教育法	自治事務	人権的統一性	△ 省令を簡素化
	28　私立学校法	法定受託事務	規格的統一性	○ 合理的な規律
	29　社会教育法	自治事務	政策的統一性	○ 合理的な規律
	30　文化財保護法	自治事務	政策的統一性	△ 法令全体を見直し
⑦自治基本法	31　地方自治法・組織規定	自治事務	後見的介入	× 法律を簡素化
	32　地方自治法・財務の規定	自治事務	規格的統一性	○ 合理的な規律
	33　地方自治法・公の施設規定	自治事務	後見的介入	× 法律を簡素化
	34　地方自治法・住民関係規定	自治事務	後見的介入	× 法律を簡素化
	35　地方自治法・その他規定	自治事務	広域的統一性	△ 法令全体を簡素化
⑧自治体運営法	36　公職選挙法	自治事務	規格的統一性	△ 法令全体を簡素化
	37　地方公務員法	自治事務	後見的介入	× 法律を簡素化
	38　地方財政法	自治事務	規格的統一性	○ 合理的な規律
	39　地方税法	自治事務	後見的介入	× 法令全体を簡素化
	40　地方公営企業法	自治事務	規格的統一性	○ 合理的な規律
⑨住民関係法	41　住民基本台帳法	自治事務	規格的統一性	○ 合理的な規律
	42　番号法	自治事務	規格的統一性	○ 合理的な規律
	43　行政手続法	自治事務	後見的介入	△ 法律を一部見直し
	44　行政不服審査法	自治事務	後見的介入	× 法律を簡素化
	45　行政事件訴訟法	自治事務	国家的統一性	○ 合理的な規律

（注）本章２～４から作成。「規律の根拠」には主な根拠を記載し、「評価・見直し方針」には主な方向性を記載した（○＝基本的に維持、△＝部分的に見直し、×＝抜本的に見直しを示す）。

図表３−12　主要法令の規定状況の点検結果まとめ

区分		1　地域づくり法制	2　暮らしづくり法制	3　自治法制	合計
1　事務の性格	自治事務	13 (86.7%)	11 (73.3%)	15 (100%)	39 (86.7%)
	法定受託事務	2 (13.3%)	4 (26.7%)	0 (0.0%)	6 (13.3%)
2　規制の根拠	A　国家的統一性	0 (0.0%)	0 (0.0%)	1 (6.7%)	1 (2.2%)
	B　人権的統一性	0 (0.0%)	2 (13.3%)	0 (0.0%)	2 (4.4%)
	C　規格的統一性	0 (0.0%)	2 (13.3%)	6 (40.0%)	8 (17.8%)
	D　広域的統一性	5 (33.3%)	2 (13.3%)	1 (6.7%)	8 (17.8%)
	E　政策的統一性	9 (60.0%)	8 (53.3%)	0 (0.0%)	17 (37.8%)
	F　後見的介入	1 (6.7%)	1 (6.7%)	7 (46.7%)	9 (20.0%)
3　評価・見直し方針	○（基本的維持）	1 (6.7%)	5 (33.3%)	6 (40.0%)	12 (26.7%)
	△（部分見直し）	6 (40.0%)	6 (40.0%)	3 (20.0%)	15 (33.3%)
	×（抜本見直し）	8 (53.3%)	4 (26.7%)	6 (40.0%)	18 (40.0%)

（出典）図表３−11 から集計。

見的介入が多い。前者は国の政策方針の内容が関係するため、具体的な検討が必要だが、後者は自治体を未熟とみなして行う介入であり、早期に見直すべきである。

■73％の事務に見直しが必要

第３に、「評価・見直し方針」については、「抜本的に見直し」が18（40％）、「部分的に見直し」が15（33％）であるのに対し、「基本的に維持」は12（27％）にとどまる。もちろんこれは筆者の評価だが、取り上げた法令事務の73％に見直しが必要だとすれば、少ない割合ではない。

具体的に見直し方針をみると、「法令全体を見直し」や「法令全体を簡素化」もあるが、「政省令を削除」「政省令を簡素化」など、法律よりも政令、省令、大臣告示等の見直しが必要になっている。法律よりも政省令等の規律密度が自治体の自主性・自立性を妨げているのである。

6　統制手段としての行政計画規定

■増殖する行政計画規定

最後に、「法令の過剰過密」と共通する問題として、法律で自治体に対して行政計画の策定を求める規定が増加しており、これが自治体の負担を増大させるとともに、その自主性・自立性を制約しているという問題がある。しかも、こうした規定が第1次分権改革の後に増えているのである。

ここで行政計画とは、国・自治体等が一定の目標とその達成手段を総合的に提示する決定をいう(注30)。行政計画は、一定の分野の施策事業を計画的・総合的に推進するために重要な機能を発揮する。しかし、国が法令に基づいて縦割りで行政計画の策定を求めると、自治体の負担を増大させ、国の政策方針に誘導する結果となる(注31)。前節まで自治体の事務処理に対する法令の規律を問題にしてきたが、行

(注30)　行政計画の定義はさまざまであるが、塩野2015：234は、「行政権が一定の公の目的のために目標を設定し、その目標を達成するための手段を総合的に提示するもの」とする。なお、自治体によっては、自治法96条2項に基づいて総合計画等に議会の議決を必要としているため「自治体計画」と呼ぶべき場合もあるが、ここでは一般の呼称に従って行政計画と呼んでおく。

政計画の法定化も制度・政策の自立をめざす「立法分権」を妨げる要因になっている。

法律で自治体による行政計画を定める規定を検索すると、**図表３－13**のとおり市町村が２０６件、都道府県が２８７件、合計４９３件の規定がある。法律が制定された時期に着目すると、戦後少しずつ増加し、第１次分権改革が施行された２０００年以降に２３８件（48％）件と「増殖」している。分野別には、地域づくり分野が３６０件（73％）件、暮らしづくり分野が99件（20％）、自治分野が34件（７％）となっている。

その規定は、「……計画を定めるものとする」など法的義務規定が２０２件、「……計画を定めるよう努めなければならない」など努力義務規定が86件、「……計画を定めることができる」など任意規定（いわゆる「できる規定」）が２０５件となっている。特に最近の法律では、義務付けでない規定が増えている。このうち「できる規定」については、自治体の事務について計画を制定できるのは当然だから、確認的規定と解される。

なお、以上は著者個人の粗い検索であるが、著者も委員として参画した全国知事会の「地方分権改革の推進に向けた研究会」（小早川光郎座長）でも、この行政計画規定の増加が問題となり、事務局が個々の規定に立ち入って精査したところ、**図表３－14**のとおり、２６３法律で３９０件の計画策定等の規定があり（１９９２年の１５７件から２３３件増加）、策定主体別では都道府県に２９３件、市町村に

（注31）この点に関する先行研究として、今井２０１８、鈴木（洋）２０１９：１５２～１９４が参考になる。

図表３－13　自治体の行政計画を定める法律規定の状況（暫定版）

（数：件数）

時期	分野	市町村				都道府県				合計			
		義務	努力	任意	計	義務	努力	任意	計	義務	努力	任意	計
1945年～	地域	13	1	7	21	21	3	12	36	34	4	19	57
	生活	3	2	4	9	7	2	4	13	10	4	8	22
	自治	3	0	3	6	3	0	4	7	6	0	7	13
	計	19	3	14	36	31	5	20	56	50	8	34	92
1960年～	地域	16	2	8	26	29	2	22	53	45	4	30	79
	生活	2	0	1	3	3	1	1	5	5	1	2	8
	自治	0	0	0	0	0	0	0	0	0	0	0	0
	計	18	2	9	29	32	3	23	58	50	5	32	87
1980年～	地域	9	1	14	24	19	1	18	38	28	2	32	62
	生活	1	0	1	2	5	0	3	8	6	0	4	10
	自治	1	0	1	2	1	0	1	2	2	0	2	4
	計	11	1	16	28	25	1	22	48	36	2	38	76
2000年～	地域	11	17	52	80	19	20	43	82	30	37	95	162
	生活	9	14	1	24	14	18	3	35	23	32	4	59
	自治	7	1	1	9	6	1	1	8	13	2	2	17
	計	27	32	54	113	39	39	47	125	66	71	101	238
合計	地域	49	21	81	151	88	26	95	209	137	47	176	360
	生活	15	16	7	38	29	21	11	61	44	37	18	99
	自治	11	1	5	17	10	1	6	17	21	2	11	34
	計	75	38	93	206	127	48	112	287	202	86	205	493

（注）「時期」は各法律の制定年により区分。「地域」＝地域づくり分野、「生活」＝暮らしづくり分野、「自治」＝自治法制を、「義務」＝義務規定、「努力」＝努力義務規定、「任意」＝できる規定をそれぞれ示す。

（出典）e-Gov 法令検索（2019 年 11 月５日現在）の「法令用語」検索において「計画（or 構想 or 方針）and 都道府県（or 市町村 or 地方公共団体）」でヒットした「憲法・法律」の「本則中の条単位」の条項から集計した。「地方公共団体」を主体とする条項は「都道府県」と「市町村」に各１件とカウントした。分野区分は筆者が判断。

図表３−14　法律における計画策定等の規定数の変遷

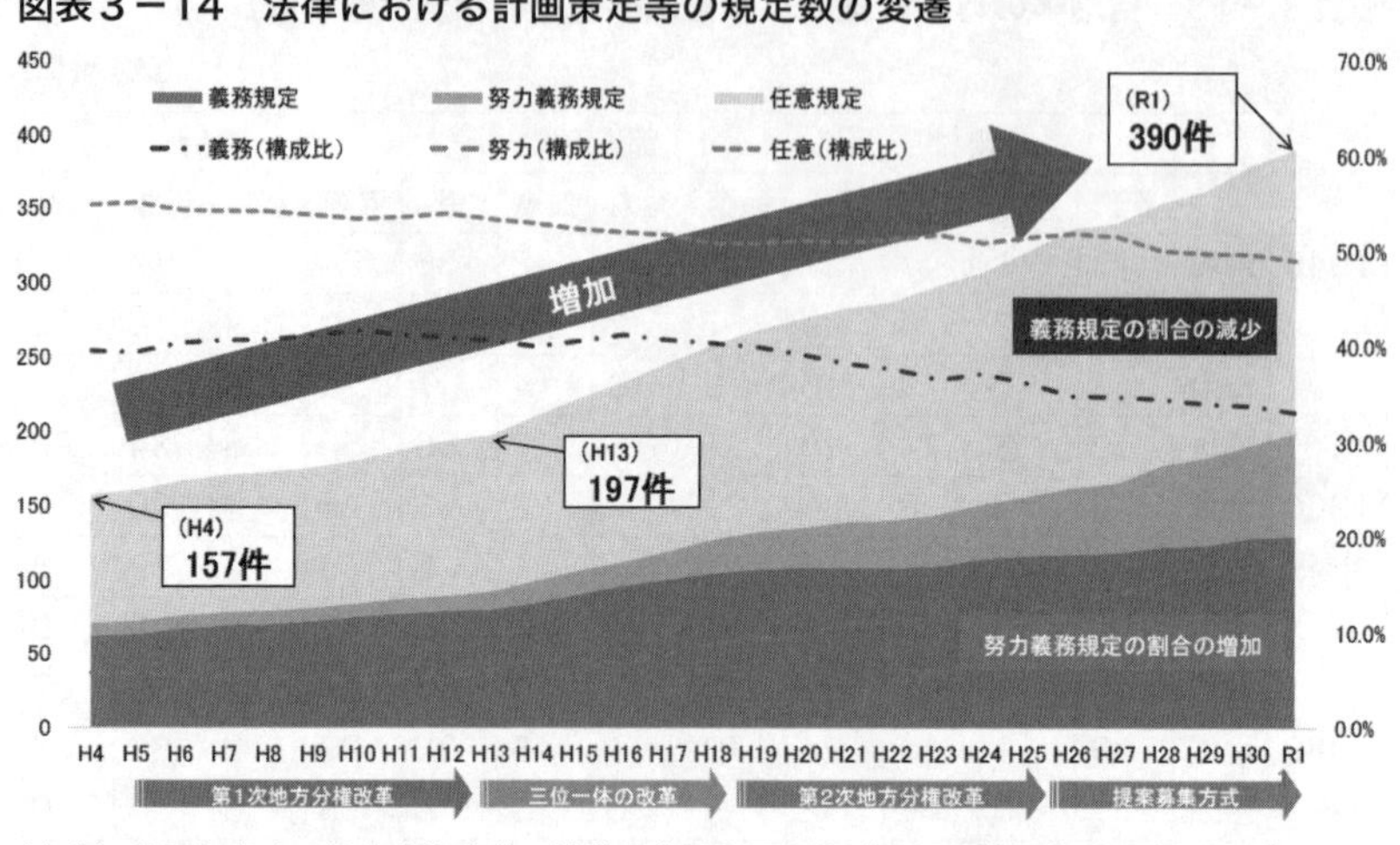

（出典）全国知事会・地方分権改革の推進に向けた研究会「同報告書」（2020 年 10 月）。全国知事会ウェブサイト http://www.nga.gr.jp/data/activity/committee_pt/research/chihou_bunken_kaikaku_suishin_kenkyuu_kai/index.html

２１１件の計画策定等の規定が存在し、２０００年代に増加している（２００１年比で約２倍）という。また、近年、「義務規定」の割合が減少し、「努力義務規定」の割合が増加傾向にあるという（以上、全国知事会・地方分権改革の推進に向けた研究会２０２０）。

■計画の法定化は「柔らかな統制」

実は法定計画の規定については、第２期分権改革の義務付け・枠付けの見直しの中で取り上げられ、計画の策定や内容・手続の義務付けについて、第３次勧告（２００９年）で規定の廃止、できる規定・努力義務化、規定の例示化等が勧告され、地方分権改革推進計画（同年）にも盛り込まれて、一定の法改正が行われた。

しかし、法的義務でなければ問題ないというわけではない。むしろさまざまな理由で実際に自治体が策定を迫られ、国の方針や施策の枠組みに誘導される点に問題があるのではないか。法的義務でない「柔らかな方法」がなぜ統制になるのだろうか(注32)。

第1に、計画の策定が財政・税制上の優遇や規制緩和の条件・前提になっているためである。こうしたメリットがある場合は、競って国の意向に沿った計画をつくろうとする(注33)。

たとえば過疎地域自立促進特措法に基づく市町村計画と都道府県計画は「できる規定」であるが（6条、7条）、補助金、地方債、許認可、金融等の特別措置の前提となっているため、策定しないという選択は考えにくい。まち・ひと・しごと創生法に基づく都道府県と市町村の「総合戦略」の策定は努力義務であるが（9条、10条）、地方創生関係交付金の前提となっているため、4市町村を除くすべての自治体が早々に策定した（2015年度末現在）。

第2に、法律で計画規定が設けられると当該課題への対応が当然とされ、住民・議会等との関係からも計画策定を余儀なくされるためである。社会には多くの問題があるが、財源や人員（政策資源）に限

（注32）義務付け・枠付けの見直しにあたり、計画策定の問題を3つの重点事項のひとつとしながら、問題を義務付けの有無に限定した点に、地方分権改革推進委員会の限界（法的思考の偏重）があったのではないか。その後も次々と行政計画の法定化が進んだことは、分権改革の進め方にも反省を求めている。

（注33）前述の全国知事会研究会報告書によれば、390件の法定計画等のうち、約28%（109件）の計画等が、国庫補助金等交付や地方債発行等にかかる要件とされている（策定主体別では都道府県が70件、市町村が78件）という。

度がある以上、より重要な問題を選択して対策を講じる必要がある。課題設定が重要なのである（秋吉・伊藤・北山２０２０：第３章（伊藤執筆）参照）。しかし法律で計画制度がつくられると、当該課題の社会的重要性が高まり、自治体は何らかの対応を迫られる（プライミング効果）(注34)。その結果、それ以外の地域課題への対応が軽視される。

たとえば２０１９年5月に食品ロス削減推進法が制定され、都道府県と市町村は国の基本方針を踏まえて削減推進計画を定めるよう努力することになった（12条、13条）。食品ロスの削減は重要だが、地域には他にも重要な課題があるし、計画をつくるより実際の働きかけが重要だ。しかし議員や住民から「法律に規定があるのに計画をつくらないのか」と指摘されると、「つくらない理由」を説明することは難しい。そして、策定する以上は所管課を決めて何らかの施策を行い、その進捗状況を管理する必要がある。その分だけ他の課題への対応は後回しとなる。

第3に、計画を策定する場合は、法律で国等の基本方針等に即することや、国等の認定等が必要になる場合があり、自治体の判断が制約・誘導されるためである。策定マニュアル等が示されることも多い。そもそも政策判断では、問題をどう理解し、どういう方向で対策を考えるかが重要であるが、策定の枠

（注34）プライミング効果（priming effects）とは、メディア報道等が「受け手（一般市民）がどの政治的争点が重要かを判断する際の基準の形成にも影響を与える」ことをいう（久米ほか２０１１：４３５）。国の立法にも同様の効果があり、特に計画の法定化は自治体が重点的に取り組むべき課題だという認識を広げる点に問題があると考える。

組みが提示されると、その枠組みに誘導される（フレーミング効果）（注35）。

たとえば、中心市街地活性化法に基づく市町村の基本計画は「できる規定」であるが、国の基本方針に基づかなければならず、かつ内閣総理大臣の認定が必要とされているほか（９条）、内閣府から認定申請マニュアルも提示されている。中心市街地活性化については、地域の人材や実情に応じて総合的・主体的なまちづくりとして考えるべきであるが、国の意向に合わせた「作文」で終わる可能性がある。

以上のように計画の策定自体は任意であっても、事実上、自治体は策定せざるを得ず、策定する以上はその枠組みに拘束されるのである。行政計画の法定化は「柔らかな統制」として機能している。

■法定計画に対抗する方法は？

このような縦割りの法定計画の増大は、自治体の制度・政策をつくる力を拡充する「立法分権」を妨げる。計画の法定化によって他の地域課題への対応が軽視されるし、総合的な政策対応が困難になる。まして職員や財源の減る人口減少時代に法定計画を増やすべきではない。この「柔らかな統制」にどう

（注35）フレーミング効果（framing effects）とは、人々が問題状況をどう認識し、どういう行動案を選択するかに関する認識枠組みに影響を与えることをいう（秋吉・伊藤・北山２０２０：80（秋吉）参照）。メディア報道にもこの効果があるとされる（久米ほか２０１１：４３４）。計画の法定化は、政策枠組みの設定、すなわち政策のフレーミングを目的にしているといえる。

対抗すべきか。

第１に、行政計画の法定化の問題点を指摘し、この流れに歯止めをかける必要がある。もちろん新しい政策課題は生じるであろうが、法定化するなら、既存の計画を廃止するか統合して、行政計画の乱立を防ぐべきだ。また補助金等のメリットと組み合わせることは、必要以上の画一化と事務負担をもたらすため、見直す必要がある。

第２に、自治体側は計画の法定化に右往左往せず、住民や議員に対しても、政策資源が限られる中で、国の課題設定に飛びつくことは賢い選択ではないという認識を広げる必要がある。新しい課題が生じれば、むしろ総合計画等の既存計画に位置づけて一体的な対応を図る方が効果が高いことを説明すべきだ。

第３に、仮に法定計画を策定する場合でも、既存の計画と統合したり、法律の枠組みや国の方針にこだわらず、地域に合ったスリムで使える計画にすべきである。

「スマート自治体」を実現するためにも、法定計画の規定は削減すべきである。

第４章　立法分権をどう進めるか

第３章までの課題の指摘と現状の分析を踏まえて、いよいよ立法分権をどう進めるべきか､その戦略を考えよう。まず、国の法令を抜本的に統合・簡素化するための方法を考える。次に、独自条例と法定事務条例に分けて、条例制定権を拡充するための「解釈論」を検討する。さらに、解釈論では限界があるため、条例の上書き権の制度化、条例制定権規定の改正に分けて「立法論」を検討する。最後に、立法分権を支えるために国の立法過程の改革について検討する。

1　立法分権の戦略とは何か

■立法分権の6つの戦略

第1章ではこれまでの地方分権を振り返り、**第2章**で今後は「立法分権」が求められていることを指摘し、**第3章**では法制度の「過剰過密」の現状を点検し、立法分権が不可欠であることを確認した。では立法分権をどう進めるべきだろうか（以下、礒崎２０１７：１９６－も参照）。

第１に、立法分権のためには、法令の過剰過密の現状を是正し、統合・簡素化を行う必要がある。これが実現するだけでも、自治体は後述する法定事務条例を制定する余地が広がり、地域の事情に合った解釈運用も可能になる。もとより各法律の所管省庁等はこれに反対すると考えられるし、多数の法令をどのような方針の下で見直すかは難しい問題であるが、そのための戦略を考える必要がある。

第２に、現行の法制度の下で自治体側が取り組める実践として、独自条例の制定を進めることが考えられる。これまでも公害防止条例、まちづくり条例など地域の課題解決のために多くの独自条例が制定されてきており、これが地方分権を促し、またその成果を具体化してきた。今後も独自条例の制定を進めるために、独自条例の制定権の拡充を図る法解釈が求められる。**第2章4**で条例制定権の範囲について判例の立場を中心に説明したが、さらに分権型の解釈が考えられないか、検討しよう。

第３に、現行法制度の下で自治体側が取り組める実践として、法定事務条例の制定を進めることが考えられる。法定事務条例とは、法律に基づく事務の具体的な基準、手続等を定める条例である。法定事務については、法律や政令、省令等でさまざまな規定が定められているが、その範囲内で具体的事項等について地域の実情を踏まえて定めるのが、法定事務条例である。すでに規律密度の低い法律を中心に法定事務条例が制定されているが、さらに法定事務条例の制定を進めるためにどういう解釈論が考えられるか、検討する必要がある。

第4に、この法定事務条例の拡充につながるが、法律で条例による「上書き権」を定めることが考えられる。**第3章**でみたように、国の法令で細かい規定が定められるほど、法定事務条例の制定の余地は失われ、地域の実情に合わない規定であっても画一的に押しつけられる。そこで、条例で法令の規定を書き換える（補正する）ことができることとし、その旨を法律に定めるのが条例の上書き権の制度化である。この課題は第2次分権改革でも検討されたが、実現できなかった。このしくみは、過剰過密な法令の壁を突破できる可能性がある点で、立法分権の焦点となる改革であるため、どのような範囲・形式で制度化すべきか、検討する必要がある。

第5に、独自条例の制定権を拡充するための立法措置が考えられる。第2の戦略で独自条例の解釈論を検討するが、解釈論には自ずから限界がある。特に戦後75年が経過したいま、「法律の範囲内」（憲法94条。同様に自治法14条1項）という制約をそのままにしてよいかが問われるべきである。国と自治体の役割分担の原則（自治法1条の2）は、行政権だけでなく立法権にも適用されるべきだから、無限定に「法律の範囲内」という制約を課すのは一貫しない。立法分権を進めるにはこの基本的規定を改正できないか、検討する必要がある。

図表４－１　立法分権・６つの戦略の相互関係

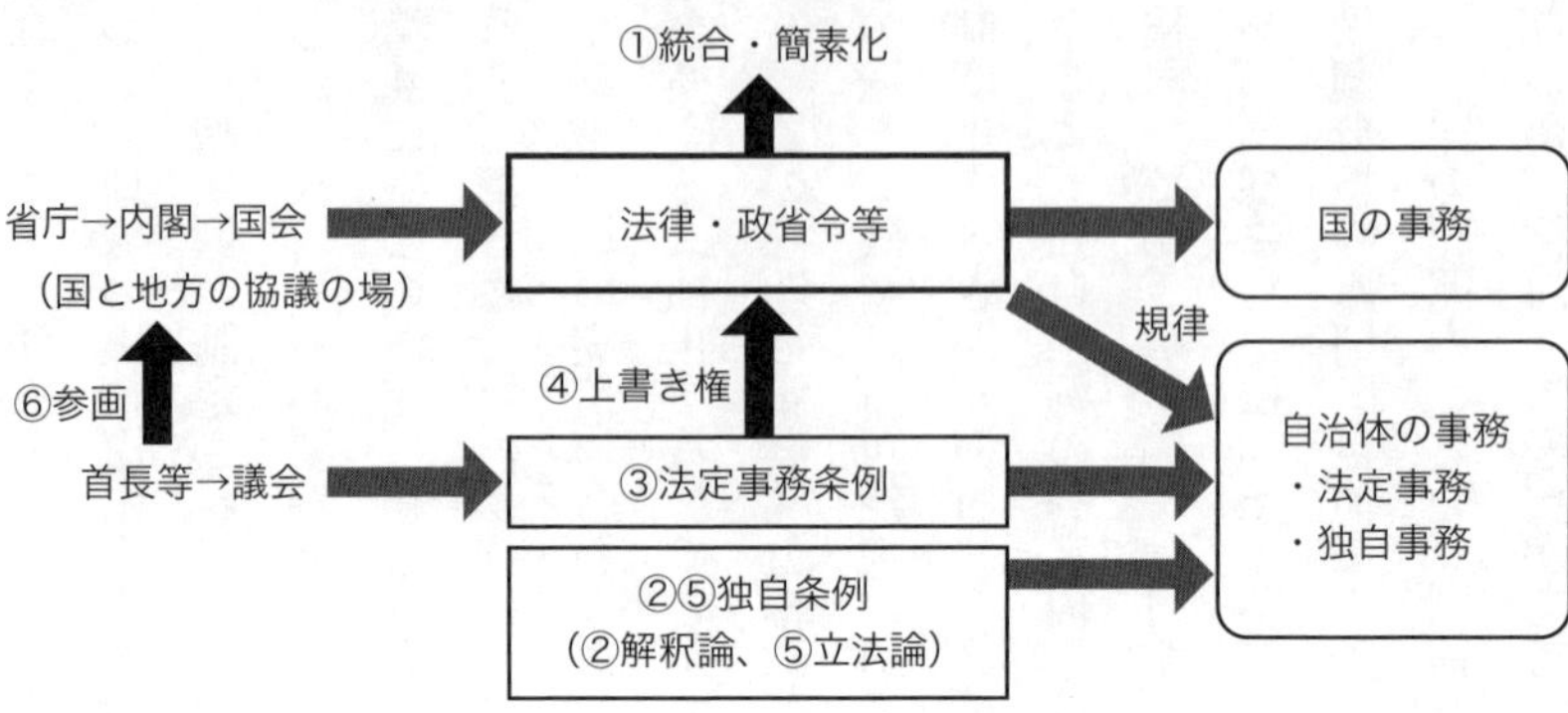

（出典）筆者作成。

第6に、今後の国の立法を「分権型」のものにするためには、自治体参画のルールを組み込むなど国の立法過程を見直す必要がある。上記の第1、第4、第5の戦略は法律改正を要するため、国の立法過程がこうした改正を可能にするようなものでなければならない。また、仮にこうした改革ができたとしても、その後に制定・改正される法令が過剰過密なものになっては、立法分権の効果は一時的なものとなる。そこで、国の立法過程をどう改革すべきか、検討する必要がある。

以上6つの戦略の相互関係を図示すると、**図表４－１**のとおりである。

2　法令の統合と簡素化（戦略1）

■法令の廃止・統合は可能か

まず、**第3章**で検証した法令の過剰（縦割りの行政システムの下で必要以上に多数の法令が制定されていること）に対しては、法令の廃止または統合を進める必要がある。そのため、行政分野ごとに法令を廃止・統合する計画をつくることが重要になる。こうした統合の適否を判断するにあたっては、①目的の類似性、②対象の重複性、③執行手段の類似性、④執行主体の同一性、⑤事務処理の効率性などの基準を設定して、判断することが考えられる。

たとえば土地利用に関しては、国土利用計画法、都市計画法、農業振興地域整備法、農地法、森林法、自然公園法などの法律が分立しているが、①＝計画的な土地利用を実現するという点で類似し、②＝土地という対象は同じであり、③＝ほとんどが許可制を採り、④＝知事または市長に統一することができ、⑤＝1つの法律に基づいて1つの許可を出す方が効率的である。よって、土地利用計画法（仮称）に統合することが考えられる。同様に、法令を統合すべき分野として、公共施設、生活環境、地域産業、地域福祉、学校教育などが考えられる。

もちろん単純に法律を統合するだけでは、自治体の自由度拡大につながらないため、統合にあわせて次に述べる簡素化に取り組む点に意味がある。

■法令の簡素化は可能か

次に法令の過密（法令が必要以上に細かい規律をしていること）に対しては、いくつかのルールを設定して簡素化を進める必要がある。そもそも自治体に関する法令の規定は、「地方自治の本旨に基づき、かつ、国と地方公共団体との適切な役割分担を踏まえたものでなければならない」し、さらに自治事務を定める場合は「地域の特性に応じて当該事務を処理することができるよう特に配慮しなければならない」（自治法2条11項、13項）。もし国が全国画一的な事務処理を確保したいのであれば、国の直接執行事務とすればよいのであって、自治体の事務とし、その負担で事務処理をさせながら細かく規律しようとする点に無理がある。その簡素化のため大きく規定の内容と形式に着目する2つの方法が考えられる。

■規定内容に着目したルール

まず規定の内容に着目したルールとして、３つのルールが考えられる。これらは併用することが考えられよう。

第1に政策的要素によるルールが考えられる。法令上の制度を政策的にみると、①目的、②執行主体、③対象、④執行手段、⑤執行基準、⑥執行手続に分けることができる（礒崎２０１８ａ：80）。

このうち①・②・④は、全国的に統一する必要があり、かつ地域の実情によって変える必要性は少ないと考えられる。①の目的については、もともと抽象的な内容が多く、自治体の自由度にはあまり関係がない。たとえば森林法の目的は、「森林の保続培養と森林生産力の増進」を図り、もって「国土の保全と国民経済の発展」に資することであるため（1条）、法律を統合しない限りこれを簡素化する必要はないと考えられる。②の執行主体は、関係機関間の対立を招くことがないよう法律で明確にしておく必要があるし、それでも都道府県の事務とされた場合は事務処理特例を定める条例（自治法２５２条の17の２）によって市町村の事務とすることができるため、大きな支障はないと考えられる。たとえば森林法の開発許可（10条の２）の執行主体は都道府県知事とされているが、これを教育委員会の事務にすることは考えられないし、市町村長の事務にすることは事務処理特例条例によって可能である。④の執行手段は、これ自体に関しては細かく規定されていないし、法律の根幹に関わるため、自治体の自由に委ねることは考えにくい。たとえば森林法の開発許可は許可制をとるが、これを届出制にするとこの制度を設けた趣旨が失われるため、法律で統一しても支障ないと考えられる。

以上に対し、③・⑤・⑥は、さまざまな事例を想定して法令で細かい規定が定められることが多い一方、地域の実情に合わせて設定する必要性が高い。国法と条例のせめぎ合いは、これらの規定をめぐって生じるのである。

まず③の対象は、法律の適用範囲を左右するため、立法政策上の重要事項であるが、同時に地域の実情によって事情が異なる。たとえば森林法の開発許可の対象は基本的に1haをこえる開発行為に設定されているが（森林法10条の2、施行令2条の３）、北海道では5haに引き上げても十分かもしれないし、東京都では５０００㎡に引き下げても不十分かもしれない。こうした対象は、法律で一定の条件を定めるとしても、条例で定めることが望ましい。

次の⑤の執行基準は、政省令を含めて細かな規定が多く、国の政策方針でコントロールするしくみになっているが、地域の実情に応じる必要があるし、自治体の裁量・自由度を認める必要性も高い。たとえば森林法は開発許可について、①周辺地域の土砂流出・崩壊等の災害発生、②地域の水害の発生、③地域の水の確保に著しい支障を及ぼす、④周辺地域の環境を著しく悪化させる、というおそれがある場合は許可してはならないと定める（10条の2第2項）。この程度の規律密度であれば、地域の実情に基づいて自治体が具体的基準を定めることができる。

⑥の執行手続も、政省令を中心に細かな規定が多いが、住民との協議、第三者機関の意見聴取など自治体の裁量を認める必要性は高い。たとえば森林法の開発許可の手続については、省令で定めることとされ、省令で申請書に位置図・区域図のほか３つの書類を添えて提出することが定められている（施行規則４条）。この程度の規律密度であれば、都道府県の条例等で、たとえば地域住民の意見聴取、都道府県森林審議会の意見聴取等の手続を定めることが考えられる。

以上のように、③・⑤・⑥を中心として規定の簡素化を図ることが考えられるのである。以上の区分は、**本章5**で検討する条例の上書き権の対象にも援用できよう。

第２に、全国的統一性の類型によるルールが考えられる。**第3章1**で取り上げたとおり、法令において全国的に統一を図る要請は５つの類型に分けることができ、これに応じて規定を見直すことが考えられる。

すなわち**図表４－２**のとおり、Ａ：国家的統一性とＢ：人権的統一性は、地域による差異があると国

図表４－２　全国的統一性の類型による規定の見直し方針

類　型	地域的適合性との関係	規定の見直し方針
Ａ：国家的統一性	一部を除いて全国的統一性を優先する	地域的適合性を考慮すべき規定を除いて、原則として存続可能
Ｂ：人権的統一性		
Ｃ：規格的統一性	全国的統一性と地域的適合性の均衡を図る	個別規定ごとに簡素化を検討する
Ｄ：広域的統一性		
Ｅ：政策的統一性	地域的適合性を尊重する。自治事務の場合は地域的適合性を優先する	原則として簡素化する。特に自治事務の場合は廃止または枠組み規定とする
・統制的介入	地域的適合性を基本とする	廃止または枠組み規定とする
・後見的介入		
・その他		

（出典）著者作成。

の役割・使命を確保できないため、これに該当する規定は、地域的適合性を考慮すべき規定を除いて、原則として存続させてよいと考えられる（法定受託事務が多いはずである）。Ｃ：規格的統一性とＤ：広域的統一性は、国の役割・使命や問題の特性から統一的な対応を図る要請があるが、同時に地域的適合性も考慮する必要があり、その均衡を図る観点から個別規定ごとに簡素化を検討すべきである。Ｅ：政策的統一性は、統一的な対応をしなくても国の役割・使命が果たせないとか、問題を解決できないとはいえず、むしろ自治体の事務としながら国の政策方針を押し通そうとするのは無理がある。したがって、これに該当する規定は原則として簡素化すべきである。特に自治事務については地域的適合性を優先すべきであるため（自治法２条13項参照）、廃止するか枠組み規定に改正すべきである。

以上に対し、これらのいずれにも該当しない規定については、全国的統一性を確保すべき合理的理由が認められないため、廃止するか枠組み規定とすべきである。たとえば自治体が独自の判断を行わないよう規律する規定（統制的介入）や、未熟な自治体でも処理できるよう規律する規定（後見的介入）は、廃止するか枠組み規定に改正すべきである。

もちろんこうした類型区分で割り切れない規定もあると思われるが、多数の規定の見直しにはこうした方針や判断の枠組みが必要であろう。なお、この類型区分は、**本章5**で検討する条例の上書き権の範囲設定（ネガティブリストの設定を含む）にも援用できると考えられる。

第３に規定の性質によるルールが考えられる。すなわち、規定が確定的な内容で自治体の裁量を許容しない場合は、これを削除するか抽象的な規定に見直すことである。特に前述の③対象と⑤執行基準について数値基準等の確定的な規定を定めている場合は、地域的適合性を生かすことができないため、優先的に改正する必要がある。たとえば、開発許可の対象を「１０００㎡以上の開発行為」と定めている場合は、「条例で定める面積以上の開発行為」とすることが考えられるし、許可の基準として「６％以上の公園緑地の確保」と定めている場合は「周辺環境との調和に必要な規模の公園緑地の確保」と改正することが考えられる。

■規定形式に着目したルール

一方、規定の形式に着目したルールとしては、府省令または大臣告示で定められた規定は一律に削除し、または技術的助言と読み替えるというルールが考えられる。現行法制度では、特に前述の⑤執行基準と⑥執行手続を中心に府省令や大臣告示で細かい規定を定めていることが多い。しかし、対等な統治主体である自治体を拘束するのに少なくとも行政権を統括する内閣が決定する政令によるべきであること、自治法の法定受託事務や国等の関与も「法律又はこれに基づく政令」の根拠を要すること（２条９項、２４５条の２）等から、自治体の事務を規律する形式を法律とこれに基づく政令に限定するのである。なお、駆け込みで法律・政令に格上げすることを防止するため、検討を開始した時点で省令・大臣告示で定められていた事項は削除・読み替えの対象とすることが必要であろう。

■多数の法令規定をどう見直すか

以上の見直しにあたっては、多数の法令規定をいかに効果的かつ効率的に見直すかという問題がある。所管省庁は、見直しを行う場合でも、重要性の低い規定を改正して見直しをしたというアリバイづくりでかわす可能性がある。第２期分権改革の枠付けの見直しにもそうした傾向が見られる。とはいえ、多数の規定について限られた時間と人材と情報で、実効性のある見直しを行うことは至難の業である。

一般的な改革方法としては、①一括改正方式（一定の基準や原則を設定して一括して改正する方法）、②個別撃破方式（特定の法令を改正し、その方法を他の法令にも適用する方法）、③特別組織方式（特定の組織に権限を付与して、改正案を策定させる方法）、④提案競争方式（複数の提案を受け、目的に適合した提案を採用する方法）、⑤特例容認方式（法令の特例を求める主体の提案を受けて順次認める方法）が考えられる（礒崎２０１７ｄ：１９６－１９９）。

法令の簡素化に向けた前述のルールは、①の基準・原則の設定による一括改正をめざすものであるが、今後の改革にあたっては、典型的な法令の改正案をつくり他に及ぼす方法（②）、「国と地方の協議の場」等を活用して改正案を策定する方法（③）、自治体や地方六団体の提案からよりよい改正案を採択する方法（④）も考えられる。複数の方法論を念頭に置いて改革に取り組むべきであろう。

3　独自条例拡充のための解釈論（戦略2）

■「法律の範囲内」の判例変更は可能か

憲法と自治法では、条例は法律の範囲内であること、すなわち法律に抵触しないことを必要とする。では、どのような場合に「法律の範囲内」であり、どのような場合に「法律に抵触する」と解されるか。ここでは独自条例（法律とは別に新たに事務を創設して必要な事項を定める条例）を対象にして検討しよう。

これについては、**第２章４**で紹介したとおり、徳島市公安条例事件判決（最判昭和50年９月10日・刑集29巻８号４８９頁）は、法令と条例の間に実質的に矛盾抵触があるか否かによって判断すべきとした（いわば実質的判断説）。すなわち「条例が国の法令に違反するかどうかは、両者の対象事項と規定文言を対比するのみでなく、それぞれの趣旨、目的、内容及び効果を比較し、両者の間に矛盾抵触があるかどうかによってこれを決しなければならない」とし、３つの場合に分けて条例の適法性の判断基準を示した。また、高知市普通河川等管理条例事件判決（最判昭和53年12月21日・民集32巻９号１７２３頁）は、横出し条例について法令の規律との均衡を失してはならないという判断基準を示した（以上について**図表2-6**参照）。

この最高裁の判断基準は、**第2章4**で指摘したとおり、常識的ではあるが、法令の趣旨解釈が基本になると条例制定権の範囲が国の立法政策に左右されるし、ケースバイケースで判断することは条例制定の段階での適法か否かの予測可能性が低く、自治体側の萎縮効果を生む可能性がある。そこで、従来から、一定の領域や条件の下では法令の趣旨と関係なく条例の方が優先するという見解が唱えられてきたし、第1次分権改革後は、その意義を条例制定権の解釈論に反映しようという見解が生まれている。

こうした解釈論を広げ、判例にも取り入れられれば、法律改正によることなく条例制定権を拡充することができ、結果的に立法分権を進めることになる。この点で注目される解釈論を紹介・検討していこう（以下は礒崎２０１８ａ：第12章、礒崎２０１９ｂ参照）。

■「**法律の範囲内」に関する学説（分権改革前）**

まず分権改革（２０００年施行）以前の議論をみてみよう。

第1に、法律と条例の関係について憲法上の地方自治の本旨や人権保障などの憲法的な価値を重視して判断すべきとする見解がある（いわば憲法価値重視説）。たとえば原田尚彦氏は「地方自治行政の核心的部分については、『地方自治の本旨』を保障した憲法の趣旨より見て国の立法政策のいかんによらず、いわば『固有の自治事務領域』としてその第一義的責任と権限が地方自治体に留保されるべき」とし、このような領域に関する法律には「独自の条例をもって横出しないし上乗せ規制を追加することも、つねに許される」とし、こうした領域として「公害防止、地域的自然環境の保護、土地利用の計画化など住民生活の安全と福祉に直接不可欠な事務」を例示する（固有の自治事務領域論）（原田１９７５：62、同２００５：１６８）。

この見解は、憲法に依拠して条例制定権を擁護できる点で魅力的だが、何が「固有の自治事務領域」かの線引きが難しいという問題のほか、福祉分野を含めるとナショナルミニマム論と矛盾しないか、「固有の自治事務領域」以外の条例制定権をどう保障するかという懸念がある。

第２に、条例制定に地域の実情に基づく必要性や合理性が認められる場合には、法律との関係においても条例を適法とする見解がある（いわば条例合理性重視説）。たとえば南川諦弘氏は、前述の最高裁判決の個別論に着目し、「法令に積極的に抵触する条例は無効であるが、条例による規制が特別の意義と効果をもち、かつその合理性が認められるならば、かかる条例は適法である」とした（特別意義論）（南川２０１２：１５５）。

この見解は、実質的妥当性を重視できるものの、前述の最高裁判決の後段（個別論）に注目しているが、この後段を一般化してよいかという問題のほか、なぜ「特別の意義と効果」が必要なのか（法律が許容すれば問題ないのではないか）、法律との関係が問題にならない規制条例でも「意義と効果」や合理性は必要ではないかという疑問がある。

■「法律の範囲内」に関する学説（分権改革後）

次に第1次分権改革後の議論をみよう。

第1に、自治体の事務に関する法律は特別な事情がない限り全国最低限の規制を定めるものであり、上乗せ条例・横出し条例ともに原則として適法と解すべきだとする見解がある（いわば条例原則適法説）。たとえば阿部泰隆氏は、自治法２条13項の規定を踏まえて、自治事務については、「条例は原則として国法に抵触しないという推定が働くと解すべき」とする（阿部１９９９：１２３）。

この見解は、原則と例外の線引きをどうするかという問題はあるものの、分権改革の趣旨・原則を法律の趣旨解釈に反映させるものであり、受け入れやすい。

第２に、自治事務に関する法律の規定を標準的な規定と解し、条例でこれと異なる規定を定めた場合は条例の規定が優先するという見解がある（いわば法律標準規定説）。たとえば北村喜宣氏は、地方自治法の法意を根拠として、「たとえ、規律密度高く規定されている法令であっても、それは、例示であって一応の標準的なものと、受け止められるべき」であり、条例による基準の「上乗せ」だけでなく、「基準の緩和」も可能とする（北村２００４：64－65、72－74）（注1）。

（注1）北村氏の見解は基本的には法定事務条例を対象とするが、法律が標準規定であれば独自条例も抵触するはずがないため、独自条例の適法性判断にも適用できよう。なお、**本章4**（特に注5参照）でみるとおり、北村氏はこの見解を「ベクトル説」に発展させている。

この見解は、地方分権の要請に応える大胆な解釈だが、法令において遵守すべき規定として定められているものを標準規定と解釈することは、解釈権の範囲をこえるのではないか、標準規定とそれ以外との線引きをどうするかという問題がある。そこで、規律密度が高い規定などに限定してあてはめることが考えられよう。

第３に、法律の対象、趣旨、内容等にかかわらず、条例自体に立法事実に基づいて合理性が認められれば、法律に優先して適用されるという見解がある（いわば合理的規範優先説）。前述の条例合理性重視説をさらに進めて、より直截にすぐれた法規範を優先するというのである。たとえば岩橋健定氏は、法律と独自条例が抵触関係にある場合には「条例の側に法律の定めと抵触してでもある規律をしなければならないだけの合理的な根拠が、立法事実によって裏付けられているか否かが問われ」るし、法律の側にも「条例による抵触を許さないという形での法律の定めをすることの合理的な根拠が、立法事実に裏付けられているか否かが問われる」とし、結局「より合理的な根拠を有する規範が優位する」とする（岩橋２００１：３７５－３７８。ほかに鈴木（庸）２００２：15－16）。

この見解は、問題解決の妥当性の点で魅力的だが、「法律の範囲内」という規定から離れた解釈になるのではないか（法律が許容すれば適法なのではないか）、法制度の合理性は多様な評価が可能であり、これを裁判所に委ねてよいか、条例の制定段階で条例の適法性を予測できず、条例制定を萎縮させるのではないかという問題があろう。

■**原則適法説＋標準規定説が妥当**

私は、以上のうち条例原則適法説と法律標準規定説が適切と考える。すなわち、自治体の事務（特に自治事務）に関する法律は、国と自治体の役割分担の原則や地域特性に応じた事務処理の配慮義務（自治法１条の２、２条11～13項）を踏まえて、特別な事情がない限り上乗せ・横出し条例を許容するものと解するべきである。同時に規律密度の高い法令は、本来「地方自治の本旨」（憲法92条）に違反しうるところ、これを標準的規定と解し（いわゆる合憲限定解釈）、条例でこれと異なる規律を行うことも可能と解するべきである。

こうした解釈論を広げ精緻化することによって裁判所の判断を変えていくこと、これも立法分権の重要な道筋である。

4　法定事務条例拡充のための解釈論（戦略３）

■**なぜ法定事務条例か**

法定事務条例とは、**本章1**で述べたとおり、法律に基づく事務の具体的な基準、手続等を定める条例である（法律実施条例ともいわれる）。この中にも、法律の委任に基づく委任条例と、法律の委任によらずその執行に必要な事項を定める執行条例があるが、今後拡充が望まれるのは執行条例である。

従来、条例制定というと、法律とは別に新たに事務を創設して必要な事項を定める独自条例（自主条例）が注目されてきた。法律に基づく事務については、委任条例しかつくれないという先入観もあった。確かに機関委任事務は法的には国の事務であり、法律の委任がなければ条例は制定できなかった。

しかし、**第1章2**でみたとおり、第1次分権改革で機関委任事務制度が廃止され、自治体が処理する事務（自治事務と法定受託事務）はいずれも自治体の事務となったため、条例を制定できることになったのであり、自治体はこの成果を活用する必要がある。特に地域の特性に応じて処理すべき自治事務（自治法2条13項）について全国画一の法令だけで処理しようとすることに無理がある。今後はもっと法定事務条例を制定すべきである（注2）。

もちろん法定事務条例も法令に違反することはできない。特に法定事務条例の場合は、法律の趣旨・目的の範囲内で制定するという制約がある。たとえば建築基準法施行条例の中に景観保全や児童福祉のための規制を定めるのは、違法となろう。

しかし、独自条例をつくると法律の規制と条例の規制が分立するのに対し、法定事務条例に規定すれば、法律に基づいて一体的に執行できるため、効果的かつ効率的だし、住民・事業者の負担も少ない。法定事務条例は、「法令と条例のベストミックス」をめざす、現実的な選択肢なのである。

（注2）法定事務条例については、北村２００４：第2章～第5章、同２０１８ｂ：Ⅳ、Ⅴ、斎藤２０１２：２９９－３０８、礒崎２０１８ａ：第12章など参照。

図表４－３　法定事務条例の例

条例名	制定年	根拠法	類型
北海道砂利採取計画の認可に関する条例	2001 年	砂利採取法	具体化
鳥取県廃棄物処理施設設置手続及び紛争予防等条例	2005 年	廃棄物処理法	強化
横須賀市・開発許可等の基準及び手続きに関する条例	2005 年	都市計画法	強化
千葉県林地開発行為等の適正化に関する条例	2010 年	森林法	強化
横浜市墓地等の経営の許可等に関する条例	2011 年	墓地埋葬法	具体化
市川市空き家等の適正な管理に関する条例	2012 年	建築基準法	具体化

（出典）著者作成。

■法定事務条例の実例と裁判例は？

第1次分権改革以降、**図表４－３**のとおりいくつかの法定事務条例が制定されている。これをみると、廃棄物処理施設、墓地などいわゆる迷惑施設に関する（自治体の独自判断が求められる）法律に多いこと、墓地埋葬法、砂利採取法など規律密度の低い法律に多いことがわかる。これらの主要な規定を法律の基準との関係に着目した後述の類型でみると、具体化と強化の規定が中心になっている。法律の基準をより厳しくする条例もあるのである。

すでに裁判例もある。

墓地埋葬等に関する法律10条では墓地経営について許可を要するとしつつ許可の基準を定めていないため、ある市が同法施行条例を制定し、経営者の基準として宗教法人の場合は市内に1年以上事務所を有すること（在市要件）を定めたため、これが同法に反しないかが問題となった。裁判所は「墓埋法が墓地等の経営の許可の判断につき広範な裁量を認めている」とし、市は著しく不合理といえる場合でない限り「地域の実情に応じた許可基準を定めることができる」として、当該条例を適法と判断した（注3）。これは後述の具体化規定といえるが、そもそも許可基準の

図表４－４　法定事務条例の適法性に関する見解の比較（試論）

見　解	具体化	強化	緩和	拡張	縮小
①法定事務条例否定説	×	×	×	×	×
②裁量基準限定説	△	×	×	×	×
③具体化規定限定説	○	×	×	×	×
④規範接合容認説	○	○	×	×	×
⑤法律標準規定説	○	○	○	○	×

（出典）礒崎 2018a：230。

規定がないという同法の特殊性によるところが大きい。

ほかに、砂利採取法の認可基準として採取地の埋戻しを確実とするための保証措置を求めた「北海道砂利採取計画の認可に関する条例」の規定（具体化規定と解される）を適法とした裁定例もある[注4]。

■法定事務条例の適法性は？

では法定事務条例はどこまで制定できるだろうか。この点の議論は未成熟だが、私は法定事務条例の規定を法律の規定との関係で次の５つの類型に分けて適法性を検討する必要があると考える。主要な見解をまとめると、**図表４－４**のとおりである（見解の詳細は、礒崎２０１８ａ：２２６－参照）[注5]。私見はこのうち④ということになる。

第１に、法律の抽象的・一般的な規定を詳細化する「具体化規定」につ

（注３）さいたま地判平成21年12月16日・判自３４３号33頁、地方自治判例百選（第４版）62頁。

（注４）公害等調整委員会平成25年３月11日裁定（総務省ＨＰ http://www.soumu.go.jp/kouchoi/activity/ishikarishi_jyarisaishu.html）

いては、法律の解釈運用としても可能な対応だから、適法と解される。前述の裁判例もこの例であり、この点は異論が少ないであろう。

第２に、法律の基準をより厳しくする「強化規定」（これにも法律の基準より高い基準を定める場合と、法律の基準にない項目を追加する場合がある）については、法律の目的の範囲内であり、かつ法律でこれを禁止したと解される特別な事情がない限り、適法と解すべきである。立法者が自治体の事務とした以上、法律の規定を全国画一と解し、地域の特性に応じた強化を拒否できるのは例外と考えるべきだからである。この点は見解が分かれる点であろう。

第３に、法律の基準をより緩やかなものにする「緩和規定」については、特別な場合（法律の規定が標準的規定と解される場合）を除いて違法と解される。法律は、原則として全国画一の規定と解すべきではないが、一般に全国最低限の規定として制定されているはずであり、これを否定すると国の立法権

（注５）法定事務条例（北村氏のいう法律実施条例）について先駆的に考察してきた北村喜宣氏は、第１次分権改革直後には「法律標準規定説」を提唱していたが（北村２００４：64－65、72－74）、その後、法律の構造を３つの部分によるベクトルと捉え、条例の規定がどの部分に該当するかによって適法性を考える「ベクトル説」に発展させている（北村２００８：58、北村２０１８ｂ：71－77）。法規範の内実を分析的に解釈する発想は示唆に富むし、説明の仕方としては無理はないが、①標準規定説が持っていた〝突破力〟が法規範の一部に収まることによって減じるのではないか、②ベクトルという比喩が有効か（３部分が同じ方向を向かなければならないか等）、③３部分をどういう基準で線引きするか、法律の趣旨解釈によるとすれば条例制定権の基盤が不安定にならないかなどの課題があるように思われる。

の意義を損なうためである。

第4に、法律の対象範囲を拡大する「拡張規定」についても、特別な場合を除いて違法と解される。法律の対象は、国民の権利との関係や法律の効果を考えて慎重に設定されているはずであり、通常は全国画一の規定と解されるし、対象を拡大したければ、独自条例（横出し条例）として自治体の責任で規律すればよい（二重の規律にはならない）からである。

第5に、法律の対象範囲を縮小する「縮小規定」については、「緩和規定」と同様に、全国最低限の規定としての意義を損なうため、特別な場合を除いて違法と解される。

以上から、私は具体化規定と強化規定を中心として法定事務条例の可能性を拡げるべきだと考える。一方、法定事務である以上、その他の規定は難しい。だからこそ、次節**5**で検討する条例による上書き権の制度化が求められるのである。

5　条例の上書き権の制度化（戦略4）

■条例の「上書き権」とは何か

4では法定事務条例について、法律の内容の具体化・強化は可能としつつ、緩和・拡張・縮小は難しいとした。国の立法権も軽視できないため、法令の規範内容を変えることには限界があるのである。
そこで、法律自体に、条例によって法令の規定の一部を変更（上書き）できるという規定を定めることができないかが問題になる。解釈では限界があるなら立法で可能にする。これが条例の「上書き権」である（以下は礒崎２０１７ｄ：１９９－参照）。

この条例が制定された場合は、当該自治体の区域における法令の適用にあたり当該部分は条例の規定が適用されることになる。この場合、法定事務条例と異なり、法令の規定の緩和も可能となるし、場合によっては拡張・縮小も可能になる。

たとえば、開発許可の対象を「１０００㎡以上の開発行為」と定めている場合に、よりきめ細かな規制を行うため条例で「５００㎡以上の開発行為とする」と定めたり、許可の基準として「６％以上の公園緑地の確保」と定めている場合に、より周辺環境を守るため条例で「10％以上の公園緑地の確保とする」と定めることが考えられる。

この上書き権が制度化されれば、国がつくった法制度を地域の実情や住民の意向に適合するようカスタマイズすることができる。また自治体が法令の規定でよいと考えればそのまま適用されるため、条例委任のように条例制定を義務付けられることもない。さらに、過剰過密な法令という「壁」に風穴を開ける点でも魅力的な制度だ。

■上書き権の制度化は可能か

法律は条例の上位にあるというこれまでの「常識」（**第5章1**参照）からすると、条例で法令を上書きすることが可能なのか、これを認めると国の法体系が崩れるのではないかという疑問があるかもしれない。実際に「法令の体系として到底容認されない」「憲法に書かれない限りあり得ない」という意見もある（西尾２０１５：19）。

上書き権の制度化を検討した地方分権改革推進委員会も、第３次勧告（２００９年）において、少なくとも「通則規定で条例による国の法令の『上書き』権を保障すること」については、①法律の制定は国会によって行われること（憲法41条）、②条例制定権は「法律の範囲内」とされていること（同94条）等を踏まえつつ「引き続き、慎重な検討が必要である」とし、制度化を見送った（注6）。

しかし、そもそも憲法は包括的な条例制定権を保障しており（憲法94条）、この立法権は国の立法権（憲法41条）から独立した権能であり、両者は上下の関係にあるわけではない。ただ、自治体の事務に関して法律が制定された場合に、法規範間の抵触を調整する必要があるため、両者が抵触した場合に法律に優先的効果を認めたものであり、一般的・普遍的に法律が条例より上位にあるというわけではない。

そこで、法律自身が一定の範囲で条例による上書きを許容したとしても憲法に反するわけではないし、上書きを定める条例は当然ながら「法律の範囲内」と認められる（注7）。もし通則法で無制限に上書きできると規定すると、「法律の範囲内」と定める憲法94条の原則を逆転させることになり、憲法違反の可能性があろう。しかし、この原則の範囲内で限定的に上書きを認めることは、立法者自身がそれを許容

（注6）田中（聖）２０１１：47－48は、この勧告は通則法レベルで一般的に上書きを許容することは許されないことを示したものであり、個別法レベルで対象範囲を個別具体的に特定する方法であれば上書き権を認めることは可能とする。

している以上、立法政策として適当でないという批判はありうるとしても、憲法に反するという解釈論は成り立たない。むしろ法制度が次々と過剰過密になっている中で、憲法92条の「地方自治の本旨」を維持・回復するために、条例の上書き権が必要になっているというべきである（注８）。

■上書き権の対象をどうするか

右記のとおり、法律の規定について無制限に上書きできるとすれば、国の立法権の意義を低下させる

（注７）現に通則法で条例の上書きを認める例として、条例による事務処理特例制度（自治法２５２条の17の２）がある（松本２０１１：94参照）。すなわちこの制度は、個別法で「知事の許可を得なければならない」と規定しているところを、条例で「市町村長の許可」に書きかえることを可能にしているのである。もちろん「執行主体」に限定された「上書き」ではあるが、権限の所在という重要な事項の「上書き」を条例に認めているのであり、もし上書き権一般が憲法41条や94条に反するとすれば、この規定も憲法違反になると思われる。また、個別法にも限定的ながら条例による上書きを定める例がある（都市計画法33条３項、東日本大震災復興特別区域法36条等）。

（注８）**第３章６**で取り上げた全国知事会「地方分権改革の推進に向けた研究会」でも、湯崎英彦知事（広島県）や著者は、報告書に上書き権の制度化を盛り込むよう提案したが、「Ⅳ　おわりに」において「現行の法体系全体との整合性などを踏まえつつ、（中略）法令の規律密度の緩和による自治立法権の拡充・強化と併せて、引き続き法律と条例の関係についての議論を深めていく必要がある。」とされた（同２０２０）。前述の地方分権改革推進委員会第３次勧告から11年が経ったが、「慎重な検討」は慎重なまま進んでいないのである。

し、憲法に抵触するおそれがある。では、どういう事項を対象として上書きを認めるべきか。

第1に、原則として自治事務に限定すべきであろう。法定受託事務は、国（都道府県）が本来果たすべき役割に係る事務であり、国（都道府県）においてその適正な処理を特に確保する必要があるものだから（自治法2条9項）、上書きを認める必要性も高くないと考えられる。

第2に、法令の「執行基準」（事務処理の基準と手続）に関する規定を中心とし、必要がある場合は「対象」に関する規定も含めることが考えられる。法令の政策的な内容は、**本章2**で述べたように、①目的、②執行主体、③対象、④執行手段、⑤執行基準、⑥執行手続に分けられるが、このうち「目的」や「執行手段」に上書きを認めると法律の趣旨や体系が変わってしまうし、「執行主体」への上書きを認めると、事務権限の所在が不安定になる（すでに条例による事務処理特例制度があることも考慮）。いずれも対象外にすべきであろう。

第3に、当然ながら、法律の規定だけでなく、その委任に基づく政省令等の規定も対象にすべきである。むしろ縦割りの行政組織でつくられる省令や大臣告示の規定については、限定や条件をつけることなく上書き可能とすることも考えられる。

■上書き権をどう制度化するか

問題は、上書き権をどのように制度化するかである。上書き権に肯定的な論者の間でも、**図表4－5**のとおり、通則法と個別法のいずれで規定するか等について見解が分かれている。

図表４－５　条例の上書き権の制定方式

区分	細区分	説　明	主な論者
A．通則法方式		地方自治法等の通則法に上書き権を規定する方式	鈴木（庸）2010b：21
	包括規定型	法律の規定はすべて上書きできると定める	岡田 2010c
	条件付き規定型	一定の対象や条件の下で上書きできると定める	－
B．個別法方式		自治体の事務を定める個別法に上書き権を規定する方式	田中（聖）2011：48 岩橋 2011：359 （方式は不明）
	包括規定型	当該法律の規定はすべて上書きできるとする	
	ポジティブ・リスト型	上書きできる規定を特定・列挙する	
	ネガティブ・リスト型	上書きできない規定を特定・列挙する	
C．組合せ方式		通則法で一般的規定を規定し、個別法で上書きの可否を規定する方式	－
	ポジティブ・リスト型	個別法で上書きできる規定を特定・列挙する	齋藤 2012：367 礒崎 2011：380-381
	ネガティブ・リスト型	個別法で上書きできない規定を特定・列挙する	松本 2011：89-95 礒崎 2017d：202

（出典）礒崎 2018a：237。

第1に、自治法等の通則法で上書き権を定める「通則法方式」の提案があり、その中でも包括的規定で限定なく上書きする形と、一定の対象または条件の下で上書きする形がありうる。

第2に、個別法で上書き権を定める「個別法方式」の提案があり、その中でも包括的に規定する包括規定型、上書きできる規定を列挙するポジティブ・リスト型、逆に上書きできない規定を特定・列挙するネガティブ・リスト型がありうる（ただし、ここまでは言及していない論者が多い）。

第3に、通則法で一般的規定を規定し、個別法で上書きの可否を規定する「組合せ方式」の提案があり、その中でも個別法の規定についてポジティブ・リスト型とネガティブ・リスト型がありうる。

まず「通則法方式」には、①上書き権を一般的制度として明確にできる、②個別法の改正を要せず、所管省庁の判断に左右されないというメリットがあるが、①包括規定型については前述のとおり憲法94条に違反するおそれがある、②個別法の趣旨・目的・効果を阻害するおそれがある、③特別法優先の原則により通則規定が効果を有しない（と解釈される）可能性がある、という問題点がある。

一方、「個別法方式」には、①個別法の趣旨・目的・効果を考慮して制度化できる、②どの規定に上書きできるかが明確、というメリットがあるが、①個別法の規定に依存することになる、②所管省庁の判断に左右される、③対象事項が限定され、または多くの条件が設けられる可能性がある（その場合は条例委任と変わらない）、という問題点がある。

そこで私は、通則法で上書き権を根拠付けるとともに、個別法でその対象から除外することを可能とする「組合せ方式＋ネガティブ・リスト型」が適切だと考える（同旨、斎藤２０１２：３６７）。

具体的には、通則法で「自治事務の基準又は手続に関する法律の規定について、当該事務を処理する地方公共団体が条例で法律の規定と異なる規定を定めたときは、当該条例の規定を適用する。ただし、当該法律の規定のうち、国が本来果たすべき役割に係るものであって、当該法律で特に定めるものについては、この限りでない。」という規定を定める。それを踏まえて、個別法で「第○条第○項、……の規定は、○○法（通則法）第○条但書で定める規定とする。」と定めることが考えられる。個別法のネガティブ・リストを無制限に認めると、当該法律の規定をすべて対象外とすることも可能になってしまうため、「国が本来果たすべき役割に係るもの」に限定することが考えられる（その内容は自治法1条の2第2項が参考になる）。なお、具体的な規定例は、独自条例制定権の拡充の立法論とあわせて次節**6**で提示する。

この方式によると、①上書き権を一般的制度として明確にできる、②上書き権の対象外とするには個別法の規定が必要となり、所管省庁に説明責任が生じる、③個別法の趣旨・目的・効果を維持することが可能になる、④特別法優先の原則による効果のとの関係が明確になる、というメリットがある。

もちろん前述のとおり個別法でネガティブ・リストを増やせば上書き権の対象は狭くなるが、法律自体に規定する必要があるため、所管省庁による恣意的な除外はできないし、法律案の段階で「国と地方の協議の場」で協議対象とすることも考えられる（**本章7**参照）。

上書き権の制度化は「立法分権」の成否のカギを握っている。

6　独自条例拡充のための立法論（戦略5）

本章3（戦略2）では、独自条例（自主条例）の制定を拡充するための解釈論について検討した。条例制定権に関して制約となるのは、憲法94条の「法律の範囲内で」、自治法14条1項の「法令に違反しない限り」という規定であった。これらの制約をどう緩和し克服するか。ここでは立法論としてどのような改正が考えられるか、検討しよう。

■憲法改正による拡充

憲法では、総則的規定である92条と条例制定権を根拠づける94条の改正が考えられる。実は自由民主党や全国知事会ワーキングチームの憲法改正草案でも、地方自治の保障のための理念規定が提案されている。たとえば全国知事会の「憲法における地方自治の在り方検討ＷＴ報告書」（２０１７年11月）では、92条に５つの項を設けて地方自治の一般原則を定めるとともに、94条2項に「国が法律を定めるにあたっては、第92条の趣旨を尊重しなければならない。」という規定を置くことが提案されている(注9)。しかし、いずれの改正草案でも条例制定権に関する規定は十分ではない。

そこで、立法分権に向けて新しい規定例を考えたのが、**図表４-６**である。

第1に、現92条では「地方公共団体の組織及び運営に関する事項」を法律で定めるとしているが、「地方自治の本旨」を生かすには、これらの具体的事項は条例で定めることが望ましいため、1項では「法律又は条例で」とした。実際には法律で全国標準的な規定を定め、条例で自治体ごとの規定を定めるこ

（注9）また自由民主党「憲法改正草案」（２０１２年4月）では、「地方自治は、住民の参画を基本とし、住民に身近な行政を自主的、自立的かつ総合的に実施することを旨として行う。」「国及び地方自治体は、法律の定める役割分担を踏まえ、協力しなければならない。」という規定を提案している。

図表４－６　条例制定権拡充のための憲法の規定例

第92条　地方公共団体の組織及び運営に関する事項は、地方自治の本旨に基づいて、法律又は条例でこれを定める。
2　前項の法律は、国と地方公共団体との適切な役割分担並びに地方公共団体の自主性及び自立性の原則を踏まえたものでなければならない。

第94条　地方公共団体は、地域における事務を自主的かつ自立的に処理し、当該事務に関して条例を制定する権能を有する。
2　前項の条例は、国が本来果たすべき役割に基づく法律の規定に反してはならない。
3　地方公共団体は、前項の規定に関わらず、法律で定めるところにより、法律に基づいて処理する事務に関して、条例で、当該法律の規定に優先して適用される規定を定めることができる。

とが考えられる。現在も多くの自治体が自治基本条例、議会基本条例や住民参加条例を制定しているが、これらに憲法上の根拠を付与することになる。

第2に、現92条では、前述の法律は「地方自治の本旨」に基づく必要があるが、この抽象的な概念では法律の内容を規律する効果が薄いため、92条2項に一定の原則を定めた。分権改革後の自治法では、国と自治体の適切な役割分担の原則、自治体の自主性・自立性の発揮などの一般原則を定めており（1条の2第2項、2条11～13項）、これらは「地方自治の本旨」を具体化した規範内容であると解釈される（北村２００４：58－参照）。そこで、法律を定める際には、これらの原則を踏まえることを定めた。

第3に、94条では、条例は国が本来果たすべき役割（自治法1条の2第2項）に基づく法律に限って反してはならないとした。そもそも国と自治体の役割分担の原則からいえば、国は国の事務に関して法律で必要な規定を定め、自治体は自治体の事務に関して条例で必要な規定を定めるべきである。単一主権国家である以上、国が法律で自治体の事務を規律することは排除できないが、国が本来果たすべき役割以外（統制的介入、後見的介入等）のための法律にまで条例への優先効を求める必要はないためである（注10）。この国が本来果たすべき役割以外のための法律の場合、法律の規定と条例の規定は、対等な規範として原則として並立するものとし、両立できない場合（特に法定事務条例の場合）は法律と条例の趣旨・目的・内容・効果から個別に優劣を解釈すればよいと考えられる。**第2章4**で紹介したように、現在の最高裁判例も、「法律の範囲内」の解釈にあたって、法律と条例の趣旨・目的・内容・効果を比較するという手法を採っており、突飛な解釈論ではない。

第４に、**本章5**では、「条例の上書き権」については憲法との関係が問題になるとしたが、そうであればこれを憲法自体に規定することが考えられる。ただし、上書きの具体的基準等は法律で定める必要があろう。その規定例が同条第３項である。

なお、現在の94条の自主財政権については具体的な規定が必要であるため、別の条項とすることを想定した。前述の自由民主党や全国知事会の改正草案も独立の条項としている。

（注10）国と自治体の適切な役割分担の原則は、行政権だけでなく立法権にも及ぶと解すべきである。すなわち、国の立法は「国が本来果たすべき役割」に関して制定し、自治体の立法は「地域における事務」に関して制定するのが原則であり、両者は本来、並立する権限である（礒崎２０１９ｂ：28－参照）。とすれば、「国が本来果たすべき役割」に基づく法律にのみ条例への優先効を認めれば足りると考えたものである。

図表４－７　条例制定権拡充のための地方自治法の規定例

	規定例
表４－６の憲法改正の場合	第14条　普通地方公共団体は、その処理する事務に関し、条例を制定することができる。 2　前項の条例は、第１条の２第２項に定める国が本来果たすべき役割に基づく法律の規定に違反してはならない。 3　憲法第94条第３項に基づく条例の規定は、自ら処理する自治事務の基準又は手続に関する事項について定めることができる。但し、当該事務の根拠となる法律で特に定める事項（第１条の２第２項で定める国が本来果たすべき役割に基づく事項に限る。）については、この限りでない。
現行憲法の場合	第14条　普通地方公共団体は、その処理する事務に関し、法律に違反しない限りにおいて条例を制定することができる。 2　自治事務の基準又は手続に関する法律の規定について、当該事務を処理する地方公共団体が条例で法律の規定と異なる規定を定めたときは、当該条例の規定を適用する。但し、当該法律の規定のうち、国が本来果たすべき役割に基づくものであって、当該法律で特に定めるものについては、この限りでない。 3　前２項については、第１条の２第２項及び第２条第11項から第13項までの規定を踏まえて解釈し、及び運用するようにしなければならない。

■地方自治法の改正による拡充

次に地方自治法ではどういう規定が考えられるだろうか。**図表４－７**を見てほしい。

まず前述の憲法改正が行われた場合は、条例制定権の範囲は憲法で定められているため、基本的にはその確認的規定となるが（憲法にいう「条例」には長の規則等も含まれるためイコールではない）、「国が本来果たすべき役割」について法1条の2第2項を引用する形とした。また、憲法で条例の上書き権を定めた場合は、第3項のようにその具体的な基準等を定めることが考えられる。

これに対し憲法改正が行われていない場合は、「法律の範囲内」という制約を前提としつつ、第3項において地方自治法の一般規定を踏まえて解釈・運用すべきことを定めた。たとえば自治事務に関する法律の規定は、地域の特性に応じて処理できるよう（2条13項参照）、原則として条例による上乗せ規制を許容する趣旨と解釈するなどの効果が考えられる。また、**本章5**で検討した条例の上書き権の通則的規定は、第2項に置くことが考えられる。

なお、両方に共通するが、現行の14条1項では、「法令に違反しない限り」と命令（政省令）も含まれているが、法律の委任に基づく命令に限られると解されており（松本2017：159）、そうであれば規定上は憲法94条と同様に「法律」に限定することが適切と考えられる。独自条例の世界がさらに広がれば、立法分権のイメージが見えてくる。

7　国の立法過程の改革（戦略6）

■なぜ立法過程の改革が必要か

以上の戦略の2、4、5のような法改正を実際に行おうとすると、内閣の決定や国会の議決が必要になるが、その過程では所管省庁の反対や抵抗が予想されるし、国の役割や立法権を縮減する面があるため、国会議員の理解を得ることも容易ではない。また、もしこれらの法改正（とくに個別法の統合・簡素化）ができたとしても、その後に制定または改正される法令が再び過剰・過密になったのでは、改革の成果が失われてしまう。

そこで、国の立法過程に自治体側が参画するルールを盛り込み、立法内容に地方分権の視点を反映することが重要になる。どのような改革が考えられるだろうか。

■自治体向けの意見聴取制度をつくる

第1に、内閣・省庁が提案・制定を行おうとする法律・政省令案について、自治体向けの意見聴取手続（パブリックコメント）を設けることが考えられる。具体的には、内閣が提案または制定する法律・政令や各省庁が定める省令・告示等の制定・改正のうち、自治体の事務の義務付け・枠付けに関する規定を含むものについては、事前にその案を開示し、一定の期間（たとえば1か月）を設けて、関係する自治体またはその連合組織の意見を聴き、その内容に配慮し、何らかの応答を行うよう義務付けることが考えられる。この手続自体の実効性は限定的かもしれないが、これを踏まえて後述する「国と地方の協議の場」での協議や国会における審議や監視につなげることが期待される。

現行制度でも、地方自治に影響を及ぼす法律・政令その他の事項について内閣または国会に対する地方連合組織の意見提出権と回答義務が定められているが（自治法263条の3）、これを関係自治体に拡大するとともに、実効性のある応答義務を定めることが考えられる。

■「国と地方の協議の場」を活用する

第2に、「国と地方の協議の場」の下に「地方関係立法検討分科会」（仮称）等を設置して、立法分権に向けた法律・政省令等の改正案を検討したり、今後の法律・政省令等の制定・改正について協議することが考えられる。

「国と地方の協議の場」は**第１章３**でみたように２０１１年に法律に基づいて設置され、これまで37回にわたり開催されており（２０２０年12月現在）、２０１１年には「社会保障・税一体改革分科会」も開催された(注11)。

立法分権に関する協議は、詳細かつ実務的な内容となることが想定されるため、分科会を設け、助言者として有識者等の参加・関与も可能にしたうえで、たとえば次のような手順で計画的に法令改正を検討することが考えられる。また、国は今後制定・改正する法律・政省令等のうち、自治体の事務の義務付け・枠付けや事務的・財政的負担を伴うものについて、この協議の場（実際には前記分科会）で説明し、協議するしくみを導入することが考えられる。

現在、地方分権に関して提案募集方式が実施されているが、これを「協議の場」という開かれた場で検討することによって、各省庁の反対を押し切るような推進力を期待したい。

(注11) 協議の場は、年度ごとに定める回数の開催のほか、内閣総理大臣は臨時に招集できるが、議員は招集を求めることができるにとどまる（国と地方の協議の場に関する法律４条１項、３項）。国と地方の協議を目的とする以上、地方側の議員の一定数が求めた場合は招集の義務を負うなどの改正が求められよう。

図表４－８　内閣提出法案の策定と内閣法制局の役割

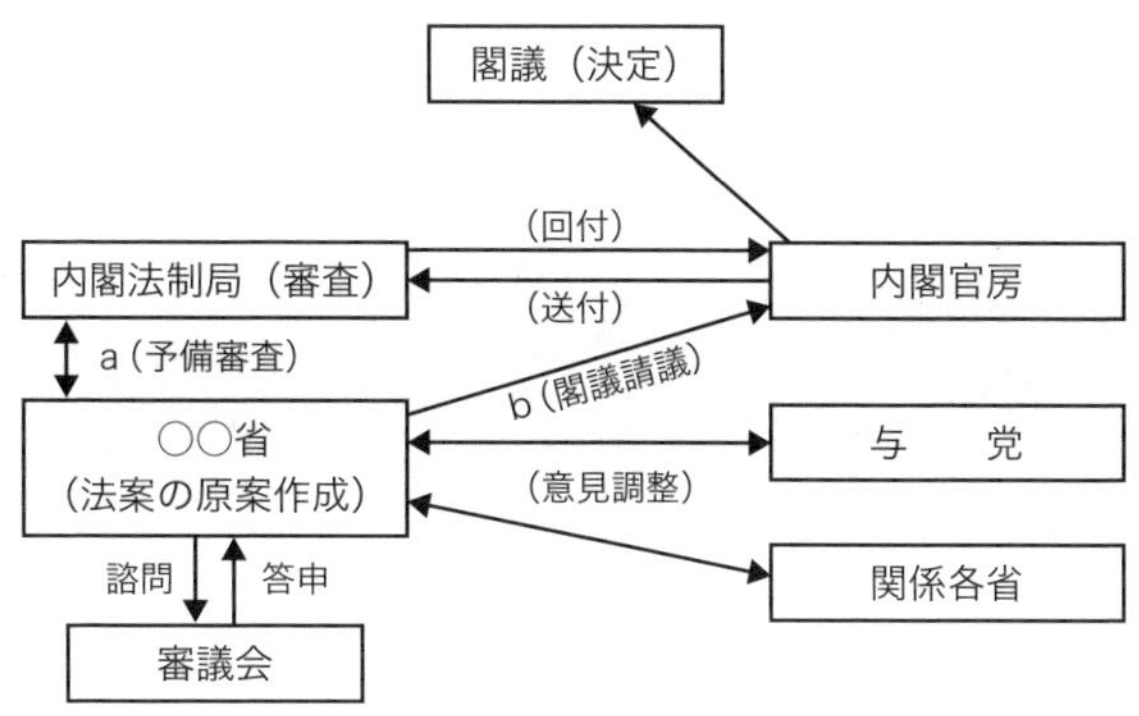

（出典）西川 2013：88。

【立法分権に向けた検討・協議の手順（案）】

①協議の場：法令の統合・簡素化の指針の策定
②各省庁：関係する法律・政省令等の見直し素案の作成
③全国の自治体：素案に対する意見提出（意見聴取手続）
④地方連合組織：素案に対する修正案の提示
⑤協議の場：関係する法律・政省令等の改正案の決定（合意）
⑥国会・内閣・大臣：関係する法律・政省令等の改正

■内閣法制局のあり方・役割を見直す

第３に、内閣が提案する法律と制定する政令に対する内閣法制局の審査が集権的で過密な法令を生み出している面があるため、その審査や組織のあり方を見直すことが考えられる。

内閣提出法案と政令案については、**図表４－８**のとおり内閣法制局が法的検討と法制執務上の審査を行っており、これが日本の法制度の形成に重要な機能を果たしている。しかし、内閣法制局には地方分権の意識は薄く、法令の過剰過密を促進するとともに(注12)、権利制限に対する過剰な慎重姿勢等によって国民の期待に応える法制を阻害している可能性がある（注13）。

そこで、まず分権型法制の発想を反映させるため、内閣法制局に有識者や地方連合組織メンバー等によるアドバイザー組織を設置し、地方自治に影響する法律案・政令案について意見を聴くことや、こうした法律案等に関する「国と地方の協議の場」や後述の「地方関係立法審査会」（仮称）において内閣法制局の見解や説明を求めることが考えられる。

（注12）仲野２０１１：２０７４－によれば、法令審査では、①当該省庁が行いたい政策は何か、②当該政策は法律をもってしないと行い得ないものか、③当該政策は条文に正確に表現されているか、④表現は既存の用例に倣っているか、⑤条文全体が論理一貫したものとなっているか、⑥条文に規定された作用・組織等が同種・類似の他の法律に比べて〝相場〟を外れたものとなっていないか等が徹底的に問い質されるという。また田丸２０００：21によれば、法案の内容に関する内閣法制局の審査のポイントは、①必要性、②公益性、③法律事項の存在、④整合性であるという。こうした審査では、自治体の条例や裁量に委ねるといった分権型の発想が入り込む余地はなく、過密な法令が「生産」されてきたように思われる。内閣法制局の組織や審査については、ほかに西川２００２、同２０１３を参照。

（注13）法令については、必要性、有効性、効率性、公平性、適法性などの総合的な考慮が必要だが（**第６章１**参照）、内閣法制局は政策実現の責任を負わないため有効性の考慮は手薄になるし、財政負担も無関係であるため効率性の考慮も弱くなる。反面、新型コロナウイルス対策でも問題になったように、権利制限については組織の責任や法律専門家の自負心から敏感に反応する結果、必要な法的対応が遅れるという問題が生じているのではないか（**第７章２**参照）。

■国会に地方関係立法審査会（仮称）を設置する

第４に、両議院（または参議院）に立法分権を進めるための法改正のあり方を検討し、かつ今後の法律・政省令等の制定・改正を監視する「地方関係立法審査会」（仮称）を設置するとともに、議員立法について自治体側の意見聴取手続を設けることが考えられる(注14)。

この審査会は、常任委員会のひとつとするか、情報監視審査会（国会法11章の４）のような特別な組織として設置することが考えられるし、ここに地方連合組織の代表者や有識者を参与、参考人等として加えることが考えられる。立法分権に対しては、各省庁は立場上反対・抵抗することが予想されるため、国民の利益や分権型国家の実現を視野に入れることのできる国会議員や政党のリーダーシップが重要である。立法機関たる国会には、法令の過剰過密を放置してきた責任を踏まえて、立法分権の旗振り役を務めていただきたい。

また、議員提案で自治体の義務付け・枠付けや事務的・財政的負担を伴う法律を制定しようとする場合には、第１の意見聴取手続と同様に、一定期間を設けて自治体の意見を聴取する手続を設けることが必要であろう（前述のとおり、地方連合組織は国会に対しても意見提出権を有する）。

（注14）西尾２００７：１６５は、地方分権と参議院改革を結びつけて、①参議院議員の選挙制度を自治体関係者による間接選挙にする、②参議院を廃止し、自治体代表者から構成される地方自治保障院（仮称）を新設する、という２つの改革案を提示し、「国会議事堂の中に『地方自治の砦』を築きたい。これは私の夢である。」とする。

■地方六団体に調査検討組織を設置する

第５に、地方連合組織（地方六団体）に立法分権に向けた提案や意見をとりまとめることができるよう、継続的な調査検討組織を設置すること（共同設置でもよい）が考えられる。

以上のような自治体参画を進めるには、地方連合組織の役割が大きく、各省庁に負けないような情報収集力と分析力・提案力が必要になる。従来も推進本部等の組織を設置することはあったが、より法令の細部に立ち入り、実務を踏まえて改正案等をまとめるため、選抜された職員（派遣職員を含む）と有識者を中心とする組織を設置することが考えられる。

立法分権を進め、分権型法制を実現するには、自治体の参画を進め分権対応型の立法過程をつくることが重要である。

第５章　立法分権を妨げるものは何か

前章まで、立法分権の必要性を説明し、その戦略を考えてきた。しかし、いくら制度的・法律的に立法分権が必要だという認識が広がったとしても、現実に立法分権を進めるとなると、関係者の根強い反対や抵抗が予想されるし、その背後にはさまざまな意識、論理、心理が働いている。本章では、このように中央集権を支え、立法分権を妨げる要因として４点を指摘して、試論的な分析を試みよう。

1　国法上位意識の根拠―国家主権の呪縛？

前章まで、立法分権の必要性を説明し、その戦略を考えてきた。しかし、人は「あるべき論」だけでは動かない。立法分権を実現しようとすると、関係者の反対や抵抗が予想されるし、その背後には関係者の意識、論理、心理が働いていることが多い。本章では、やや試論的な検討になるが、こうした要因を考察してみよう。1つ目は、「国法上位」の意識である。

■根強い「国法上位」の意識

立法分権を妨げる要因として、まず、関係者や国民にも、国の法律の方が自治体の条例より上位にあるという国法上位意識が強いことが挙げられる。

もちろん憲法や自治法の規定に基づき、その解釈として「国法上位」を主張するのであれば、法律論として議論すればよい。しかし、冷静な法律論というよりも、条例より国法の方が上位にあるはずだ、条例は国法の規定を補完するものだ、単一主権国家だから法律に規定されたら自治体は従うしかない、などの固定観念・イメージによる部分が大きい。条例の上書き権の提案に対する拒否反応（**第4章5**参照）の背景にも、こうした固定観念があるように思われる。

こうした国法上位意識の根拠をたどりながら、固定観念を解きほぐし、国法と条例の共存のルールを探ることにしよう。

■国家主権に基づく国法は条例より強い？

国法上位意識の根っこを探ると、１つ目に、国家の主権と国の立法権を直結させ、国家主権に基づく国法は条例の上位にある、単一主権国家である以上、国法と条例が同等だという解釈はあり得ないという原理的な意識・思い込みがあると思われる。

しかし、国家の「主権」と国・自治体の「統治権」は異なる概念である。まず「主権」は多義的な概念だが、一般に①国家権力それ自体、②国家の対外的独立性、③国家の最高意思決定権を指す（佐藤２０２０：４２５）。この①の意味の主権は抽象的存在としての「国家」に属するのであり、具体的な行為主体としての「国＝中央政府」に属するわけではない。国民は、国家の主権を基礎として、憲法を通じて統治権を中央と地方に分割し、それぞれにふさわしい権力を配分したものであり、自治体は統治権（地方統治権）を有する地方政府だと解される（佐藤２０２０：５９７、南川２０１２：５参照）。憲法によって統治権を保障された「政府」である点で、国と自治体に違いはないのである。

これに関連するのが地方自治権（地方統治権）の本質がどこにあるかという周知の論点である。これについては、Ａ：伝来説（国の統治権から伝来・派生した権利であるとする説）、Ｂ：固有権説（国の統治権に先行する固有の自然権的な権利であるとする説）の対立があり、さらに現憲法の下で、Ｃ：制度的保障説（憲法伝来説）（国の統治権を前提とするが、憲法によって国も侵害できない権利として保障されているとする説）が通説となったが、Ｄ：新固有権説（人権保障や民主主義等の観点から国の統治権から独立した固有の権利とする説）も主張されている。

図表５－１　主権・統治権・立法権の関係（試論）

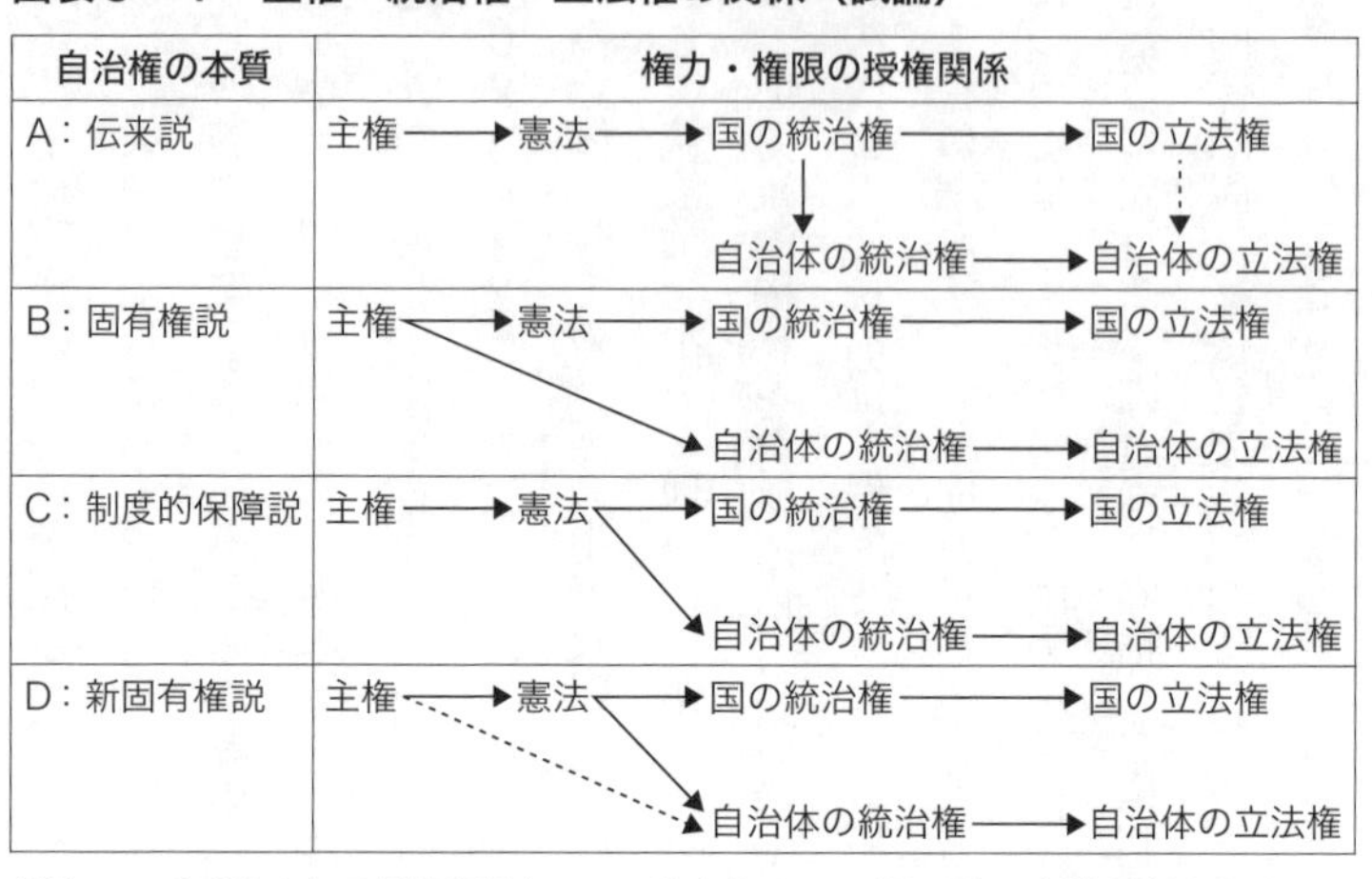

自治権の本質	権力・権限の授権関係
A：伝来説	主権→憲法→国の統治権→国の立法権 国の統治権→自治体の統治権→自治体の立法権 国の立法権┈→自治体の立法権
B：固有権説	主権→憲法→国の統治権→国の立法権 主権→自治体の統治権→自治体の立法権
C：制度的保障説	主権→憲法→国の統治権→国の立法権 憲法→自治体の統治権→自治体の立法権
D：新固有権説	主権→憲法→国の統治権→国の立法権 憲法→自治体の統治権→自治体の立法権 主権┈→自治体の統治権

（注）→は考えられる授権関係を、┈→はもう一つの考えられる授権関係を示す。
（出典）著者作成。

さらに立法権は、この統治権の一部と考えられるため、A～Dの見解によって、自治体の立法権（条例制定権）は、A＝国の統治権から伝来した権利、B＝自然権的な権利、C＝国の統治権を前提としつつ憲法で保障された権利、D＝人権保障等の観点から国の統治権から独立した権利、と解することになろう。これらの見解ごとに主権、統治権、立法権の関係を考えると、**図表５－１**のようになると思われる。

さて、Aの伝来説によれば、自治体の統治権は国の統治権から移譲されたものであり、国の統治権が上位にあると解するため、立法権についても国の立法権が上位にあると解することが自然であろう。しかし、それ以外の説によれば、自治体の統治権は、主権または憲法から直接授権された権利であり、国の統治権によってその存否が左右されるものではないし、国の立法権と自治体の立法権も、本来、独立・対等の関係にあると考えられる。

そして、戦前はA説が通説であったが、地方自治を憲法上の制度とし、国の地方自治に関する立法も「地方自治の本旨」に基づくこと（92条）を求めている現憲法においては、採用できないと考えられる（たとえば渋谷２０１７：７３７参照）。したがって、他のいずれの見解に立つとしても、現行憲法上は、国の統治権と自治体の統治権は、その根拠において対等の関係であり、国と自治体の立法権も原理的には対等の関係にある（94条の「法律の範囲内で」は対等権限間の調整ルールである）と解することになる。国家主権から「国法上位」を根拠づけることはできないのである。

■憲法の諸規定は国法の優越性を定めている？

国法上位意識を招く２つ目の要因として、憲法の諸規定（41条、92条、94条）が国法の優越性を定めている、あるいは前提にしているという主張が考えられる。順に検討しよう。

第１に、「国会は、（中略）国の唯一の立法機関である。」（41条）とする規定がある。この規定は、憲法上の例外を除いて国会のみが立法権を行使しうること（国会中心立法の原則）を定めたものとされる（芦部２０１９：３０７）。この規定は「国の」立法に関する規定であり、前述のとおり憲法は国と自治体にそれぞれ統治権とその中核にある立法権を保障していると解されるため、「地域の」立法は、憲法94条に基づいて自治体の権限に委ねたと解すべきである（大津２０１５：３９６－３９７参照）（注１）。

第２に、「地方公共団体の組織及び運営に関する事項は、（中略）法律でこれを定める。」（92条）とする規定である。ここで「地方公共団体の組織及び運営に関する事項」とは、広く自治体に関するすべての事項を意味しており、自治体の種類・組織・機能その他あらゆる事項を含むとされている（宮澤・芦部１９７８：７５８−７５９）。しかし、一方でこの規定では、「地方自との本旨」に基づくことが求められており、この「地方自治の本旨」には、団体自治と住民自治の２つの原理が含まれている。

団体自治とは、団体としての自己決定権が保障されることであり、自己決定権の最も重要な要素は規範定立の権限＝立法権である（塩野２００１：４０２）。したがって、92条は、自治体の立法権を前提とし、具体的な事項は条例等で自己決定されることを前提としつつ、「全国的に統一して定めることが望ましい（中略）地方自治に関する基本的な準則」（自治法1条の2第2項参照）を法律で定めるという趣旨だと解される。住民自治の原理からも、自治体に関する規範の定立が住民の意思に基づかないで行われることは許容されず、自治体の組織・運営の具体的な規律は、住民の代表機関たる議会が条例で定めることを当然の前提にしていると解される。よって、この92条からも法律が上位にあるという趣旨は読み取れない。

第3に、条例は「法律の範囲内で（中略）制定することができる。」（94条）とする規定がある。この

（注1）大津２０１５：３９６−３９７は、国民主権原理を発展させて、「『地方自治の本旨』とは、（中略）地域住民の意思に基づき自治体代表機関が自発的に地域の必要性と合理性を解釈して作り出す法制度や権限・事務内容が、たとえ国の立法に抵触してでも実現されることの適法性を保障する憲法原理なのである」とし、「地方自治の本旨」の一内容として「対話型立法権分有」を提唱する。

規定も、法律の広汎性や優越性を示唆する規定のように見える。

しかし、前述のとおり国法と条例が原則として対等の規範であることを承認したうえで、両者が抵触矛盾している場合は、単一主権国家として法律を優先することにしたものと解すれば、法律を上位とする根拠になるものではない。塩野宏氏も、この規定について「法律と条例という２つの立法権限が競合している場合であって、そして、その競合的立法権限の範囲内において、両者の間に衝突が生じたときに、法律が優先的に適用される、というものである」とし、「かかる問題はシステム上当然に随伴するものであるとする（塩野２０１２：１８５－１８６）。規範間の一般的な上下・優劣の関係を定めた規定ではないのである。

以上のとおり、国法が条例より上位にある、法律で定められれば自治体は従うしかないという国法上位意識は、現行憲法には適合しないのである。その意味では、地方分権という以前に、地方自治の「戦後改革」が人々の意識に浸透しておらず、「未完」にとどまっていることを示している。

こうした遅れた意識に対しては、現行憲法の立場を説明し、上記のような論理を理解してもらう必要があるが、同時に条例による個性あるまちづくりなどの実践を示し、分権型の国家像への共感を広げることが重要であろう。

2　中央集権を正当化する根拠―平等・効率・専門性

本書は今後の日本には地方分権が不可欠だと主張している。その理由を改めて挙げておくと、①地域の実情に適合した政策展開と個性ある地域づくりを進める、②住民の参画と自己決定を可能にする、③地域ごとの決定により公的サービスが効率的になる、④国が本来取り組むべき国際的課題や国家的戦略に注力してもらう、という４点にある（**第１章１**参照）。

■中央集権の３つの正当化根拠

これに対して、地方分権に反対し、むしろ中央集権の方がよいという主張もある。その際の根拠としてさまざまなことが挙げられるが(注２)、実際に地方分権を進めようとすると、以下のように平等、効率、専門性といった主張、価値判断にぶつかる。改革にあたっては、まず個別の法制度の検討（**第３章**参照）が必要であるが、関係者・国民ともにその背後にあるこうした横断的な理由が決め手になることが少なくない。

（注２）教科書的な整理としては、中央集権の理由（地方分権の問題点）は、①国の方が国民の自由・平等を保障できる（自由主義的理由）、②国には国民の社会福祉を保障する義務がある（福祉国家的理由）、③国の方が規模の利益等から施策事業の効率性を図りやすい（功利主義的理由）、④エネルギー政策など国家的政策との整合性を図りやすい（国家政策的理由）という点を挙げることができる。

また本書では、法令の規律の目的について、A：国家的統一性、B：人権的統一性、C：規格的統一性、D：広域的統一性、E：政策的統一性に分けて、CやDは具体的な内容を吟味すべきであり、Eは国の政策方針を優先させる理由に乏しく、特に自治事務では簡素化すべきであるとした。さらにこれらに該当しない統制的介入や後見的介入は、廃止・簡素化すべきであるとした（**第3章1**）。このようなC～Eによる統制や規制的介入・後見的介入の理由としても、平等、効率、専門性が挙げられることが多いため、ここで検討しておこう。

■平等性は複眼的な検討が必要

1つ目は国民の平等性・公平性である。たとえば建築基準法の建築基準、介護保険の要介護認定基準、あるいは保育園の設置基準が地域によって異なるのは不公平だから、法令で統一すべきだという主張である。この「平等観」は国民・住民にも根強く、総論として地方分権に賛成でも、各論として保育園の施設基準を条例で決めると言われると、「保育の質が地域によって違うのはおかしい」という声があがる。

しかし、どうすることが平等原則にかなうかの判断は単純ではない。

第1に、そもそも平等とは何かについていろいろなとらえ方がある。利益や負担が各人に同一に配分されることが公平と考えられる場合（客観的平等）もあれば、住民の収入・資産・年齢などの属性に応じて配分されることが公平と考えられる場合（主観的平等）もある。また配分の結果が重視される場合（結果の平等）もあれば、配分にいたる機会が平等に保障されていることが重視される場合（機会の平等）

もある（さしあたり礒崎２０１８ａ：１２１参照）。

たとえば介護保険の保険料は所得によって異なるため、主観的平等に配慮しているが、介護サービスの自己負担は原則1割だから客観的平等に依拠している。また要介護状態になれば、被保険者は誰でも認定を受けられるし、法律上のサービスは利用可能だから、「機会の平等」は保障されているが、各地域で実際に利用できる事業者や施設は異なるため、「結果の平等」は保障されていない。１つの法制度の中でも様々な「平等」が混在しているのである。

第2に、もともと地域によって社会的・経済的条件に差異があるため、どうすることが平等（特に結果の平等）にかなうのかは、複眼的・総合的に考える必要がある。たとえば最低賃金や生活保護の基準では、地域による差異を設けているが、この方が平等だと考えられているのである。保育園や介護施設の施設基準（とくに面積基準）は原則として同一だが、地価が安く住宅水準の高い地方圏では高い水準に設定する方が公平・平等かもしれない。

第3に、憲法で地方自治が保障されているため、自治体の方針や判断によって規制やサービスの水準がある程度異なるのは当然であり、制度上予定されている。たとえば、歴史的景観の保全に力を入れる自治体が条例で建築基準法より厳しい高さ基準を定めたり、子育てのまちを標榜する自治体が条例で保育施設の上乗せ基準を定めても、平等原則に反するとは考えにくい。

以上から、教育を受ける権利や生存権など人権的統一性が求められる場合を除いて、平等性を中央集権（法令の画一規制）の根拠にできる場面は多くないと考えられる。

■効率性には多様な要素がある

2つ目は行政運営や公的サービスの効率性、すなわちコストの抑制である。たとえば道路の構造や公営住宅の整備基準は、法令で画一的に定めた方が設計・施工・管理が容易になり、コスト抑制になるという主張である。許認可の手続や情報システムも画一化すれば、ICT等の技術を円滑に活用でき、コストが下がると指摘される（注3）。**本章4**でもみるとおり、自治体側にも、各自治体が基準等を検討するのは労力がかかるという意見が根強い。

しかし、この点も、より広い視野から考える必要がある。

第1に、法令の過剰過密がコスト増大を招いていることに目を向ける必要がある。たとえばある土地に建築物を建てる場合、現在の法律では農地法の転用許可、都市計画法の開発許可、建築基準法の建築確認など多くの許可・届出が必要になり、これに要する事業者・自治体のコストは膨大である。これらを1本の法律（土地利用計画法等）に統合し簡素化すれば、コスト削減になるし、AI等の技術も活用しやすくなろう。

第2に、行政運営や公的サービスは、地域の実情に合わせて実施する方がコストを抑制できる。たと

（注3）総務省に設置された「自治体戦略2040構想研究会」（清家篤座長）が第2次報告書（2018年）において、AIやロボティクス等の技術を活用する「スマート自治体」に転換するため、法律で情報システムや申請様式の標準化・共通化を進めるべきだとするのは、この一例といえる。

えば山間部の道路に平野部と同様の幅員や傾斜度を要求されたのでは、道路整備のコストは膨大になる。山間部ではスピードも出せないため、地形に合わせて設計する方が効率的だ。公営住宅も、条例で空き家や所有者不明土地を活用しやすい基準にすれば、コストを抑えられる。

■専門性より地域総合性が重要

３つ目は国が有する専門性である。たとえば医療・衛生指導や環境規制では、専門的な知見が必要であり、審議会等での検討も重要になるため、法令で細部まで決める必要があるという主張である。確かに特定の領域では、地方には専門人材がいないという場合も考えられよう。

しかし、この点も拡大解釈をすべきではない。

第1に、自治体の事務では技術専門性だけでなく、住民の利益や社会的妥当性を含む総合的な判断が求められる。たとえば汚水や廃棄物は広域的に収集し大型施設で処理するのが科学的に合理的だとしても、施設を受け入れる地域の利害や住民の感情を考えて判断する必要がある。

この点では、テクノクラートとトポクラートの対比が参考になる。テクノクラートとは特定分野の専門性を発揮する人材（技術専門エリート）であり、トポクラートとは、トポス（場所）からの造語であり、特定地域に根ざして総合的な利益を担う人材（地域総合エリート）を指す（秋月１９８８：９―、Rhodes 1981: 78-86）。国の省庁は基本的にテクノクラートの集団であり、彼らがつくる法令や通知にはその発想や利害が色濃く反映する。しかし自治体現場では、テクノクラートの視点だけでなく、地域の実情を熟知し住民の利益を実現するトポクラートの発想が求められる。分権改革は、テクノクラートの支配からトポクラートの自立性を回復するという意味がある。

第2に、専門性は「唯一の正解」を求めがちだが、自治体行政では応答性が重視される。たとえば健康増進のために受動喫煙対策を強化する場合、国は法律で一気に規制を行いがちだが、自治体では喫煙者や事業者との丁寧な合意形成が求められる。こうした応答性・柔軟性は、自治体行政の強みでもある。専門的合理性だけで画一的な規定をつくられると、この強みを生かすことが難しい。

第3に、専門的な判断が求められる事項については、国が規制基準等の準則または案を提示し、自治体がその採否を決定するしくみにすることが考えられる。専門家を結集して検討された適切な基準であれば、多くの自治体はこれを採用するであろう。

たとえば大気・水質の排出基準の設定（**第3章2**参照）は自治事務だから、法令で細かい規定を設けるべきではないが、基準案を提示することは可能であり、専門家を動員できる国に課せられた役割ともいえる。その基準案が信頼できるものであれば、多くの自治体が採用するであろう。その判断権が自治体側にあることが重要なのである。

3　中央集権にこだわる理由―中央官僚の論理と心理

次に、中央集権を擁護し、地方分権に反対する人的・組織的な要因を検討する。こうした反対は国会議員・政治家にも見られるが、政治家の態度は世論や選挙の状況によって動く（過去の分権改革も政治家・政党の姿勢・意向によって動いた）のに対し、中央官僚はほぼ一貫して反対・抵抗することが想定される。その理由・要因について検討しよう。

■各省庁の権益が損われる？

１つ目に、地方分権を進めると中央省庁の権益（権限・利益）を損なうという組織的な事情がある。そもそも地方分権には、①自由度拡充方式（自治体が現に有している事務権限について決定の範囲・裁量を拡充する方法）と、②権限移譲方式（自治体が有していない事務権限を新たに付与する方法）がある（西尾２０１３：60、68）。

この①の改革は、国の立法的関与と行政的関与を縮減させるものである。第1次分権改革によって行政的関与に一定の制約が設けられたが、立法的関与は第2期分権改革で見直しが行われているものの、細部の見直しにとどまっているため、これを抜本的に改革しようとするのが立法分権である。中央省庁は行政的関与だけでなく、法律・政令の立案者として立法的関与を支えており、これを通じて自らの政策方針や意向を自治体の事務執行に浸透させている。①の地方分権はこうした影響力を低下させることになる。また②の改革は、国の事務権限を自治体に移譲することによって自治体の事務権限を拡充するものであり、場合によっては都道府県の事務権限を市町村に移譲することも含まれる。②の地方分権は、中央省庁（各省庁の地方機関を含む）の権限の縮小に直結する。

こうした権限・役割の縮小が進むと、各省庁の予算や人員（人事権）も縮小し、国の統治機構における存在感の縮小にもつながる。これは中央官僚にとって許容できない事態であり、組織をあげて反対することになる。

この反対は制度的・構造的なものであり、これを理屈で説得することは難しく、最終的には国民の利益に適うのはどういう行政システムか、国民の代表機関である国会で判断すべきことであろう。とはいえ、いくつかの説明は可能である。

第1に、中央省庁は、地域行政を通じた国内問題の解決よりも、国際的問題の解決や国家的戦略の推進に力を入れていただきたい。これまでの成長時代には国内問題が増大・複雑化し、それに対応するために中央省庁が法的規制（許認可）や財政支出（補助金）を増やし、自治体を通じて執行させてきた。しかし、グローバル化が進み、縮減の時代に入った現在、いずれの省庁も世界における日本の役割を発揮するとともに、科学技術政策、高度人材育成等による知的創造力・競争力の増強に取り組むべきであり、地域の問題は自治体にまかせるべきである。

第2に、地方分権の手法としては、②の権限移譲方式よりも①の自由度拡充方式を中心にすべきであり、分権改革は必ずしも国の事務権限の縮小をもたらすわけではない。私は、すでに日本の自治体は多くの事務を担当しており、これを自主的・主体的に行使できればよい地域づくりができ、国民の利益につながると考える。逆に、もし本当に国の政策方針通りに執行させるべき領域があるのであれば、国の直接執行事務に変更して（逆権限移譲）、自らの人材・財源・情報で処理することも考えられる。国と自治体の役割分担の明確化が重要なのである。

第3に、立法分権といっても、国の法令の「過剰過密」を是正するものであり、所管省庁としての検討や情報提供は引き続き必要である。立法分権は、国の法令を簡素化し、条例の役割を拡大して、「法令と条例のベストミックス」をめざすものである。国の法令は、自治体事務の枠組みや準則を定めるものとして引き続き重要だし、各省庁は技術的助言として運用指針を示したり、全国の実践例を情報提供したりするとともに、状況の変化に応じて法令の改正を検討する必要がある。これは国にしかできない役割である。

■エリート意識と法令完璧主義？

２つ目に、中央官僚のエリート意識・専門家意識から地方分権に対する懸念や反発を抱きやすいし、法制担当官僚の「法令完璧主義」から集権化・画一化を進めてしまうという人的・意識的な事情がある。

中央官僚の多くは難しい採用試験を突破してポストに就いているというプライドがあり、技術職は当該分野の専門知識を有しているという自負心があるため、自治体や自治体職員にはまかせられないと考え、地方分権には反対の姿勢になりやすい。また、各省庁の法令担当職員や内閣法制局の職員は、法令とは論理的・自己完結的なものであり、空白があってはいけないという信念から、現場の裁量を許容しない法令をつくりがちである（**第2章2**参照）。

しかし、現代社会では社会経済が複雑化し変化も激しいため、エリートだけが情報を持っているわけではないし、現場の情報や雰囲気を知らないため、独りよがりな判断になる可能性がある。専門家意識については、**本章2**で述べたように縦割り化しやすく、地域密着型のトポクラートに劣る面も多い。

法令完璧主義については、社会経済の複雑化と流動化によって、要件効果を基本とする従来型の法令の対応力は低下している。法制官僚は、そうした事態にも、全国で生じる多様な事例に対応できるよう規定を細かくしてきたが、かえって法令が柔軟性を失い、さらなる問題解決力の低下につながっているのではないか(注4)。国法では枠組みや基本的事項にとどめ、細部は条例に委ねることによって、現場に適合したプログラムにすることが求められている。

■自治体への後見的意識？

3つ目に、中央官僚には自治体が間違いや混乱をしないよう指導し、誘導しなければならないという後見的意識から、地方分権に反対する面がある。特に担当省庁がつくった個別法を自治体の担当部局が施行するという縦割りの行政システムでは、中央官僚は自治体の担当部局を指導しながら対応している

(注4)　ノネ&セルズニック1981によると、法の形態は、古代国家のような政治権力に左右される「抑圧的法」から、近代法のように政治権力から分離され、法の支配を基本とする「自律的法」に変化し、さらに社会的な必要に適応する「応答的法」に発展していくとする。従来の国法は「自律的法」の性格が強いのに対し、自治体法は地域社会の要請に応えるため、「応答的法」の性格を有すると考える。礒崎2018a：11－12参照。

という意識がある。実は自治体側もそうした関係を受け入れている面がある（**本章４**参照）。

中央官僚は、こうした後見的意識が結果的に国の縦割りの方針を現場に浸透させ、自治体の総合的対応を阻害し、国への依存姿勢を招いていることを認識すべきであろう。

グローバル社会で国が「内向き」になったのでは、日本の未来は切り拓けない。中央官僚には、省庁の権益やエリート意識・後見的意識を脱却して、本来やるべき仕事に持てる能力を存分に発揮することを期待したい。立法分権には、国の負担を軽くして新しい日本を切り拓く意味があると思う。

4　中央集権を受け入れる理由—自治体職員の論理と心理

■統制を受け入れる事情とは

本章２、３では国が中央集権を正当化し、こだわる理由について検討した。しかし、大きな社会で統制や支配がいやがる相手に強権的に行われることは少なく、通常は相手側にこれを受け入れる姿勢や事情がある。ここでは国の統制を受け入れ、地方分権に消極的となる自治体側の論理や心理を検討することにしよう。

「自治体側」といっても、首長・総務系組織と所管課（原課）では姿勢が異なる。一般に首長・総務系組織は、自治体の独自性を発揮させる立場にあり、地方分権に肯定的だが、所管課は業務に追われる立場であり、地方分権には消極的である。そこで、地方分権を求める際には、所管課の理解と協力を得ることがポイントになる（注5）。では、所管課からどういう反対論が出され、それに対してどう説得をすべきだろうか。

■障害は「余裕がない」症候群

第1に、自治体（特に所管課）の人員や財源が不十分だという反対論である。そもそも主な行政資源は権限、財源、人材、情報の4つである。このうち権限が増えても、それに見合う財源や人材が揃っていなければ対応できないという指摘である。たとえば許認可や公共施設の基準を条例で定めることを主張しようとすると、そんな検討の時間はない、担当できる職員がいない、国が決める方が効率的だという慎重論にぶつかる。

本章2において、国の統制を正当化する根拠には平等・効率・専門性があるとしたが、この慎重論は国が画一的に決めた方がコストが低いと主張するもので、「効率」を根拠にしているといえる。同時にこの背景には、余計な負担や責任を負いたくないという思いや、適切に対応できるか不安だという心理

（注5）西尾2007：219は、「法令の規律密度の緩和に関しては、個々の自治体からの提案が不可欠である」「法令の規律密度を緩和したときの効果について具体例を示して、生き生きと説明しなければならない」「夢のある構想と絵がほしい」とする。そのためには、所管課が問題を認識し、地方分権に積極的になる必要がある。

もあろう。「余裕がない」という思いは、被害者意識も伴って建設的な発想を封じてしまう。いわば「余裕がない」症候群である。

確かに、自治体職員（とくに一般行政部門）の数は、１９９０年代半ばから一貫して削減されてきた。他方、各自治体が処理する事務（とくに法定事務）は増加する一方である。こうした状況の中で、事務処理の責任を負う所管課が地方分権に消極的になるのは自然なことともいえる。

しかし、事務処理の負担を削減するためにも、過剰過密な法令を見直す必要がある。また、自治体の制度設計や工夫によって事務処理の効率化を図ることも考えられる。建設的な検討を行うことが重要である。

■専門人材と情報が不十分

第２に、自治体では専門人材や情報が不十分だという反対論である。地方分権を進めようとすると、専門知識や幅広い情報が必要だから、これらにすぐれた国が決めた方がよいという反論が出る。第１の理由が組織力の「量」を問題にしているとすれば、これはその「質」を問題にするものであり、前述の行政資源のうち人材と情報が足りないという主張である。たとえば建築規制や環境規制の基準を自治体で決めようとすると、建築技術上の判断や科学的な知識が必要だから、自治体では担いきれないという声が出る。**本章２**の正当化理由でいえば「専門性」の問題である。その背景には、制度・政策をつくる自信がないとか、責任を負いたくないという心理もあろう。

しかし、自治体間の連携（連合組織による研究、研究機関の共同設置等）によって専門人材と情報を確保することは可能である。また**本章2**で指摘したとおり、自治体は縦割りの技術専門性では国に劣るが、地域総合性では国よりもすぐれている。もし本当に国がすべて決定すべき高度専門的な事務であれば、自治体が執行だけを担うのは不合理だから、国の直接執行事務にすべきであろう（注6）。

■壁になる合意形成の困難性

第3に、自治体が決定権を持つと、住民や議会との合意形成が必要になるし、住民間に対立が持ち込まれるという理由である。たとえば土地利用規制や福祉サービスの基準を条例で変えようとすると、関係住民から反対があったり、議会で問題化したりして決定が難しいとか、時間がかかるという面はある。他方、国が決定する場合は、個々の国民との合意形成は行われないし、全国一律に決めれば地域ごとに問題になる可能性は低い。自治体は「法令で決まっていますから」等と弁明することも可能になる。

しかし、住民自治の原理の下で、できるだけ住民の意思や利害に沿って公的決定や公共サービスを行

（注6）行政事務の合理的処理のためには、法制度の決定と執行は同一主体が担当することが望ましい。制度を決定した主体なら、その趣旨に合った執行が可能になるし、執行した主体なら、その経験を踏まえてよりよい制度への見直しが容易になるためである。集権的な行政システムは、制度の決定権と執行権が分離され、両者の連結・フィードバックが弱いという弱点を抱えているのである。

うことが自治体の存在理由だからこれを避けたのでは自己否定になってしまう。国が決定する場合は、与党議員や圧力団体の影響力が強い反面、国民の意見は軽視される傾向がある。特に人口減少時代には行政資源の減少が避けられないため、住民との合意形成が重要であり、自治体による決定を重視すべきだ（金井編著２０１９）。

■行政システムの維持・擁護

第４に、現行の法制度は定着している、これを無理に変える必要はないという反対論である。特に所管課は、現行の行政システムに慣れ親しんでいるため、これを改革するという話には反発しやすいし、総務系組織から改革の話があると自らの領域を侵害されるという懸念を抱きやすい。いわば縦割りの行政システムが自治体の所管組織を取り込んで、自治体の総合性を阻害し、分権化を妨げているのである。たとえば農地法や森林法の規制を地域の総合的な視点から見直そうとすると、担当課は農地保全や森林保護といった個別法の原理を強調し、反対することになりやすい。

しかし、住民の利益からすると、縦割り制度の目的よりも総合的な地域づくりや暮らしづくりが重要であり、そのためには法制度の見直しが必要である。立法分権には縦割り発想の克服が重要なのである。

■所管課の意識をどう変えるか

以上のような反対論や抵抗をどう乗り超えるべきだろうか。

第1に、行政資源の不足や専門性については、分権後の権限を担える組織体制を整える必要がある。一定程度、職員を増やし、専門的な人材を確保することが考えられる。またRPAによるデスクワークの自動化やAIの活用などの「スマート化」を進めることも必要だ。

第2に、職員の職務に対する意識・イメージを「事務処理」から「課題解決」や「地域運営」に転換する必要がある。自らの仕事を「事務処理」と考えているうちは、地域の課題に気がつかないし、地方分権などを行うと課題が広がり、安定した事務処理ができなくなると考えがちだ。しかし自治体の役割は地域運営にあり、職員の仕事はそのための課題解決にある。そういう意識を持つと、画一的な法制度では課題解決が難しいことがわかり、地方分権の必要性も理解しやすくなる(注7)。そういう意識を持つためには、業務の仕方を現場志向に変えて課題に向き合うことや、人事制度を見直して課題解決の力を養成・評価することが考えられる。

第3に、首長・総務系組織と所管課との対話・意見交換を深めることである。所管課には、首長や総

(注7)西尾2007：220も、「自治体職員(中略)に求められているのは、(中略)地域住民の真の生活ニーズを把握することである」「国の法令等からみずからの仕事を考えるのでなしに、地域住民の生活ニーズからみずからの仕事を見直してみてほしい」とする。

務系職員が所管課の業務や苦労を理解せず、人員や予算の要求にも冷淡な対応をしながら、たえず地方分権や行政改革などを求めてくるという不信感がある。それを取り払うためには、首長や総務系組織が現場の実情をよく聴き、一緒に課題解決に努めるという姿勢が求められよう。

立法分権を進めるには、自治体組織を一本化し、課題に取り組む組織に変えることが重要である。

第６章　議員・職員は条例づくりにどう取り組むか

立法分権は、主として国の法令改正を求めるものであるが、自治体も要求・要望するだけでなく、自ら条例を制定し地域の課題解決の実績をつくることが、立法分権を進めることになる。本章では、その実務を担う議員・職員がどのように条例づくりに取り組むべきか、条例評価の基準等の基礎知識を確認したうえで、①課題設定→②基本設計（立案１）→③詳細設計（立案２）→④住民参加→⑤審議・決定という段階ごとに、必要な対応と注意事項について説明しよう。あわせて議会に求められる政策力向上の方策について検討する。

1　立法分権のための条例づくり

■立法分権には条例づくりの実践が重要

ここまで述べたきた立法分権を進めるために、自治体は何をなすべきだろうか。**第4章**で検討したように、立法分権のためには基本的には国が法律改正を進める必要があり、自治体側の戦略としては、まず国に働きかけてこの改革を前に進める必要がある。

しかし、自治体側が国の対応を待っているだけでは、改革は前に進まない。各省庁は基本的には「立法分権」に反対であり、国会もどちらかといえば慎重意見であろう。そうした状況の下で、単に要求・要望するだけでなく、自らの権限を活用して地域の課題解決を図ることによって実績を挙げることが、「立法分権」の成果や有効性を国民・メディアや関係者に認識させ、その賛同者を増やし、立法分権の推進につながる。

地方自治の変遷を振り返っても、１９６０～７０年代、公害問題の深刻化に対して、大都市圏の自治体が公害防止条例等の上乗せ条例を制定して住民の命と健康を守ろうとしたことが、住民に支持され、学説の変化をもたらし、条例制定権に関する判例の柔軟化（最高裁徳島市公安条例事件判決など、本書**第2章4**参照）につながった。また１９８０～９０年代には、バブル期の開発ラッシュに対して、いくつかの自治体が土地利用規制条例やまちづくり条例を制定し、生活環境や景観の保全を図ったことが評価され、政策法務や地方分権の流れを後押しした。自らの実践こそが「立法分権」を可能にするのである。

そして、条例づくりの実践を広げるうえでキーパーソンになるのは、自治体の議員と職員だと考えられる。

■条例づくりの「主役」は誰か

まず、条例を議決するのは議会であり、その審議・検討は議員が担う。条例案の提案には、①議員提案（議員定数1／12以上の賛成）、②議会の委員会の提案、③首長の提案、④住民の直接請求（有権者1／50以上の連署）の方法がある。現状では、③の首長提案が圧倒的に多いが、審議・議決は議会の権限であるし、今後は、①議員提案と②委員会提案を重視する必要がある。したがって、審議と提案の両面で議員の果たす役割は大きい。

また、③の首長提案については、最終的な判断は首長・副首長であるが、実際に地域の課題を把握し、法令との関係に配慮しつつ条例案を作成する段階が重要である。この段階でいかに地域の実情に基づきつつ、「適法かつ政策的にすぐれた条例案」をつくれるかがポイントになる。この役割を担えるのは、職員であろう。

そこで、本章では、主として自治体の議員と職員の対応に焦点を当てて、「条例づくり」のポイントを検討することにしよう（注1）。

■条例づくりは政策法務の視点で

そもそも条例は、何らかの政策を実現するために制定するものである。ここで政策（公共政策）とは、「公共的な課題を解決するための活動の方針で、目的と手段の体系をなすもの」である。ここでいう「手段」には、主に規制的な手段と給付（授益）的な手段があり、規制的な手段として法律や条例がある。

そこで、条例を制定する際には、政策とのつながりを意識し、政策法務の一環として進める必要がある。「政策法務」とは、法を政策実現の方法ととらえ、政策実現のためにどのような立法・法執行・争訟評価が求められるかを検討する、理論および実務における取組みである（礒崎2018a：3）。すなわち政策法務は、**図表6-1**のとおり、次の3段階に分けることができる。条例づくりは、このうち1の「立法法務」に該当する。

〈政策法務の3段階〉

1. 立法＝条例、規則等のルールを立案し制定する段階
2. 法執行＝国の法令や自治体の条例等を地域社会に当てはめて実施する段階
3. 争訟・評価＝法執行に対する行政訴訟や審査請求に対応するとともに、法執行の結果を踏まえて

（注1）以下は、礒崎2017b：第4章、第5章、第8章、同2018a：第13章を基礎として、立法分権を実践面から促進するという趣旨に即して執筆した。

図表6－1　自治体における政策法務の流れ

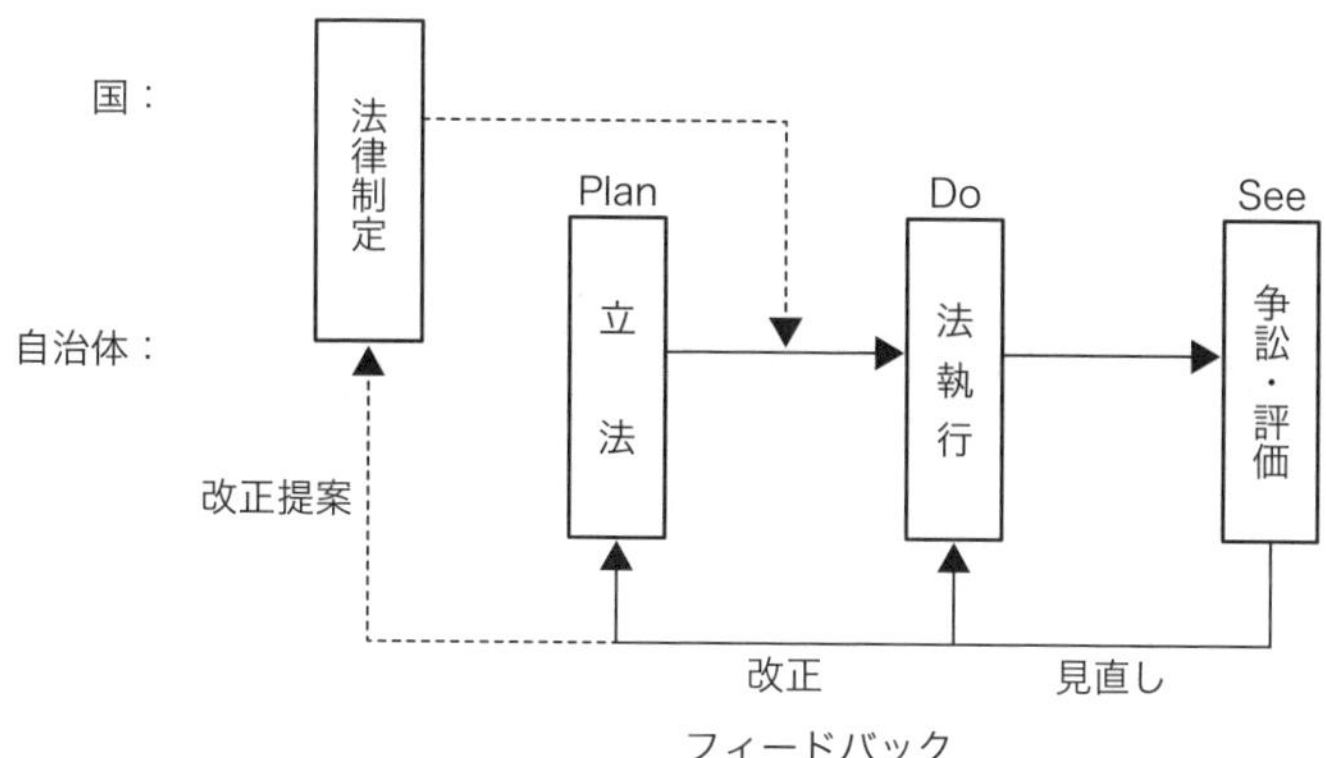

法令や条例等のあり方を評価する段階

■条例づくりは5段階に分けられる

条例の制定（立法法務）は、大きくいえば課題設定→立案→決定の3つの過程に分けることができる。このうち立案過程は、長く複雑な経過をたどることが多いため、基本設計と詳細設計に分けて検討することが適切である。さらに条例制定には住民参加の手続が不可欠であり、これについては立案作業が概ね終了した段階で実施することが標準的であろう。そこで、条例づくりの過程は次の5段階に分けることができる。

本章2以下では、この各段階でどのような作業を行い、どのような点に留意すべきかについて検討する。

〈条例制定の5段階〉

①課題設定：ある問題を条例制定の課題として認識し、立案作業を開始する段階

②基本設計（立案1）：条例の基本的な内容（骨子）を検討

する段階

③詳細設計（立案２）：条例の具体的な内容を検討し、条例文を作成する段階

④住民参加：条例案またはその骨子を公表して、住民と意見交換を行う段階

⑤審議・決定：議会に条例案を提案し、審議を行い、議決する段階

■「すぐれた条例」とは何か

条例をつくる以上、「すぐれた条例」をつくる必要がある。そのためには、まず「すぐれた条例」とは何か、そのための尺度（ものさし）が必要になる。これが条例評価の基準である。条例評価の基準として、自治体の政策評価の基準をベースとして、必要性、有効性、効率性、公平性、適法性の５つを設定することができる（**図表6－2**参照）。

①必要性

必要性とは、解決しようとする課題に照らしてそもそも条例が必要かどうかを問う基準である。条例を制定すると、通常、権利制限やコスト（費用）を要するため、必要性が乏しければ条例を制定する必要はない。たとえば、**第7章4**で取り上げるが、新型コロナウイルスの感染防止のため、飲食店等の施設使用等の制限を定める独自条例の制定を検討する場合、そもそうした制限が必要か、新型インフルエンザ特措法等の国の法令で十分ではないか等を検討する必要がある。

図表6－2　「すぐれた条例」のための評価基準

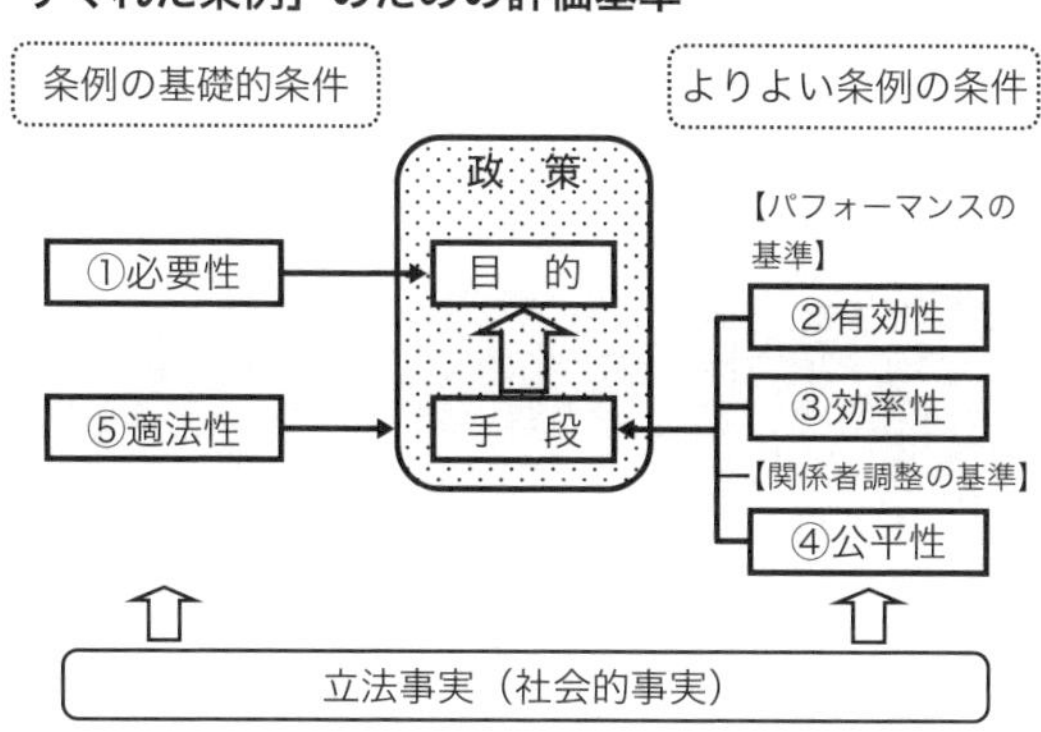

②有効性

有効性とは、その条例によってどこまで目的を実現できるか、課題解決にどこまで役立つかを問う基準である。条例は、前述のとおりある課題解決の手段として制定するものだから、課題解決に役立たなければ意味がない。たとえば、前述の新型コロナウイルス対策の独自条例を検討する場合、施設使用等の制限が実効性を有するか、どこまで感染防止に役立つかを検討する必要がある。

この有効性はデータに基づいて定量的に評価することが望ましいが、政策の効果や価値を定量的に評価することは難しい場合が多い。そうした場合には、代替的な指標として、時系列での比較、自治体間の比較、住民アンケート結果の変化などの指標を把握して、できるだけ客観的に評価する必要がある。たとえば新型コロナウイルス対策条例の場合、感染状況の変化にはいろいろな要因が関係し、条例制定との因果関係は明確ではないため、施設使用の状況、人の移動の状況、制定の前後の感染状況の比較などいくつかの指標で検証することが考えられる。

③効率性

効率性とは、その条例を執行するためにどの程度のコスト（費用）を要するか、同じ目的を実現するのにより少ないコストで済む手段はないかを問う基準である。いくら課題解決に役立つとしても、施行のためのコストが膨大では効率性は低く、すぐれた条例とはいえない。このコストの中にも、執行機関における「内部的コスト」と、住民や地域社会に生じる「外部的コスト」がある。内部的コストには、担当職員の人件費、補助金等の給付費、広報費、事務費などが挙げられる。外部的コストには、住民や企業が規制によって失う利益や施設整備等の費用、これらが地域経済に与える悪影響などが挙げられる。効率性は、他の基準に比べれば定量的に把握しやすい。

たとえば新型コロナウイルス対策条例の場合、内部的コストとして、制限を周知するための広報の費用、施設の使用状況を確認し指導するための職員の人件費などが挙げられる。外部的コストとして、飲食店等の営業制限によって失われる利益（逸失利益）や、アクリル板、換気装置など感染防止設備に要する費用などが挙げられる。

なお、②の有効性と③の効率性は、一般に効果が高いほど費用も高くなるという形で、トレードオフの関係になることが多い。このバランスすなわちコスパ（費用対効果）のよさが、条例案の選択にあたり重要になるといえる。

④公平性

公平性とは、条例による制限や不利益が公平の原則に反していないか、関係者間で不平等な取扱いにならないかを問う基準である。条例は公的なルールであるため、目的が正当であるだけでなく、その手段が住民や事業者にとって公平である必要がある。この評価は定性的なものになろう。たとえば新型コロナウイルス対策条例の場合、特定の施設だけに重い負担が課せられたり、違反行為の内容に比して不相当に重い不利益処分が行われる場合は、公平性に問題があることになる。

⑤適法性

適法性とは、条例が違法にならないかを問う基準である。この点は、本書ではすでに**第2章4**「条例制定権の範囲」で説明したところである。この基準も定性的な評価になる。

以上のうち、①必要性と⑤適法性は、これをクリアしなければ条例として成り立たないという意味で、「条例の基礎的条件」といえる。これに対し、②有効性と③効率性と④公平性は、「よりよい政策のための条件」といえる。そして、すぐれた条例のためには、これらに関する判断がいわゆる立法事実（法律や条例の合理性を裏付ける社会的事実）に基づいていることが重要である（**図表6－2**参照）。

2　解決すべき問題を明確にする（課題設定）

■最初の課題設定が重要

条例づくりにおいて最初に重要なのが課題設定である。ここで課題設定とは、ある問題を条例制定の課題として認識し、組織として検討を始めることをいう。条例制定というと立案や決定の段階が注目されがちだが、地域に何か問題があっても条例制定の課題ととらえなければ検討さえ行われない。また、どういう課題として設定するかによってその後の検討内容が大きく異なる。課題設定は重要なのである。

課題設定にあたっては、第1に、対応すべき問題を明確化する必要がある。条例制定を検討するのは、地域社会または自治体行政に何らかの「問題」が生じているからである。そこで、最初に何が問題なのか、その問題がなぜ生じるのかを把握する必要がある。すなわち、ここには「問題の把握」と「原因の検討」が含まれる。

第2に、課題設定にあたっては、その問題を解決するために条例制定が必要か否かを検討する必要がある。この検討の中でも、そもそも自治体（行政）として対応することが必要かという検討が必要である。仮に地域に問題が生じていても、私人間の問題として民事訴訟で解決すべき問題かもしれない。また仮に自治体の対応が必要だとしても、条例の制定が必要かという検討も必要である。法律上、住民等に義務を課したり権利を制限したりするには、条例の根拠が必要であるが（自治法14条2項）、これ以外の場合は行政指導や予算事業によって対応することも考えられる。すなわちここには「行政対応の必要性」と「条例制定の必要性」が含まれるのである。

たとえば新型コロナウイルス感染の問題は、２０２０年末の時点で誰もが有効な対策を求める問題であり、「問題の把握」「原因の検討」はある程度可能であり、「行政対応の必要性」も肯定できる。しかし、その対策は国の法令によるべきだとすれば、「条例制定の必要性」は肯定されないことになる。そこで、条例制定の必要性を提示することによって、課題設定を行うことが検討のスタートとなる。

3　条例案の骨格をつくる（基本設計）

■目的の明確化

課題設定の後は基本設計に入る。この段階では、条例案の主な構成要素を検討する必要がある。

第1に、目的を明確にする必要がある。政策（公共政策）は、**本章1**で述べたとおり目的と手段のセットであり、すぐれた政策をつくるには、まず目的を明確にする必要がある。目的といっても、「新型コロナウイルス問題に対応する」といった抽象的なレベルではなく、「住民の感染防止対策を徹底する」とか「事業者の営業活動を制限する」とか「医療体制を強化する」などの方向性まで検討し、関係者間で共有することが重要である。

目的を明確にするには、前述の立法事実の把握が重要である。具体的には、どういう問題が生じているか、どの程度・範囲で生じているか、どういう原因から生じているかなど、実態を調査し把握することが求められる。たとえば新型コロナウイルス問題については、住民の日常生活の中で感染しているとすれば、住民の行動変容が求められるし、飲食店等の施設で感染しているとすれば、事業者の営業活動の制限が求められる。感染が増大し、入院治療ができないことが問題であれば、医療体制の充実が求められる。それぞれによって条例の目的が異なってくるのである。なお、この立法事実は、次の政策手法の検討・選択の際にも重要になる。

■政策手法の列挙と中核的政策手法の選択

第２に、条例案の中核をなす政策手法を検討し、選択する必要がある。ここで政策手法とは、政策目的を実現するために社会に働きかけるための手段をいう。この選択は、制度設計の中核をなすものであり、これには次のような作業が必要になる。

まず、できるだけ多くの政策手法の候補を列挙することである。しかも、できるだけ多様な手法から列挙することが望ましい。自治体の実務では、実際に採用できる政策手法（落としどころ）は、議会の意向や予算の限界から予想できる面があるが、合理的な政策手法を選択するには、この段階では幅広に候補を挙げておくことが重要である。

政策手法は、**図表６－３**のとおり、基本的政策手法と補完的政策手法がある。基本的政策手法とは、直接、社会に働きかける手法であり、補完的政策手法とは、基本的政策手法の効果を高めたり、その実施に必要な資源を調達したりすることによってこれを補完する手法である。そして、基本的政策手法としては、⑴規制的手法、⑵誘導的手法、⑶支援的手法、⑷調整的手法を挙げることができる。補完的政策手法としては、⑸計画的手法、⑹実効性確保手法、⑺財源調達手法、⑻協働促進手法を挙げることができる。

この表はレストランのメニュー表のようなものである。これらは条例や法律でしばしば使用される政策手法であるが、料理人の腕によってさまざまな料理にアレンジできるし、これ以外のメニューも開拓していく必要がある。職員や議員の皆さんには、これを参考にしながらいろいろな「料理」にトライす

図表６－３　条例で活用できる政策手法一覧（例示）

	類型・政策手法	内　容（要　点）
基本的政策手法	**(1) 規制的手法**	望ましくない行為を制限または抑制する手法
	①禁止制	一定の行為を禁止する
	②許可・承認制	一定の行為を行う前に許可、承認等を義務づける
	③協議・同意制	一定の行為を行う前に協議や同意を義務づける
	④指定・登録制	一定の行為を行う前に指定や登録を義務づける
	⑤命令制	一定の行為に対して停止等の命令を行う
	(2) 誘導的手法	望ましい行為や状態への変化を促進する手法
	①行政指導制	望ましい行為を行うこと等の指導や勧告を行う
	②補助金制	望ましい行為や活動の費用の一部を助成する
	③政策税制	望ましい行為の税を減免し、そうでない行為に課税する
	④認定・認証制	望ましい行為や施設を認定・認証し公表する
	⑤広報啓発制	望ましい行為を行うよう呼びかける
	(3) 支援的手法	サービス提供等により住民等を支援・補完する手法
	①金銭交付制	一定の住民等を支援するため金銭を交付する
	②金銭貸与制	一定の住民等を支援するため金銭を貸与する
	③サービス提供制	一定の住民等を支援するためサービスを提供する
	④施設提供制	一定の住民等を支援するため施設を提供する
	⑤相談・情報提供制	住民や団体の相談に応じ、または情報を提供する
	(4) 調整的手法	関係者の行為や意見・利害を調整する手法
	①意見聴取制	一定の場合に関係者や住民の意見を聴取または募集する
	②調停あっせん制	関係者の申し出を受けて調停・あっせんを行う
	③当事者協議制	一定の場合に関係者との協議・調整を求める
	④協定・契約制	一定の場合に関係者との協定等の締結を求める
	⑤苦情対応制	関係者からの苦情を受けて調査や指導を行う
補完的政策手法	**(5) 計画的手法**	計画等を通じて政策手法の目標等を明確にする手法
	①行政計画制	めざすべき将来像や施策・事業の計画を定める
	②行動指針制	住民等が守るべきルールや行動規範を定める
	(6) 実効性確保手法	他の政策手法の実効性を確保する手法
	①罰則制	義務違反を行った場合に制裁を科す
	②是正命令制	義務違反を行った場合に是正措置を義務付ける
	③処分取消制	条件に違反した場合等に許可等の処分を取り消す
	④行政調査制	義務違反等の事実について情報収集を行う
	⑤氏名公表制	望ましくない行為を行った場合に氏名等を公表する
	⑥給付拒否制	望ましくない行為を行った場合にサービスを拒否する
	(7) 財源調達手法	政策実現に必要な財源を調達する手法
	①独自税制	財源確保のために法定外税等を賦課する
	②寄付促進制	財源確保のために寄付等を促進する
	(8) 協働促進手法	施策・事業の実施にあたり住民協働を進める手法
	①住民提案制	住民等の提案を募集・促進する
	②住民授権制	住民団体等に公的権限や役割を付与する
	③住民協働制	住民等との協力・連携を促進する
	④民間委託・指定制	民間団体等に事務を委託または一定の地位を付与する

（出典）礒崎 2018a：143、144 を一部改変。

ることを期待したい。

■政策手法（中核的政策手法）の比較検討と選択

次に、選定した政策手法の候補についてメリット、デメリットを比較し、採用する政策手法を選択する必要がある。この比較にあたっては、前述の有効性、効率性、公平性、適法性という4つの基準（政策手法の選択の段階では、必要性は認められていることを前提）に照らして、「A案では有効性は高いが、効率性は低い」とか「B案では効率性は低いが、適法性は高い」といった分析を行って、よりすぐれた政策手法を選択することが考えられる。

たとえば新型コロナウイルス対策条例を例にすると、**図表6－4**のとおり、A：施設管理者に施設利用の制限を命じる命令制、B：施設管理者に施設利用の制限を勧告・要請する行政指導制、C：施設管理者に施設利用を制限した場合に協力金を支給する補助金制、D：住民に外出や施設利用の自粛を勧告・要請する行政指導制などが考えられる。そしてこれらの案について、各基準について◎、○、△、×などの評価をすることが考えられる。各評価結果を数値化することは難しいため、大雑把な評価にならざるを得ないが、それでも各基準の評価について立案関係者間で評価結果を共有すること、そして各条例案の強み・弱みを把握したうえで、住民参加や議会審議に臨むことが重要なのである。

図表6－4　政策手法の比較検討のイメージ（新型コロナウイルス対策の場合）

案	考えられる政策手法	有効性	効率性	公平性	適法性	結論
A案	施設管理者に施設利用の制限を命じる「命令制」	◎	△	○	△	×
B案	施設管理者に施設利用の制限を勧告・要請する「行政指導制」	○	○	△	○	○採用
C案	施設管理者に施設利用を制限した場合に協力金を支給する「補助金制」	○	×	△	◎	×
D案	住民に外出や施設利用の自粛を勧告・要請する「行政指導制」	△	○	△	△	×

（注）記号の意味は次のとおり。◎＝特にすぐれている、○＝すぐれている、△＝やや問題がある、×＝問題がある。条例評価基準のうち「必要性」は、この段階では認められていると考えられるため、設定していない。
（出典）著者作成。

■構成要素の検討と明確化

第3に、上記によって決定した政策手法（中核的政策手法）を踏まえて、条例案の骨格を検討する必要がある。条例の骨格をなす主な構成要素は、**図表6－5**のとおりである。

これらのうち基本理念、定義、責務は、必要な場合に規定する任意的な要素である。そこで特に重要なのは、目的を正確に定めること、政策手法の内容を吟味・具体化すること、実効性確保手法を検討することである。これらについて、条例評価の基準（**本章1**参照）を意識しながら、検討することが重要になろう。

図表６－５　条例案の主な構成要素（標準）

記載事項	内　容	解　説
1　目的	条例制定の目的や条例の内容を簡潔に規定する	条例が必要になった理由や背景（立法事実）、条例がめざす目標、条例の要点を簡潔に規定する
2　基本理念	条例がめざす理想や基本的方向を示す	必須ではないが、基本条例などで理念を強調したい場合に規定する
3　定義	条例中に何度か使用する用語の意味や範囲を一括して定める	必要がなければ不要
4　責務	自治体、住民、事業者等の責務を一般的・抽象的に定める	必須ではないが、要件は特定しにくいが、一般的に求められる姿勢や努力を明確にしたい場合に規定
5　政策手法	地域社会への働きかけの手段・措置を定める。複数の政策手法を組み合わせることもある	政策手法ごとに次の事項を盛り込む ①執行主体（誰が） ②対象（誰に・何に） ③執行手段（どういう手段で） ④執行基準（どういう基準で） ⑤執行手続（どういう手続で）
6　実効性確保手法	上記の政策手法（特に執行手段）の実効性を確保するための手段を定める	条例違反など望ましくない行為に対する罰則や氏名公表、望ましい行為に対する補助金など財政的支援が考えられる
7　その他	条例の円滑な施行を図るため措置を定める	審議会等の設置や関係自治体との連携等が考えられる

（出典）著者作成。

4　条例案の細部を詰める（詳細設計）

条例案の骨子（条例案要綱）ができると詳細設計に移る。この段階では、条例の具体的内容の検討と条例文の作成を行う。

■条例の具体的内容を検討する

条例の具体的内容の検討は、個々の条例案によって異なるが、ここでは特に問題になりやすい点を指摘しておこう。

第1に、政策手法の「対象」をどう設定するかである。この点は、基本設計の段階で概ねの内容を決めていると考えられるが、その規模や形態を含めて正確に規定する必要がある。その設定によって条例の有効性・効率性も異なるため、類似の法律や条例を参考にしながら慎重に検討する必要がある。

第2に、政策手法の「基準」をどう設定するかである。この点も基本設計の段階である程度の方針は決めていると考えられるが、より具体的な基準づくりを行う必要がある。これも条例の有効性・公平性を左右するため、慎重な検討が求められる。

第3に、政策手法の「手続」をどう設定するかである。規制的手法であれば、相手方に弁明の機会を与えることや近隣住民等の意見を聴くことが考えられるし、審議会等の第三者機関の意見を求めることも考えられる。

第４に、条例違反に対する「罰則」をどう設定するかである。基本設計の段階で違反行為等に対して罰則制を選択した場合には、この段階で具体的にどういう罰則にするかを検討する。条例では「2年以下の懲役若しくは禁錮、１００万円以下の罰金、拘留、科料若しくは没収の刑又は5万円以下の過料」を設けることができるため（自治法14条3項）、違反行為の重大性、違反抑制の効果、他の法律・条例の罰則規定との均衡等を考慮して慎重に設定する必要があるし、実務的には捜査機関（一般的には地方検察庁）との協議が必要になる。

以上のほか施行期日、経過措置等についても検討が必要になろう。

■条例文の作成―「法制執務」とは何か

次に、条例の内容を条例文に仕上げる必要がある。これについては、いわゆる「法制執務」のルールに基づいて作成する必要がある。首長提案の場合は、法令審査の担当課に協議して条例案を策定することになるし、議員提案の場合は、議会事務局のサポートを受けることが通常であろう。

法制執務のルールは、一見専門的でとっつきにくいが、一種の約束事であり、慣れるとパズルを組み立てるようなおもしろさもあることから、最後は専門家に点検してもらうとしても、法制執務の教科書を参考にして（石毛２０２０、大島２０１１ほか）、自分たちなりの条例文をつくってみるとよい。ここでは、執務のイメージを伝えるために、その概要を紹介しよう。

①条文作成の基本的考え方

第1に、条文はできるだけ正確でなければならない。意味内容が明確に伝わり、疑義を生じることがないように、文章構成や用語・概念は厳密に使用する必要がある。

第2に、条文はできるだけ簡潔でなければならない。まぎらわしい解釈が生じないように、不要な修飾語や理由説明等は書かないで、「主体—要件—効果」など必要事項を端的に記述する必要がある。

第3に、条文は平易でわかりやすいものでなければならない。住民が読んで容易に理解でき、地域のルールとして共有できるように、できるだけ専門用語を避けて日常的な表現にしたり、箇条書きや別表を利用して理解しやすくしたりする必要がある。

②条例の構成（条文の配列）

条例の構成にはルールがあり、公布文、条例番号、題名、目次、本則（見出しと条文。条文は条・項・号に分けられる）、附則の順に記載する。本則の規定も、**図表6－6**のように目的規定から罰則規定まで標準的な配列が決まっている。

対応措置を定める個々の規定については、①時間的な配列（各行為の時間的経過や手続の順番に従って配列）、②論理的な配列（基本的な規定から具体的な規定に進むなど、論理的な関係により配列）、③混合的な配列（上記2つを組み合わせて配列）の方法がある。配列方法を工夫するだけで、条例の「筋」がわかりやすくなったり、簡潔な規定になったりするため、十分に吟味したい。

図表６－６　条例の標準的な構成（配列）

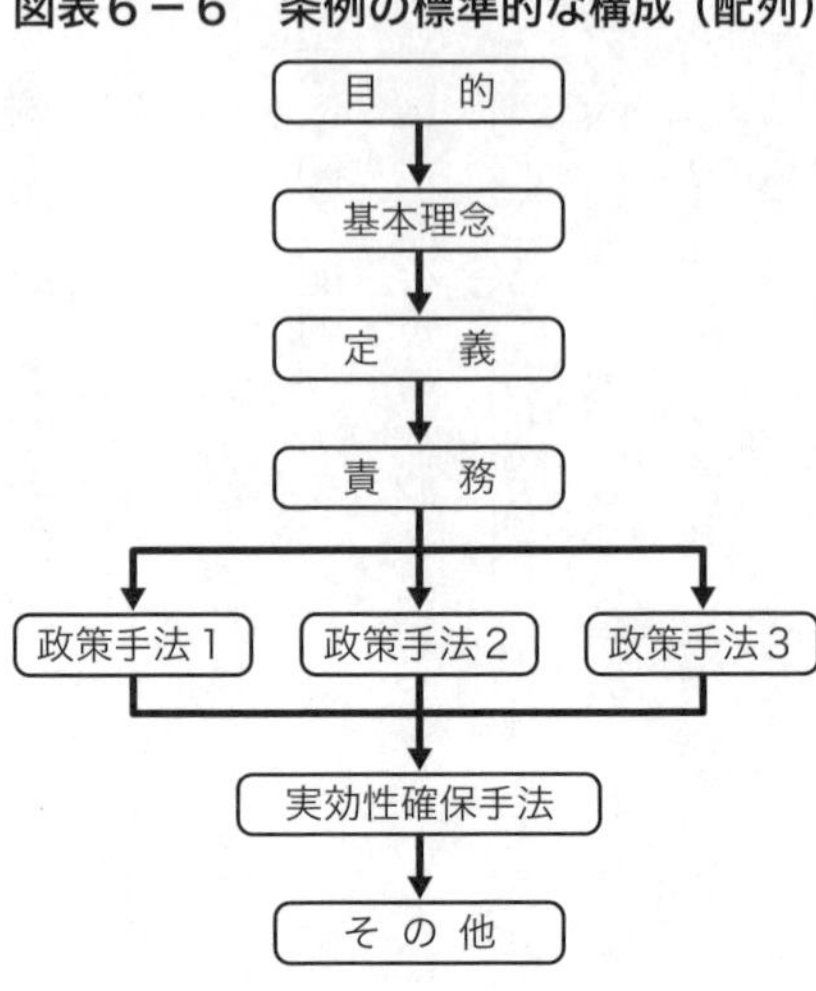

（出典）礒崎 2018a：250。

③法令用語のルール

条例文では、内容を正確に表現するために、日常用語では似たような言葉が厳格に区別して用いられることがある。これらは、法律学で用いるいわゆる法律用語（意思能力、錯誤など）とは異なり、法令文を作成するうえで慣用される技術的なルールである。たとえば、「及び」という接続詞は、複数の語句を併合する意味だが（英語の and）、３つ以上の語句を併合する場合で、語句の間に段階の差があるときは、一番小さな連結に「及び」を用い、それ以外の連結には「並びに」を用いる。

5　住民との意見交換を行う（住民参加）

条例案ができると、これについて住民や関係者の意見を聴取し、これを反映する必要がある。国の法令と違って、条例は住民に身近な自治体が地域の実情や住民の意向に応じて課題解決を図る点に意味がある。とすれば、条例づくりにおいて住民参加の手続は不可欠である。自治体によっては、条例や要綱

図表6－7　住民参加方法の比較

	方　法	メリット	デメリット
文書	パブリック・コメント	幅広く意見聴取が可能	きめ細かい意見交換が困難
	住民アンケート	多くの住民の意向確認が可能	掘り下げた意見提出が困難
口頭	説明会・意見交換会	情報が得られ、理解しやすい	一面的な情報になりがち
	フォーラム等の開催	学びながら意見も伝えられる	掘り下げた意見提出が困難
	ワークショップの実施	掘り下げた意見や提案が可能	参加者が限られ負担も大
	検討組織の住民公募	掘り下げた意見や提案が可能	参加者が限られ負担も大

（出典）礒崎 2018a：256。

に基づいて、条例案の提案に先だってパブリック・コメント手続を義務付けているが、そうした制度がない自治体でも少なくとも住民の関心の高い条例の制定・改正については、あらかじめ住民との意見交換を行うことが求められる。

住民の意見聴取については、条例案がある程度できた段階で行うことが多いため、ここでは詳細設計の後に位置付けたが、基本設計が終わった段階で条例案の骨子を示して意見を聴くことも少なくないし、検討組織委員の住民からの公募などは、立案段階から住民参加を図ることになる。

住民参加の方法としては、**図表6－7**のような方法がある。それぞれのメリット・デメリットを考えて選択する必要がある。

6　議会で審議する（審議・決定）

条例案ができると、これを議案として議会に提出する。条例案の提案は、**本章1**で述べたとおり、議員による提案、委員会による提案、首長による提案、住民による直接請求の4種類がある。条例案が提案されると、本会議で議案の説明が行われ、その後、関係する委員会に付託されるのが一般的である。

■議会の審議は議員間討議を中心に

委員会・本会議における条例案の審議では、次の点に留意すべきである。

第1に、条例提案にあたっては、条例提案の理由、条例案の内容だけでなく、(質疑の場面も含めて)条例案に関する法的な問題点や政策的な課題についても説明することが望ましい。議員提案の場合は、議員が提案者として説明する必要がある。この際には、その後の審議につなげるため、条例評価の基準(**本章1**参照)を念頭に置いて、想定される効果や費用等を盛り込んで説明することが望ましい。

第2に、審議は議員同士の討論を中心にする必要がある。一般に、自治体議会の審議は執行機関に対する質疑を中心とする「質疑主義」の傾向が強いが、あくまで議会としての意思決定が求められているのだから、首長提案の場合でも、議案の説明と一応の質疑が終了した後は、議員相互の議論を中心にすべきである。それによって、ものの見方や価値観によっていかに条例案の受けとめ方が異なるかを認識できるし、執行機関側からは出てこない修正案・代替案が生まれる可能性もある。

第3に、議会の審議にあたっては、公聴会・参考人制度を活用して住民、ＮＰＯ、有識者等の外部人材の意見を反映させることが重要である。たとえば、法的な問題点について有識者の意見を聴いたり、直接影響を受ける住民や事業者の意見を聴くことが考えられる。現状ではあまり利用されていない公聴会や参考人制度(自治法115条の2第1項、第2項)を活用して審議に外部の知恵や意見を取り入れる必要がある。

■条例評価の基準を念頭に置いた審議を

条例案に対しては、条例評価の基準（**本章1**参照）を念頭に置いて審議することが考えられる。

第1の必要性については、対象とされる問題がどのような状況か、行政が対応すべき問題か、予算事業等の他の方法で対応できないか等を検討する必要がある。第2の有効性については、条例制定によってどこまで問題の解決につながるか、他により効果的な方法はないか等について、過去のデータや事例に照らして検討する必要がある。可能であれば実現すべき数値や状態を示して審議することが望ましい。第3の効率性については、内部コストとして、この条例を執行するためにどの程度の費用（予算上の措置）が必要になるか、外部コストとして、対象となる住民や事業者にどれだけ経済的な負担や制約が生じるか等を検討する必要がある。議員提案の場合は、費用の見込みを出すことが難しいかもしれないが、執行機関側の協力や答弁をもとに検討することが考えられる。この有効性と効率性のバランス（コスパのよさ）を審議の焦点に置くべきであろう。

第4の公平性については、条例による利益または不利益が住民間の公平の原則に反していないか等を検討する必要がある。第5の適法性については、条例制定の3つのハードル（**第2章4**参照）に照らして違法と解される可能性がないかを検討する必要がある。特に規制条例については、憲法や関係法令との関係についても検討する必要があるため、提案者は事前に有識者の見解を確認する等により理論武装しておくことが考えられる。

■条例の修正や付帯決議も可能

議会は条例制定権を有しており、議員または委員会として提案権も有しているため、予算の修正（首長の予算提出権を侵すような増額修正は不可）と異なり、条例案の修正に制限はない。その意味では、議会は自らの判断で条例案を修正し、「すぐれた条例」に完成させる責任があるといえる。

もっとも、議会が首長提案の条例案を修正して議決した場合に、首長がこれに異議があれば再議に付すことが可能であり、議会は出席議員の３分の２以上の同意がなければ同じ議決をすることはできない（自治法１７６条１～３項）。

また、条例案を修正する必要がない場合でも、「付帯決議」を行って執行の際の配慮や将来の見直しを促すことが考えられる。

以上のような審議を経て表決が行われ、議員の過半数の賛成によって条例案が可決・成立することになる。この後に、条例の執行、さらに条例の争訟評価のプロセスに移行する（**本章１**参照）。特に条例施行後の評価は、条例の問題点を把握し、よりよい条例に改正することにつながる（条例のサイクルを回す）重要な段階であるが、ここでは割愛する（さしあたり礒崎２０１８ａ：第15章）。

7　議会の政策力をどう高めるか

■議員の政策検討を可能にする体制が必要

以上で条例づくりのプロセスは終了するが、こうしたプロセスを担えるよう自治体議会の政策力を高め、あるいは政策検討体制を整備することが求められる。自治体職員は基本的に定年まで立場が保障され、日々の業務の中で行政実務の情報に触れ、かつ組織として政策形成に取り組むことができる。これに対し議員は、任期が限定され、自ら動かなければ実務の情報を獲得することは難しいし、会派等はあるものの、政策形成でチームワークを発揮することは難しい。議員提案条例が少ない一因には、このように議員の政策づくりを支える体制や環境が整っていないという事情が大きい。

そこで、本章の最後に、議会の政策力を高めるための体制づくりについて検討しよう（以下、礒崎2017b：第8章参照）。

■議員の政策力向上に取り組む

1つ目に、個々の議員の政策力を高めることが重要である。ここで政策力とは、①政策の基礎知識（政策の視点や枠組みに関する知識）、②政策の実務知識（個別の政策分野や行政実務に関する知識）、③政策問題への応用力（問題を分析し対応策を考える力）の3つに分けることができる。

こうした政策力をどのように身につけることが考えられるだろうか。

第1に、議員活動を行う中で養成することであり、一種のＯＪＴである。たとえば、地域住民の陳情を受けてある問題について担当課に照会したり、議会で質問を行うことによって、関係する制度・運用状況・問題点を把握すれば、政策について実感をもって学ぶことができる。

第2に、議会や議会内の会派として議員研修（集合研修）を実施することである。半日程度の議員研修会は少なくないが、さらに系統的に学ぶため、たとえば都道府県別の議長会と研修機関が協力して、就任1年目に自治制度論、自治体法務論など10日程度の研修を実施し、2年目以降に選択制の研修を実施することが考えられる（礒崎２０１７ｂ：１２１）。

第3に、議員個人として自己学習（自学）に取り組むことである。自分の関心に合った系統的な学習を行うため、①テキスト等による個人的な学習、②外部の研究会や学会への参加、③大学・大学院での学修・研究、に取り組むことが考えられる。

■**議会内の政策検討体制をつくる**

2つ目に、議会内に政策検討体制をつくることが重要である。実際に議員提案条例などの政策課題を検討する際には、どういう体制で検討するかを考える必要がある。

考えられる検討体制としては、**図表6-8**のとおり、(1)議員個人が提案して検討する「議員主導型」、(2)会派を中心に検討する「会派主導型」、(3)議会内に検討組織を設置して検討する「検討組織主導型」、(4)外部の住民や有識者に力を借り、あるいは合同で検討する「外部連携型」に分けることができる。さ

図表６－８　議員による政策検討方式の比較

検討方式		メリット	デメリット
(1) 議員主導型		議員だれでも取り組める	他の議員の賛成が得られにくい
(2) 会派主導型		踏み込んだ検討が可能	他の会派との合意形成が困難
(3) 検討組織主導型	①議員有志型	設置しやすい	他の議員との合意形成が困難
	②会派代表型	方針決定後の推進が容易	会派間の合意形成が困難
	③議員全員型	方針決定後の推進が容易	議員間の合意形成が困難
	④委員会型	正式の検討と審議が可能	弾力的な運営が困難
(4) 外部連携型		住民や専門家の意見を反映	時間や費用を要する

（出典）礒崎 2017：123。

らに(3)の中には、議員有志で検討する場合、会派の代表者で検討する場合、議員全員で検討する場合、常任委員会または特別委員会で検討する場合がある。それぞれのメリット・デメリットを考えながら、各議会や政策課題に合った方式を選択する必要がある。

議員の政策づくりが難しいのは、同僚議員の賛同を得なければ進められないという点であり、しかも議員は住民の支持を競い合うライバル関係にあるため、「出る杭は打たれる」という傾向があることである。これに対しては、①会派を政策づくりの核にすること、②委員会を拠点にして政策検討を行うこと、③問題意識を共有する議員間で研究会等を行うことが考えられる。一度こうした体制で政策づくりに成功すれば、それが「成功体験」となって次の政策づくりにもつなげることができる。最初の一歩が重要なのである。

■外部人材との連携・活用を進める

３つ目に、外部有識者や各種団体・ＮＰＯ・市民などと連携することが重要である。条例の審議・決定でも指摘したが（**本章６**参照）、議員だけで審議しようとすると、提案者である執行機関側の情報に依存せざるを得ず、重箱の隅をつつくような質疑になりがちである。まして議員提案条例など独自の政策を検討するためには、外部の有識者（行政法・行政学や各分野の専門家）、各種団体（商工会議所、医師会、農協等）、ＮＰＯ（環境、福祉等）、市民（市民活動に取り組む市民）の知恵や情報を生かすことが重要である。その方法としては、①課題ごとに助言を依頼する方法（単発助言型）、②研究会等の助言者として継続的に依頼する方法（継続助言型）、③政策案の作成に参画してもらう方法（共同作業型）が考えられる。新しくできた専門的知見の活用（１００条の２）も利用して、大いに外部の知恵と力を借りることを考えていただきたい。

なお、外部資源の活用として、議長会等の連合組織の情報提供や助言を活用することも考えられる。全国都道府県議会議長会では、議員による「政策研究交流大会」を開催し、議員提案条例等の情報交換も行っているし、都道府県単位の連合組織の中には、条例制定の助言や法務相談の事業を行っているところもある（北海道町村会など）。今後、議長会組織がサポート機能を拡充することを期待したい。

■議会事務局の政策サポート機能を強化する

４つ目に、議会の政策力向上には議会事務局の政策サポート機能を強化することが重要になる。そのために次のような対応が考えられるだろうか。

第１に、事務局の役割として政策サポートの機能があることを明確にする必要がある。特に常勤の事務局職員には、庶務的な仕事だけでなく、常に必要な情報を収集し、議員の政策づくりを補佐・支援する必要がある。議員間・会派間で不公平がないよう一定のルールをつくったうえで、議員の要請を受けてさまざまな調査を行ったり、議員による勉強会等に参加して情報提供等を行うことが考えられる。

第2に、事務局がこうした役割を果たせるよう、職員数を確保するとともに、調査担当や法務担当の組織を整備する必要がある。特に小規模市や町村では、事務局職員は2～5名程度にとどまっているため（礒崎2017b：147）、政策サポート機能を担えるよう職員を増員することが必要になろう。

第3に、町村等の小規模自治体においては、単独の対応では限界があることから、広域的な対応を検討する必要がある。たとえば、一部事務組合において職員を一括採用して各事務局に配置したり、都道府県単位の議長会等において政策形成を支援するといった体制をとることが考えられる。

第4に、事務局に法的・政策的な知識や経験のある職員を配置・養成する必要がある。たとえば、執行機関側に要請して、法制執務や総合計画づくりの経験のある職員を異動させることが考えられる。また事務局職員の研修に取り組み、法的・政策的な能力向上を図ることや、議会で独自に弁護士、若手研究者等を任期付き職員や非常勤職員として採用することが考えられる。

議会が条例づくりに取り組むようになれば、執行機関とのツインパワーによって、多様な政策条例がつくられ、立法分権の可能性も広がるであろう。

第７章　新型コロナウイルス対策に立法分権は有効か

2020 年当初から世界を覆った新型コロナウイルスの脅威。日本でも新型インフルエンザ等特措法等に基づく感染対策が行われてきたが、十分な効果を挙げてきたとはいえない。その原因として、同法が自粛要請を中心とし補償規定もないことなど法的な問題点が指摘され、約 1 年遅れでその改正が行われた。一方、いくつかの自治体が新型コロナウイルス対策に関連する条例を制定したが、感染防止のための法的措置を備えた条例は見られない。この 1 年間の対応を振り返り、感染症対策や危機管理のためにも、地方分権が必要であり、立法分権が有効であることを提示する。

1　新型コロナウイルス対策と国・自治体関係

■新型コロナウイルスの感染が止まらない

２０１９年12月、中国・武漢で発生した新型コロナウイルス感染症（以下「新型コロナ」と略称する）は、あっという間に世界的流行（パンデミック）を引き起こし、２０２０年の世界を暗く覆いつくした。日本でも、２０２０年1月に初めての感染者が確認され、3～4月の「第1波」、7～9月の「第2波」、11月以降の「第3波」と流行の波をたどり、２０２１年1月現在、累計37万2千人以上が陽性者と確認され、累計5，３６０人が命を落とした（**図表7－1**参照）。私たちの世界は一変した。

国は、２０２０年3月に新型インフルエンザ等対策特別措置法（以下「特措法」という）の改正（対象に新型コロナを追加）を行い、4月7日にこれに基づいて7都府県に緊急事態宣言を行い、4月16日に全都道府県に拡大した（5月25日に全面解除）。これに先立って、2月には北海道知事が独自の緊急事態宣言を行ったし、3月下旬には東京都知事による不要不急の外出自粛要請、5都県知事による首都圏の移動自粛の要請を行ったが、宣言を受けて4月10日、東京都が一定の施設の休業を要請し（感染拡大防止協力金の支給も表明）、各地の道府県がこれに続いた。

同時に国は、経済対策のため、第1次補正予算（約26兆円、4月成立）、第2次補正予算（約32兆円、6月成立）、第3次補正予算（約19兆円、２０２1年1月成立）を組んで各種対策を実施している。特に観光業の需要喚起と地域経済対策として２０２０年7月下旬から「Ｇｏ Ｔｏ トラベル」を開始し、

図表7－1　国内の新型コロナウイルス新規陽性者数の変化（2021年1月28日現在）

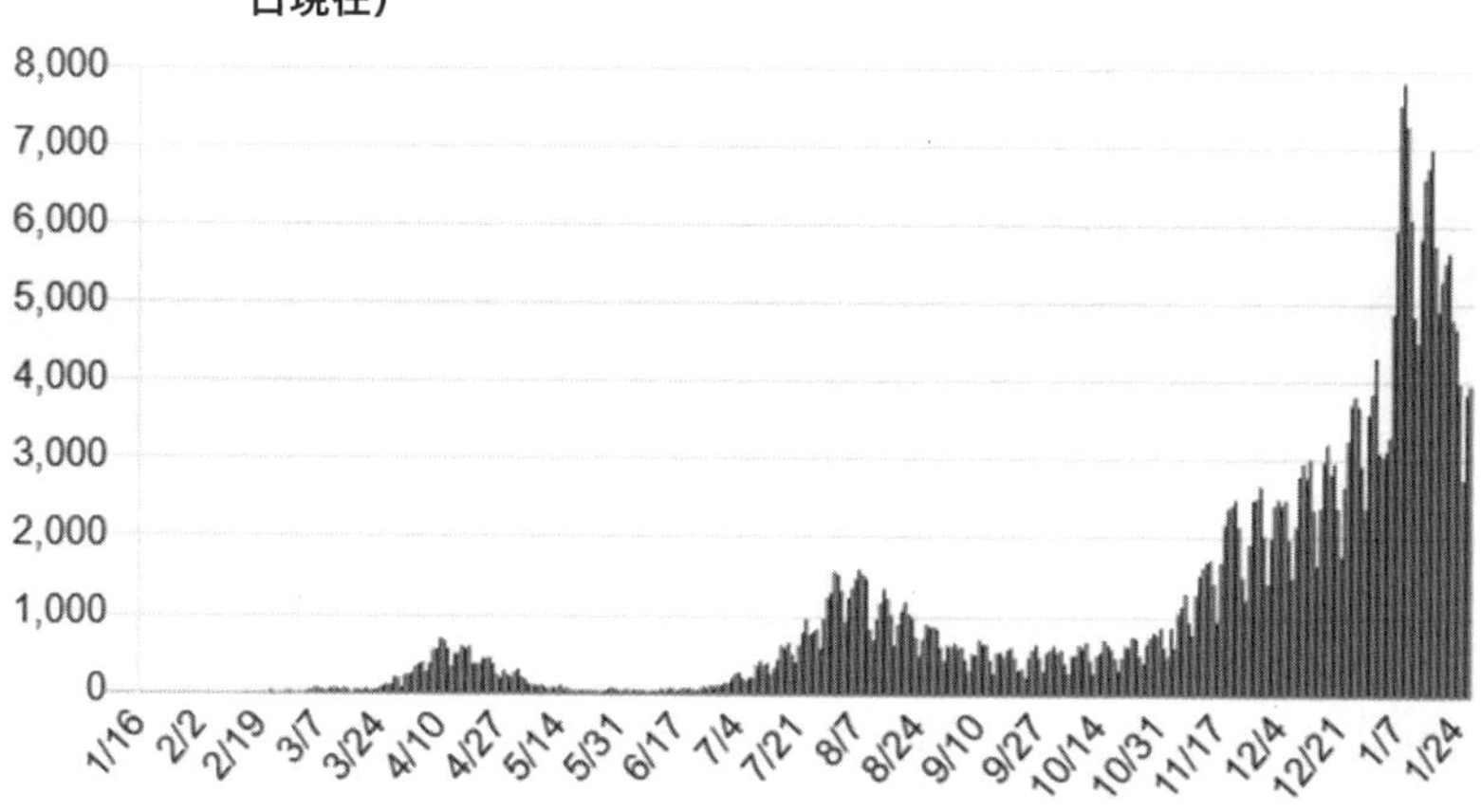

（出典）厚生労働省Webサイト「国内の発生状況」（2021年1月29日確認）。

ＧｏＴｏＥａｔ、ＧｏＴｏ商店街等に拡大させたが、これらが感染拡大（第3波）の一因になっているという指摘が強くなり、ＧｏＴｏＥａｔを11月下旬に中断、ＧｏＴｏトラベルを12月下旬に停止した。

さらに1日あたりの新規陽性者数が3千人～4千人規模に達すると、国は1都3県に再び1月8日からの緊急事態宣言を出し、1月14日からは7府県も対象とした（いずれも2月7日まで。後に延長）。これを受けて、多くの都府県知事は、特措法に基づいて飲食店等の営業時間の短縮を要請した。あわせて、特措法の休業要請等の実効性やこれに伴う補償措置の不十分さ等が指摘されてきたが、遅ればせながら法改正が進められ、2月3日に成立した。

一方、急ピッチで開発が進められたワクチンについては、米ファイザー社と独ビオンテックのワクチンが2020年12月に米国、欧州等で承認を受け、日本でも2月下旬から医療従事者等から接種が始まり、自治体も

4月から高齢者等への接種を始めるため、その準備に着手している。この点では、新型コロナとの闘いに一筋の光明も見えている。

このように政治行政の最大課題となっている新型コロナ対策については、国・自治体の役割分担や特措法に基づく休業要請と補償など法的な論点も多く、本書の「立法分権」の提唱にも大いに関係がある。はたして立法分権は、このような感染症対策あるいは危機管理にも効果があるのだろうか。

そこで、本書の締めくくりに、過去1年間に実施された新型コロナ対策の効果と問題点を振り返り、「立法分権」がどのような課題と可能性を提示するか、考えてみたい。

■新型コロナ対策―国と自治体のどちらが中心か

そもそも新型コロナ対策（感染対策と経済対策）は、国と自治体のいずれの役割が重要だろうか（以下は礒崎2020a、同2020b参照）。

第1に、感染症は全国的・世界的に流行するものであり、感染対策は「全国的な規模で若しくは全国的な視点に立って行わなければならない施策及び事業の実施」として、「国が本来果たすべき役割」といえる（自治法1条の2第2項）。出入国の管理など、いわゆる水際対策は、国にしかできない対応である。

第2に、これに伴う経済対策は、全国的なリスク分散の問題であること、国は多様な社会的資源を調達できること等から、主として国の責任だと考えられる。すなわち、公的社会保険のように社会にはさまざまなリスクを分散するしくみが必要であるが、その規模が小さくては分散の効果が薄いため、リスク負担は国の役割と考えられる。また国は人材、情報、財源等の社会資源を調達できるほか、赤字国債を含めて公債発行（負担の時間的分散）の自由度が高いため、経済対策の原資は国に求めるしかない。

しかし同時に、自治体の役割も大きい。

第1に、感染対策は住民の健康と生活を守る事務であること、感染の状況は地域によってさまざまであり地域の実情に応じて対策も異なることから、具体的な措置は自治体が実施する必要がある。この間の経過を振り返っても、第1波の際の北海道、東京、第2波の際の東京（新宿）、北九州、沖縄など、感染はいずれかの地域で始まるものであり、そこで封じ込めることが重要であることがわかってきた。地域ごとの迅速な対応こそが重要なのである。

第2に、経済対策は、地域の産業の状況によって異なるし、住民生活の支援も自治体が住民との対話の中できめ細かく検討する必要がある。

第3に、ウィズコロナの「新しい生活様式」への転換も、福祉、教育、雇用、産業など多くの分野で一体的に実施する必要があるため、総合的な行政主体である自治体の役割といえる。

総じて、国は全国的広域性、リスク分散ほか、医学、公衆衛生等の専門性を備えているため、感染対策・経済対策の基本方針を提示する役割が期待される。しかし、地域性や現場との近接性では、自治体の方がすぐれているため、具体的な支援や対策は自治体に委ねるのが合理的である。そして、自治体の役割のうち感染対策などの広域的な対応や事業者に対する支援は、都道府県の役割であるのに対し、住民やコ

図表７－２　新型コロナウイルス対策をめぐる国・都道府県・市町村の役割

	感染対策	経済対策	財政出動
国	・国際的な感染対策実施 ・全国的な感染対策 ・専門知識を結集した方針決定	・全国的な経済・金融対策 ・観光業等の全国的な支援	・緊急時の財政出動（リスクの全国的分散）
都道府県（一部、大都市等）	・広域的・面的な感染対策 ・医療体制の維持、支援	・観光業等の地域経済への支援	－
市町村	・地域の感染対策 ・地元企業等への支援	・飲食店・地元企業への支援	－

（出典）著者作成。

ミュニティに対する支援や働きかけは、市町村の役割であろう。

すなわち、国の専門的知見と財政出動に基づく基本的施策を踏まえつつ、都道府県が感染対策・経済対策の両面で主体的な役割を果たす必要があり、市町村も身近な感染対策や地元店舗等への支援を行うことが期待されている（**図表７－２**参照）。それぞれが求められる役割を責任をもって実行することが求められているのであり、いわば集権と分権の「合わせ技」が重要だと考えられる。

現実の特措法・感染症法（感染症の予防及び感染症の患者に対する医療に関する法律）も、基本的にはこうした役割分担の考え方の下で、それぞれの権限が定められているが、その運用にあたり、国が緊急事態宣言の発出や解除に関し都道府県知事の要請を待って対応するような姿勢を見せたり、逆に次節**２**で述べるように知事の休業等の要請にあたり事前に国に協議を求めたり（さらに法律に基づく措置ではないが、国のＧｏ Ｔｏトラベルの停止等を都道府県知事の意見を待って決めたり）したため、どちらが感染対策に責任を持つのかが不明確になった。

また、これまでの新型コロナ対策では、布製マスクの配布や特別定額給付金の給付など、国が地域の実情や現場の声を理解しないまま具体的措置や対策に踏み込んだために、混乱や失敗が生まれたように思われる。感染状況は地域によって異なるため、国が全国的な方針と基本的基準を定めたうえで、緊急事態宣言を含めて知事が判断すべきだ（それに対して国が助言・調整を行う）と考える。

2　新型インフルエンザ等特措法等のしくみは妥当か

■自粛要請中心のしくみは妥当か

２０２０年3月13日、前述の特措法が改正され、新型コロナが同法の対象に含まれた。この法律では、新型インフルエンザ等の感染が国内または海外で発生した場合は、国と都道府県は対策本部を設置し、国の対策本部は基本的対処方針を定める（18条）。さらに全国的かつ急速なまん延により国民生活等に甚大な影響を及ぼす等の事態になった場合は、国の本部長は緊急事態宣言を行う（32条1項）。このような2段構造になっている（新型インフルエンザ等対策研究会２０１３：８）。

そして都道府県の対策本部は、対策実施のため必要があるときは、公私の団体・個人に必要な協力の「要請」を行うことができる（24条9項）。また、緊急事態宣言が行われた場合、知事は新型コロナのまん延防止等に必要があるときは、住民への外出自粛等の「要請」（45条1項）や各種の施設管理者等への使用制限等の「要請」（同条2項）を行うことができるし、施設管理者等がこれに応じないときは、

図表７−３　新型インフルエンザ等特措法のしくみ

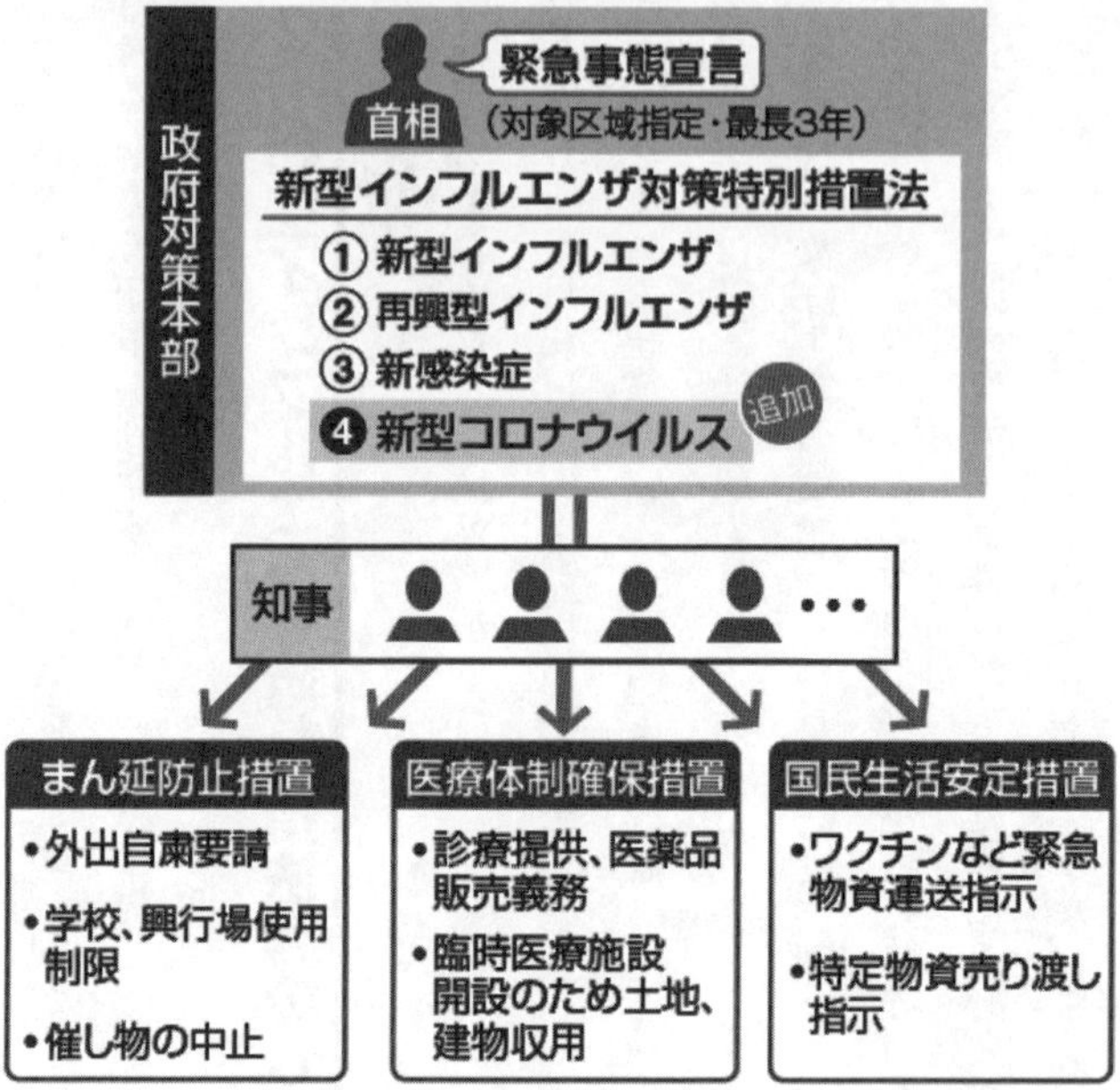

政府対策本部
首相
緊急事態宣言
（対象区域指定・最長3年）
新型インフルエンザ対策特別措置法
① 新型インフルエンザ
② 再興型インフルエンザ
③ 新感染症
④ 新型コロナウイルス
追加
知事 …
まん延防止措置
・外出自粛要請
・学校、興行場使用制限
・催し物の中止
医療体制確保措置
・診療提供、医薬品販売義務
・臨時医療施設開設のため土地、建物収用
国民生活安定措置
・ワクチンなど緊急物資運送指示
・特定物資売り渡し指示

（出典）時事ドットニュース 2020 年３月５日配信。

当該措置を講ずるよう「指示」することができるが（同条３項）、この指示に違反した場合でも罰則等は定められていない（以上、**図表７−３**参照）。

このうち特に45条各項の措置は、全国的かつ急速なまん延による非常事態宣言を発出する事態であるにもかかわらず、法的拘束力ないし実効性の乏しい対応にとどまっている点で、法制度として不徹底であると思われる（注１）。もちろん国民の自由や権利は尊重すべきであるが（同法５条参照）、多数者が利用する施設を

（注１）感染症法77条では、家屋等の消毒義務違反、飲食物その他の物件に対する処分違反、建築物に対する立入義務違反に対して50万円以下の罰金が科せられている。

開設または利用することによって人々の接触を増やし、結果的にウイルスのまん延を助長するとすれば、「公共の福祉」に基づく制約はやむを得ない。また、要請されれば自粛するという「国民性」は貴重だという意見もあるが、あいまいな行政指導は際限のない権利抑制につながる可能性があるし、「自粛警察」のような相互監視社会を生み出す危険もある。実は罰則等の規定には、違反があっても罰則等の適用によって決着をつけ、それ以上の公権力による追及や私人による自力救済（村八分、自粛警察、ＳＮＳ攻撃等）を封じるという意味もある。

実際に東京都、神奈川県、茨城県等では、いくつかのパチンコ店が休業要請に応じず、休業の指示を行ったり店名を公表したりしたが、従わない店もあった。そうした店には、県外からも客が押し寄せ「３密」が生じるとともに、要請に応じた事業者との間で不公平が生じた。西村康稔担当大臣は、「強制力を持つ形で検討せざるを得ない」として改正の必要性に触れつつ、「私権の制約になるので、（内閣）法制局ともよく相談しなければならない」と語ったが、初めから予想すべきことであった（以上、朝日新聞２０２０年4月29日、同5月２日参照）。西村大臣は7月の取材でも「私権の制限につながるので慎重に見極めたい」と語った（朝日新聞２０２０年7月８日）(注２)。

確かに個々の施設における感染の確率は高くはないし、休業等の要請は相当範囲に及ぶが、感染拡大を断ち切るには期間を限定しつつ地域全体の徹底した施設閉鎖等が必要であり、これを避けると感染が収まらず、国民の命や健康が脅かされるほか、営業自粛等の長期化により事業者の不利益も増大する。多くの規制法が罰則付きで定められている中で、なぜ新型インフルエンザ等の対策だけここまで権利制限に慎重なのか、疑問がある。もし内閣法制局の意見が反映しているとすれば、**第4章7**や**第5章3**で述べた国の立法過程や法制官僚の問題点（問題解決より法的整合性を優先）を示していると思われる。

全国の知事に対するある調査では、特措法の改正が必要と答えた34人の知事のうち25人（74％）が、改正内容として「要請・指示に応じない場合の罰則規定」を挙げた（朝日新聞２０２０年６月22日）。しかし、その実現は、半年以上経過した２０２１年１月の法改正まで待たなければならなかった。

■特措法と政令の過密な規律は不合理だ

この特措法に基づく知事の要請等に関する法令の規定を見ておこう。

第１に、都道府県対策本部を設置した段階で、知事（都道府県対策本部長）は、新型インフルエンザ等対策を的確かつ迅速に実施するため必要があると認めるときは、「公私の団体又は個人に対し、その区域に係る新型インフルエンザ等対策の実施に関し必要な協力の要請をする」ことができる（24条９項）。

（注２）西村大臣は、この取材に対し、内閣法制局とも議論しているが、「命令、罰則というのも法体系としては十分ありうる」としつつ、国民の自由と権利の制限につながるため、「休業要請や指示に従わなかった店舗などで感染が拡大したことを示す『立法事実』がないと法改正は難しい」と言及したという。立法事実の指摘は重要だが、休業要請や指示の必要性（施設使用等による一般的な感染拡大のおそれ）を示す社会的事実があれば十分であり、そうでないと新しい問題に対する法的規制は常に後追いになってしまう。ここでも内閣法制局が慎重意見を述べていることが推察されるが、なぜここまで慎重姿勢をとったのか理解に苦しむ。

この規定が本来どういう要請を想定したものかはわかりにくいが、規定を素直に読む限り、緊急事態宣言がなされていない段階で、広く住民、団体等に対して様々な協力要請を行うことができるのである(注3)。実際にもこの規定が多用されている。

第2に、緊急事態宣言が発出された場合は、知事は、**図表7-4**のとおり、都道府県の「住民」に対し、外出の自粛その他の「新型インフルエンザ等の感染の防止に必要な協力」を「要請」することがで

(注3)片山2020b：62－71は、24条9項について、「この条文を前後の文脈から素直に読めば、都道府県の医師会や地元の大学の感染症の専門家などに加わってもらい、対策本部の態勢を強化するための要請」にすぎないのに、逐条解説書の記載（新型インフルエンザ等対策研究会2013：85－86）に引っ張られて、政府が「知事が前提条件なしに誰にでも何でも要請できるような解釈」をしてしまい、「今回のコロナ対策全般に大きな影響を与え」たと指摘する。確かに後述のように緊急事態宣言が出た場合でも、政令で定める施設の管理者に対して限定された措置を要請できるにとどまる（45条1項、2項）のに、緊急事態宣言がなくても幅広く協力要請できるというのは、ちぐはぐな制度設計である（ただし、45条3項で指示まで可能）。しかし、片山氏の指摘する趣旨であれば、「都道府県対策本部の円滑な設置及び運営に必要があると認めるとき」等と規定すべきところ、24条9項は広く「新型インフルエンザ等対策を的確かつ迅速に実施するため必要があると認めるとき」と定めているし、同条の7項、8項では関係行政機関に対する同様の要請を定めているため、前後の文脈上も限定的に解釈すべき理由は認められない。本来は45条3項を罰則付きにするなど緊急事態にふさわしい措置にすべきなのに、何らかの理由でそこまで踏み込めなかったため、整合性のとれない法律になったと推測される。

図表7－4　新型インフルエンザ等対策特別措置法の関係規定（協力要請関係）

新型インフルエンザ等対策特別措置法	同施行令（政令）	大臣告示
（感染を防止するための協力要請等） 第45条　特定都道府県知事は、新型インフルエンザ等緊急事態において、新型インフルエンザ等のまん延を防止し、国民の生命及び健康を保護し、並びに国民生活及び国民経済の混乱を回避するため必要があると認めるときは、…生活の維持に必要な場合を除きみだりに当該者の居宅又はこれに相当する場所から外出しないことその他の新型インフルエンザ等の感染の防止に必要な協力を**要請**することができる。 2　特定都道府県知事は、新型インフルエンザ等緊急事態において、新型インフルエンザ等のまん延を防止し、国民の生命及び健康を保護し、並びに国民生活及び国民経済の混乱を回避するため必要があると認めるときは、…学校、社会福祉施設（…）、興行場（…）その他の政令で定める	（使用の制限等の要請の対象となる施設） 第11条　法第45条第2項の政令で定める多数の者が利用する施設は、次のとおりとする。ただし、第3号から第13号までに掲げる施設にあっては、その建築物の床面積の合計が千平方メートルを超えるものに限る。 一　学校（…） 二　保育所、介護老人保健施設その他これらに類する通所又は短期間の入所により利用される福祉サービス又は保健医療サービスを提供する施設（…） 三　学校教育法第1条に規定する大学、同法第124条に規定する専修学校（…）、同法第134条第1項に規定する各種学校その他これらに類する教育施設 四　劇場、観覧場、映画館又は演芸場 五　集会場又は公会堂 六　展示場 七　百貨店、マーケットその他の物品販売業を営む店舗（…） 八　ホテル又は旅館（集会の用に供する部分に限る。） 九　体育館、水泳場、ボーリング場その他これらに類する運動施設又は遊技場 十　博物館、美術館又は図書館 十一　キャバレー、ナイトクラブ、ダンスホールその他これらに類	**新型コロナウイルス感染症のまん延を防止するため新型インフルエンザ等対策特別措置法第45条第2項の規定による要請を行うことが特に必要な施設**（厚生労働省告示75号、2020年4月7日） 附則第1条の2第1項の規定により…新型インフルエンザ等とみなして…施行令第11条第1項第14号の規定を適用する場合においては、同号に掲げる施設は、同項第4号から第6号まで、第9号及び第11号に掲げる施設であって、その建築

多数の者が利用する施設を管理する者又は当該施設を使用して催物を開催する者（次項において「施設管理者等」という。）に対し、当該施設の使用の制限若しくは停止又は催物の開催の制限若しくは停止その他政令で定める措置を講ずるよう**要請**することができる。 3　施設管理者等が正当な理由がないのに前項の規定による要請に応じないときは、特定都道府県知事は、新型インフルエンザ等のまん延を防止し、国民の生命及び健康を保護し、並びに国民生活及び国民経済の混乱を回避するため特に必要があると認めるときに限り、当該施設管理者等に対し、当該要請に係る措置を講ずべきことを指示することができる。 4　特定都道府県知事は、第2項の規定による要請又は前項の規定による指示をしたときは、遅滞なく、その旨を公表しなければならない。	する遊興施設 十二　理髪店、質屋、貸衣装屋その他これらに類するサービス業を営む店舗 十三　自動車教習所、学習塾その他これらに類する学習支援業を営む施設 十四　第3号から前号までに掲げる施設であって、その建築物の床面積の合計が千平方メートルを超えないもののうち、…新型インフルエンザ等のまん延を防止するため法第45条第2項の規定による要請を行うことが特に必要なものとして厚生労働大臣が定めて公示するもの 2　… （感染の防止のために必要な措置） **第12条**　法第45条第2項の政令で定める措置は、次のとおりとする。 一　新型インフルエンザ等の感染の防止のための入場者の整理 二　発熱その他の新型インフルエンザ等の症状を呈している者の入場の禁止 三　手指の消毒設備の設置 四　施設の消毒 五　マスクの着用その他の新型インフルエンザ等の感染の防止に関する措置の入場者に対する周知 六　前各号に掲げるもののほか、新型インフルエンザ等緊急事態において、新型インフルエンザ等の感染の防止のために必要な措置として厚生労働大臣が定めて公示するもの	物の床面積の合計が千平方メートルを超えないものとする。 **新型コロナウイルス感染症の感染の防止のために必要な措置**（厚生労働省告示76号、2020年4月7日） 附則第1条の2第1項の規定により…新型インフルエンザ等とみなして施行令第12条第6号の規定を適用する場合においては、同号の感染の防止のために必要な措置は、施設の換気とする。

き（45条1項）、「政令で定める多数の者が利用する施設を管理する者」または「当該施設を使用して催物を開催する者」に対し、「施設の使用の制限若しくは停止又は催物の開催の制限若しくは停止その他政令で定める措置」を講ずるよう「要請」することができ（同条2項）、施設管理者等がこれに応じない場合は、特に必要があると認めるときに限って当該措置を講ずべきことを「指示」することができる（同条3項）。

この「要請」は行政指導のひとつであり、法的拘束力を有しない。「指示」は相手に一定の作為または不作為の義務を課す行為であり、相手にはこれに従う義務が生じると解されるが（注4）、同法ではこれに違反しても罰則等の措置は定められていない。

さらに、この45条とその委任を受けた政令・大臣告示の規定は相当に「過密」であり、しかもこの「過密」には合理性が感じられない。

まず要請の対象となる「多数者利用施設」（45条2項、３項）については、政令で定めるものとされ、施行令11条では学校から学習支援施設まで13施設（学校と社会福祉施設を除いて床面積が千平方メートルを超える施設に限る）を列挙するとともに、床面積が千平方メートルを超えない施設でも大臣告示で定める施設は対象にする（14号）という複雑な規定ぶりをしている。実際に新型コロナ対策に関しては、

（注４）松本２０１８：６６８参照。同書は、「命令」や「指揮」は、通常上級機関が下級機関に対して行うものに多く使われるのに対し、「指示」は関係機関又は関係者に対しても用いられるものであるとする。

大臣告示（2020年4月7日付け）で6つの施設については床面積が千平方メートルを超えない施設も対象に含めている。しかしこの間、問題になったように、感染のおそれの高い飲食店はそもそも対象に含まれていない。

また、知事が要請する「措置」の内容については、「当該施設の使用の制限若しくは停止」「催物の開催の制限若しくは停止」または「その他政令で定める措置」とされ（45条2項）、施行令12条では、①入場者の整理、②発熱等の症状を呈している者の入場禁止、③手指の消毒設備の設置、④施設の消毒、⑤マスク着用その他の感染防止措置の入場者に対する周知、⑥その他厚生労働大臣が定めて公示するもの、が列挙されており、大臣告示（2020年4月7日付け）では施設の換気が追加されている。これ以外の措置（アクリル板等の遮へい物の設置、従業者の感染防止措置など）は要請できないことになる。

そもそも感染防止が必要な「施設」は地域によって異なるし、講じるべき「措置」は感染の状況等に応じて臨機応変に設定すべきであり、政令や大臣告示で全国一律に細かく定めるべきではない(注5)。本書の全国的統一性（**第3章1**参照）の類型でいえば、広域的統一性に基づく規律と考えられるが、広域的な観点から各都道府県で最低限実施すべき対策（ミニマム）を統一するなら理解できるが、最大限の対策（マキシマム）を統一する理由はない。基本的な枠組みは法律（政令でなく）で定めるとしても、

（注5）それでも指示は法的拘束力を伴うため限定する意味もあるが、要請は行政指導でありもともと法的根拠がなくても可能だから（行政手続法32条参照）、こうした限定を行う理由は認められない。

残りは地域の実情に応じて対応できるよう、条例で定めるか知事の裁量に委ねるべきである。

■感染症法は合理的だが、事務連絡の多発は問題

新型コロナ対策には、感染症法に基づく措置も重要である。同法については、**第3章3**の点検結果として、規定は細かいが、「比較的手続的な内容が多い」し、「感染症の予防は広域的かつ緊急に対応すべき問題であるため、以上の規律は広域的統一性による合理的なものといえよう。」と評価した。新型コロナへの対応を踏まえた現在でも、その評価を変える必要はないと考えている。

ただし、新型コロナ対策に関しては、おびただしい数の「事務連絡」が出されている(注6)。これらは実務上の必要性は認められるものの、技術的助言にすぎないと解される（法定受託事務に係る処理基準であれば事務連絡によるべきではない）ため、自治体側（保健所等）が過度に拘束されていないか検証を要する。

特に問題になったのは、感染初期において国の事務連絡を根拠として受診・検査を抑制する方針がとられたことである。国は明言したわけではないが、当初、①検査体制が整っていないこと、②医療機関や検査機関の検査の負担を抑制すること、③クラスターを封じ込める対策を優先したこと等から、検査

（注6）厚生労働省ウェブサイト「自治体・医療機関向けの情報一覧（事務連絡等）（新型コロナウイルス感染症）」https://www.mhlw.go.jp/stf/seisakunitsuite/bunya/0000121431_00088.html 参照。

を抑制する方針がとられた。この方針を裏付けたのが、厚労省の「相談・受診の目安」（事務連絡）である(注7)。この目安では、帰国者・接触者相談センターへの相談を、「風邪の症状や37・5度以上の発熱が4日以上続く方」または「強いだるさや息苦しさがある方」等に限定した。これに保健所や医療機関の負担を抑制したいという事情も加わって、この「目安」を満たさない場合は受診や検査を紹介しないという扱いを生んだ（朝日新聞2020年4月16日）。その結果、上記の発熱があっても4日未満であったり、強いだるさがなければ受診や検査ができず、急速に症状が悪化して死亡する事例が相次いだ。こうした事態を踏まえて厚労省はようやく5月8日に37・5度以上の高熱が4日以上などの数値基準をやめるなど、「目安」を変更した（朝日新聞2020年5月9日）。

そもそも事務連絡に法的拘束力はないため自治体側の責任でもあるが、このような重要事項を責任のあいまいな事務連絡で提示し、かつ長く見直しをしなかった国の責任は大きい。

■基本的対処方針の事前協議の要求は地方自治法違反

この施設管理者等への要請の運用にあたり問題があるのは、法律上は格別な規定がないにもかかわらず、国の基本的対処方針の改訂（2020年4月7日）の際に、「要請、指示等を行うにあたっては、

（注7）厚生労働省健康局結核感染症課「新型コロナウイルス感染症についての相談・受診の目安について（事務連絡）」2020年2月17日付。

特定都道府県は、国に協議の上、（中略）行うものとする」とされ（10頁）、実際に東京都が休業要請の範囲を公表しようとしたところ、この改訂後の方針に基づいて国への協議が求められ、自粛の範囲も限定する結果になったことである。

東京都の要請案について、「国は都が示した百貨店や理容業、屋外の運動施設などについて見直しを求め」、「西村経済再生相と小池知事も水面下で協議を重ねたが、結局、隔たりは埋まらなかった」という。国は社会的混乱を避けたいと考え、都のリストは「機械的だ」と主張し、公表は３日遅れになった（朝日新聞２０２０年４月９日、10日）。知事の権限であるにもかかわらず実施が遅れ、かつ妥協が求められたのである。この事前協議の求めは、最新の基本的対処方針（２０２１年１月13日変更）でも、基本的に維持されている(注８)。

確かに法律上、自治体は基本的対処方針「に基づいて」対策を実施しなければならないが（特措法３条４項）、対処方針「どおりに」実施しなければならないわけではない。また、国の対策本部長は総合

（注８）最新の基本的対処方針では、緊急事態宣言が発出されていない段階で、「感染拡大の兆候や施設等におけるクラスターの発生があった場合」は、「政府と連携して」必要な協力の要請等を行うことを定める（20頁）とともに、「関係機関との連携の推進」において「⑦特定都道府県等は、緊急事態措置等を実施するに当たっては、あらかじめ政府と協議し、迅速な情報共有を行う。」と規定し（33頁）、趣旨等が変更されているが、緊急事態宣言下で協議を求めていることは変わっていない。

調整権を有するが（特措法20条1項）、常に協議を義務付けることはこの権限の範囲を超える。そもそも協議を求めることは新たな関与となり、法律またはこれに基づく政令の根拠を要する（自治法２４５条の２）。関与の中には、技術的助言・勧告・資料提出の要求、是正の指示のように地方自治法に基づいて一般的に実施できるものもあるが、協議はそうではなく個別法に根拠が必要とされているのである。したがって、法律でも政令でもない基本的対処方針で協議を義務付けることは許されない。第1次分権改革の成果を無視するこの規定は速やかに廃止すべきであるが、少なくとも法的拘束力のない「要請」にすぎないと解すべきである（片山２０２０ａ：50も同旨）(注9)。

実質的に見ても、感染の状況や経済活動の形態は地域によって異なるため、都道府県の判断を尊重すべきである。しかも国自身が「緊急事態」を宣言しながら、知事の要請を3日間遅らせ、かつその範囲を限定させた点で、国の責任は大きい。

前出の全国知事調査では、特措法の改正が必要と答えた34人の知事のうち21人（62％）が、改正内容として「休業要請・指示における国の総合調整と知事権限の明確化」を挙げた（朝日新聞２０２０年6月22日）。法律上は知事の権限であることは明確であるが、運用上、国の対応に問題があったのである。

（注9）知事の要請・指示は法定受託事務であるため（特措法74条）、処理基準を示すことは可能である（自治法２４５条の9）。しかし、基本的対処方針は処理基準であると規定しておらず、そのような内容でもない。

■休業要請に損失補償は必要か

さらに、施設管理者等への休業要請にあたり、損失補償が必要かという点も問題になっている。吉村大阪府知事、黒岩神奈川県知事など何人かの知事は「休業要請と補償はセット」と発言し(注10)、全国知事会も「中止・休止に伴う営業損失について補償するなど、主催者や事業者が安心して要請に協力していただけるよう、強力かつ実効性のある対策を講じること」を国に求め（全国知事会２０２０）、メディアもこれを後押しした。前出の全国知事調査でも、特措法の改正が必要と答えた34人の知事のうち26人（76％）が、改正内容として「休業要請・指示に対する補償規定」を挙げた（朝日新聞２０２０年６月22日）。

しかし、憲法上、私有財産に対する補償（憲法29条3項）が必要とされるのは、特定の個人に「特別の犠牲」を加えた場合であって、財産権に内在する社会的制約の場合は不要とされている（芦部２０１９：２４７、塩野２０１３：３６１－３６６参照）。この法理は、施設を用いた営業の自由の制約にも適用できよう。

そもそも休業の要請は、法的拘束力のない行政指導だから、権利の制限とはいえない。休業の「指示」

（注10）吉村知事は、4月13日の記者会見で民間施設への休業要請を明らかにした際に、「公権力が民間に休業をお願いするなら、補償もセットでやるべきだ」とし、一貫して補償は実施しないとする国の姿勢に対し「本来、国がやるべきこと。国会議員の怠慢だ」と語気を荒らげたという（日刊スポーツWebニュース２０２０・4・13）。

は権利の制限と解されるが、当該施設における感染の危険を避ける（利用者と従業員と彼らが接触する人々の健康を守る）ために休業が必要になっているのだから内在的制約であるし、当該地域の同種の施設には広く休業が求められるものである。したがって、「特別の犠牲」とはいえないと解される。

実質的に考えても、経営者は利益をあげれば手中にできる反面、災害、事故等の不可抗力による損失は自ら負担するのが原則であり（利益のあるところに損失を帰せしめる報償責任の考え方）、資本主義社会ではこうしたリスクに対応するために保険制度も発達してきたところである。経営者に責任があるわけではないが、こうしたリスクを国が国民の税金で負担するには、それなりの根拠と基準が必要であろう。もちろん、感染予防のために政策的に協力金を支出することはありうるが（注11）、法的な補償とは切り離すべきである。まして補償ができないから休業の要請・指示ができない、という論理は本末転倒だろう。この点では、補償はしないという国の方針が適切だと考える。

特措法の立法担当者の解説書でも、施設管理者等に対する公的な補償が規定されていないのは、①施設の使用がまん延の原因となることから実施されるものであること、②本来危険な事業等は自粛される

（注11）もっとも協力金制度が、店舗数に関係なく事業者あたりで定額を支払ったり、店舗の規模に関係なく定額（1日6万円等）で支払うことには合理性がない。最初の1～2か月は許されるとしても、公金の支出根拠としても協力金の趣旨・効果からみても、早期に店舗の席数・床面積や従業員の延べ勤務時間数等の営業実態に応じた給付に変更すべきであろう（原則として自己申告とし、もし虚偽の申請であれば詐欺罪の適用のほか、懲罰的返還金を課す等）。

べきものであること、③緊急事態宣言中の一時的なものであること、④罰則による担保等によって強制的に使用を中止させるものではないことから、「権利の制約の内容は限定的である」ほか、⑤国民の多くも外出自粛などの制約を受けることから、「事業活動に内在する社会的制約である」ためであるとされていた（新型インフルエンザ等対策研究会2013：161－162）。全体に論理的な記述になっていないし、④については今回の改正によって根拠にならなくなるが、この要請・指示による制限は内在的制約であり、「特別な犠牲」にあたらないという認識は適切であろう。

新型コロナに係る内閣の答弁では、かつては飲食店に補償しても納入業者への補償がないことはバランスを欠く等として、補償は「現実的でない」としていたが（2020年4月7日衆議院議院運営委員会、安倍晋三首相答弁）、後述の法改正に関する国会審議で菅義偉首相は、「事業活動に内在する制約であることから、憲法29条3項の損失補償の対象にはならないと解釈されている」ことや、「施設の使用自体が感染症のまん延の原因となること」「休業要請が緊急事態宣言に限って一時的なものであること」から補償は不要であると法制定時に整理されており、「そうした基本的考え方は今回の改正によっても変わるものではない」と答弁した（2021年1月29日衆議院本会議。西村大臣も同旨の答弁）。

なお、憲法29条3項の「正当の補償」が必要な場合は、法律に規定がなくても直接憲法を根拠として請求できるため（最大判昭和43年11月27日・刑集22巻12号1402頁、芦部2019：248）、裁判を提起して都道府県に請求することも考えられる。国民の人権の問題であり、算定基準も必要になるため、まず司法手続で判断し、それを踏まえて立法化することも考えられる。

3　新型インフルエンザ等特措法等の改正は適切か

■特措法と感染症法の改正内容は？

２０２０年11月からの感染の「第３波」において、陽性者・重症者・死亡者が急速に増加したため、内閣は２０２１年１月に特措法と感染症法の改正を提案し、与党と立憲民主党の合意によって法案は一部修正のうえ、２月３日に可決された（２月13日施行）。その内容を確認しておこう。

まず特措法の改正については、第１に、特定の地域においてまん延を防止するため、新たに「まん延防止等重点措置」制度を設けた。これは、国がまん延等防止重点措置を集中的に実施する必要があるものとして政令で定める要件に該当する事態が発生したと認めるときは一定の事項を公示し（31条の４）、これを踏まえて知事は、①措置を講ずる必要があると認める業態の事業者に対し、営業時間の変更その他政令で定める措置を講ずるよう要請でき（31条の５第１項）、②住民に対し感染の防止に必要な協力を要請することができ（同条２項）、③上記①の事業者が正当な理由なく要請に応じない場合で、まん延防止のため特に必要があると認めるときは、当該措置を講じることを命じることができ（同条３項）、④これに違反した者には20万円（原案は30万円）以下の過料を科すという制度である。

第２に、緊急事態宣言下における施設管理者への使用制限等の要請に従わない場合は、従来の「指示」（罰則なし）に代えて「命令」することができることとし（45条３項）、これに違反した者には30万円（原案は50万円）以下の過料を科すことを定めた。

第3に、問題になっていた休業要請に応じた事業者に対する補償は盛り込まれず、国と自治体は、「影響を受けた事業者を支援するために必要な財政上の措置その他の必要な措置を効果的に講ずるものとする」ことが定められた（63条の２）。

また感染症法の改正については、第1に、新たに宿泊療養・自宅療養の協力要請の規定を設けること（44条の3、50条の2）、第2に、入院勧告・措置の対象を限定するとともに、入院措置に応じない場合または入院先から逃げた場合に過料（原案は罰則）を科すこと（26条2項、46条1項、72条1号）、第3に、積極的疫学調査に対して正当な理由なく答弁しなかった場合等に過料（原案は罰則）を科すこと（15条4項、77条3号）、第4に、緊急時には医療関係者・検査機関に協力を求めることができ、正当な理由なくこれに応じなかったときは勧告、公表できること（16条の2第1～3項）が定められた。なお、検疫法の改正でも宿泊療養・自宅療養等の協力要請の規定が設けられた。

新型コロナ感染者の確認から1年、累計の死者が約5千人にいたった段階での遅すぎる改正であったが、事業者に対する命令処分や過料の規定が設けられたことは、あいまいな行政指導依存から脱し、感染対策の実効性を確保するうえで必要な対応といえる。

以下では論点の多い特措法の改正について検討しよう。

■「まん延防止等重点措置」の規定は過密で集権的

今回、新たに設けられた「まん延防止等重点措置」については、必要性は理解できる。緊急事態宣言は、新型コロナ等の「全国的かつ急速なまん延」の場合の対応となるため、特定地域のまん延にとどまる場合は対象とならない。一方、緊急事態宣言が出ていない段階では、対策本部長としての一般的な要請（24条9項）にとどまる。そこで、中間的な対応手段として、このようなしくみは有用といえる。

しかし、その制度設計は、**図表7－5、図表7－6**のとおり緊急事態宣言の規定に準じたものとなっており、問題が少なくない。

第1に、国（政府対策本部長）が「まん延防止等重点措置」の必要性を認定し、公示することになっていることである。「特定の区域」におけるまん延防止を図るための措置であり、２０２１年1月の緊急事態宣言をめぐっても国と都道府県の思惑のズレ・不協和音があったことを踏まえると、知事の権限にすべきである（国が助言や要請を行うことは可）。また、国会審議でも問題になったように、その要件が政令にほぼ丸投げされている点も問題である。

第2に、知事による事業者に対するまん延防止措置の要請（31条の6第1項）については、「政令で定める事項」を勘案して措置が必要な「業態」を定める必要があり、またその措置も営業時間の変更以外は「政令で定める」とされていることである。緊急事態宣言下の施設管理者等への要請（45条2項）よりも、広く政令に委任される反面、「特定の区域」における措置にもかかわらず、条例や知事の裁量に委ねる姿勢は見られない。運用上は都道府県にかなり依存しているのに、法令上はきわめて集権的・画一的な発想でつくられている。

なお、事業者が正当な理由がないのに上記の要請に応じない場合は、知事はまん延防止に特に必要が

図表７－５　新型インフルエンザ等対策特別措置法改正の新旧対照表（抜粋）

改正後	改正前
第３章の２　新型インフルエンザ等まん延防止等重点措置 （新型インフルエンザ等まん延防止等重点措置の公示等）	（新設）
第 31 条の４　政府対策本部長は、新型インフルエンザ等（…）が国内で発生し、特定の区域において、…まん延を防止するため、新型インフルエンザ等まん延防止等重点措置を集中的に実施する必要があるものとして政令で定める要件に該当する事態が発生したと認めるときは、当該事態が発生した旨及び次に掲げる事項を公示するものとする。 一　新型インフルエンザ等まん延防止等重点措置を実施すべき期間 二　新型インフルエンザ等まん延防止等重点措置を実施すべき区域 三　当該事態の概要 … （感染を防止するための協力要請等）	（新設）
第 31 条の６　都道府県知事は、第 31 条の４第１項に規定する事態において、…必要があると認めるときは、…新型インフルエンザ等の発生の状況についての政令で定める事項を勘案して**措置を講ずる必要があると認める業態に属する事業を行う者**に対し、営業時間の変更その他…重点区域における新型インフルエンザ等のまん延を防止するために必要な措置として政令で定める措置を講ずるよう**要請**することができる。 ２　都道府県知事は、第 31 条の４第１項に規定する事態において、当該**都道府県の住民**に対し、…同項の規定による要請に係る営業時間以外の時間に当該業態に属する事業が行われている場所にみだりに出入りしないことその他の新型インフルエンザ等の感染の防止に必要な協力を**要請**することができる。 ３　第１項の規定による要請を受けた者が正当な理	（新設）

改正後	改正前
由がないのに当該要請に応じないときは、都道府県知事は、…重点区域における新型インフルエンザ等のまん延を防止するため特に必要があると認めるときに限り、当該者に対し、当該要請に係る措置を講ずべきことを**命ずる**ことができる。 4　都道府県知事は、第１項若しくは第２項の規定による要請又は前項の規定による命令を行う必要があるか否かを判断するに当たっては、あらかじめ、感染症に関する専門的な知識を有する者その他の学識経験者の意見を聴かなければならない。 5　都道府県知事は、第１項の規定による要請又は第３項の規定による命令をしたときは、その旨を**公表**することができる。	
（感染を防止するための協力要請等） **第 45 条**（略）	（感染を防止するための協力要請等） **第 45 条**（略）
3　施設管理者等が正当な理由がないのに前項の規定による要請に応じないときは、特定都道府県知事は、新型インフルエンザ等のまん延を防止し、国民の生命及び健康を保護し、並びに国民生活及び国民経済の混乱を回避するため特に必要があると認めるときに限り、当該施設管理者等に対し、当該要請に係る措置を講ずべきことを**命ずる**ことができる。	3　施設管理者等が正当な理由がないのに前項の規定による要請に応じないときは、特定都道府県知事は、新型インフルエンザ等のまん延を防止し、国民の生命及び健康を保護し、並びに国民生活及び国民経済の混乱を回避するため特に必要があると認めるときに限り、当該施設管理者等に対し、当該要請に係る措置を講ずべきことを**指示**することができる。
4　特定都道府県知事は、第１項若しくは第２項の規定による要請又は前項の規定による命令を行う必要があるか否かを判断するに当たっては、あらかじめ、感染症に関する専門的な知識を有する者その他の学識経験者の意見を聴かなければならない。	（新設）
5　特定都道府県知事は、第２項の規定による要請又は第３項の規定による命令をしたときは、その旨を**公表**することができる。	4　特定都道府県知事は、第２項の規定による要請又は前項の規定による命令をしたときは、遅滞なく、その旨を**公表**しなければならない。

（事業者に対する支援等） **第63条の2**　国及び地方公共団体は、新型インフルエンザ等及び新型インフルエンザ等のまん延の防止に関する措置が事業者の経営及び国民生活に及ぼす影響を緩和し、国民生活及び国民経済の安定を図るため、当該影響を受けた事業者を支援するために必要な**財政上の措置その他の必要な措置**を効果的に講ずるものとする。	（新設）
第79条　第45条第3項の規定による命令に違反した場合には、当該違反行為をした者は、50万円（→★30万円）以下の**過料**に処する。	（新設）
第80条　第31条の6第3項の規定による命令に違反した場合には、当該違反行為をした者は、30万円（→★20万円）以下の**過料**に処する。	（新設）

（注）★は法案修正後の規定を示す。

図表7－6　緊急事態宣言とまん延防止等特別措置の比較

	緊急事態宣言	まん延防止等重点措置
1）対象となる事態	全国的かつ急速なまん延による国民生活・国民経済への甚大な影響のおそれ	特定の区域におけるまん延による国民生活・国民経済への甚大な影響のおそれ
2）発出方法	政府対策本部長（首相）による事態発生の旨と実施期間、区域、事態の概要の公示	政府対策本部長（首相）による事態発生の旨と実施期間、区域の公示
3）期間	2年以下	6カ月以下
4）事業者等への協力要請	多数者利用施設の使用制限・停止、催し物の制限・停止	特定の区域における特定の事業者に営業時間の変更等の要請
5）協力が得られない場合	要請に係る措置を講ずべきことの命令（従来は指示）、命令違反に対する30万円以下（＝法案修正後）の過料	要請に係る措置を講ずべきことの命令、命令違反に対する20万円以下（＝法案修正後）の過料
6）住民への要請	みだりに外出しないこと等の協力要請	営業時間短縮等の措置が行われている場所に時間外にみだりに立ち入らないこと等の協力の要請

（出典）ニッセイ基礎研究所ウェブサイト「新型コロナ『特措法改正案』何が変わるのか（2021年1月28日発信）https://www.nli-research.co.jp/report/detail/id=66779?site=nli の表を一部改変。

あると認めるときに限り、学識経験者の意見を聴いたうえで、当該措置を講ずべきことを命令でき（31条の6第3項、第4項）、これに違反した者は20万円以下の過料に処する（80条）。この規定には政省令の規律もなく、妥当である（ただし、基本的対処方針で要請・命令を行う際に国への事前協議が求められる可能性がある）。

また、緊急事態宣言下における従来の知事の「指示」が「命令」に改められたが（45条3項）、事前に学識経験者の意見を聴く必要があり（同条4項）、命令に違反した者は30万円以下の過料に処することになった（79条）。この改正は、前述のとおり以前から求められたものであり、妥当である。

■命令処分・過料に備えた対応が必要

これらの命令処分に備えて、自治体の担当部署では、要請の時点で対象となる事業者や施設（所在地・管理者等）を把握し、要請に従っているか否かを確認し、必要な場合には命令処分を行う必要がある。要請の時点では、「○○市に所在する飲食店」等と特定し、ウェブサイト等を通じた要請でよいと考えられるが、命令を行うには対象を特定し、かつ要請に従わなかった事実や「まん延を防止するため特に必要がある」と認められる理由を明らかにして、個別に通知する必要がある。実務的には、要請を行った段階でまん延防止措置が行われるか否か、事実関係を把握し、記録しておく必要があろう。

過料については、本来3つの種類があるが、上記の過料は行政上の義務懈怠に対する「秩序罰」としての過料である。行政上の義務違反に対する制裁である「行政刑罰」と異なり、行政上の秩序を維持するために科される罰であり、当該行為が反社会性を有するわけではない。刑法上の罪ではないため、刑法総則や刑事訴訟法も適用されない（以上、塩野２０１５：２７５）。法律に基づく過料は非訟事件訴訟法（１１９条以下）に基づいて地方裁判所が科すことになるが、実務上は都道府県が義務違反事実を証する書面を添えて通知する必要があろう（自治体法務検定委員会編２０２０：１３０参照）（注12）。

■条例の上書き権は有効か

もし条例の上書き権が制度化された場合（**第４章５**参照）、その内容によってはこの特措法や感染症法についても、条例による上書きが可能となる可能性がある。私自身は、当面、「自治事務」の基準または手続に限定する制度を提案しており、特措法と感染症法の事務はほとんど法定受託事務であるため（特措法74条、感染症法65条の２）、制度化されたとしても対象外となる。しかし、法定受託事務も対象とした場合は、たとえば前記の事業者への要請・命令の対象施設・業態やとるべき措置（現行では主として政令で規定）を書き替えて、地域の実態に合った内容にすることが考えられる。ただ、これらの法令の対象や措置を「縮小」する（知事の裁量を限定する）必要性は低く、「拡大」するのであれば、独自条例で行うことも可能である。独自条例については次の**４**で検討する。

（注12）この点は、条例や規則に違反した場合の過料は長の処分として行い、納付しない場合は地方税の滞納処分の例によるとされていること（自治法２５５条の３、２３１条の３）と異なることに注意を要する。

4　自治体は感染対策の独自条例をつくれるか

■過去1年で48件の独自条例を制定済み

前述のとおり特措法は、改正前には法的拘束力すなわち実効性に欠けるし、改正後も政令等による規律が多く、自治体の政策方針や工夫を生かすことが難しい。感染症法の規定は緻密だが、感染が発生した場合の対応が中心であり、住民や事業者への感染予防の働きかけは手薄である。さらに感染者・医療従事者に対する誹謗中傷等への対策も、国の法令では定められていない。そこで、自治体が独自条例を制定して対応する必要が生まれる。

ある調査によれば、過去1年間（21年1月20日現在）で、都道府県が12件（うち東京都が2件）、市町村が36件、合計48件の条例が制定されている（**図表7－7**参照）。いずれも法定事務条例ではなく独自条例と認められる。その内容はさまざまである[注13]。

これらの条例の主な内容を見ると、**図表7－7**のとおり、大きく7類型（細分化すると10類型）に分けることができる。①「理念条例」は、新型コロナ対策に向けて市民・事業者の責務や自治体の施策方針を定める条例であり、②「マナー条例」は、住民等にマスク着用等のマナー遵守を呼びかける条例で

（注13）制定された条例の分析については、山口２０２０、山本・出石２０２０、大石・出石２０２１、出石２０２１参照。

図表7－7　新型コロナウイルス対策に関する条例の類型

類　型		具体的条例（公布日）	その他の例（自治体名）	条例数
①理念条例		名古屋市・新型コロナウイルス感染症の感染拡大を全市一丸となって防止するための条例（3月10日） 総社市新型インフルエンザ等対策条例（3月19日）	石垣市（5月）流山市（6月）小笠原村（9月）深谷市（9月）京丹後市（10月）阿久比町（11月）安中市（12月）千葉市（12月）半田市（12月）幸田町（12月）	12件
②マナー条例		大和市おもいやりマスク着用条例（4月16日） 逗子市・新型コロナウイルス感染症流行下における逗子海岸のマナーの向上に関する条例（6月25日）	宮田村（8月）下妻市（9月）白河市（10月）多賀城市（12月）	6件
③推進体制条例		岐阜県感染症対策基本条例（7月9日）	沖縄県（7月）大府市（10月）豊橋市（12月）	4件
④対策要請条例	④－1　協力要請型	長野県新型コロナウイルス感染症等対策条例（7月8日）	愛知県（10月）三重県（12月）	3件
	④－2　指針尊重型	東京都新型コロナウイルス感染症対策条例（4月7日）	－	1件
	④－3　登録認定型	茨城県新型コロナウイルス感染症の発生の予防又はまん延の防止と社会経済活動との両立を図るための措置を定める条例（10月2日）	むつ市（9月）	2件
	④－4　クラスター対策型	鳥取県新型コロナウイルス感染拡大防止のためのクラスター対策等に関する条例（8月27日）	徳島県（10月）	2件

⑤医療施設整備条例	千葉県新型コロナウイルス感染症に係る臨時の医療施設の開設等の迅速化及び円滑化に関する条例（5月1日）	―	1件
⑥差別禁止条例	和歌山県新型コロナウイルス感染症に係る誹謗中傷等対策に関する条例（12月24日） 那須塩原市新型コロナウイルス感染症患者等の人権の擁護に関する条例（9月30日）	上野原市（9月）栗原市（10月）長門市（10月）三郷町（11月）河内長野市（11月）藤岡市（12月）邑楽町（12月）伊達市（12月）弥彦村（12月）高野町（12月）白石市（12月）東松島市（12月）小牧市（12月）川崎町（1月）	16件
⑦権利保全条例	東京都新型コロナウイルス感染症のまん延の影響を受けた者の権利利益の保全等を図るための特別措置に関する条例（4月22日）＝後に改称	―	1件

（注）年は2020年（1月のみ2021年）を示す。
（出典）地方自治研究機構ウェブサイト「新型コロナウイルス感染症に関する条例」（2021年1月20日更新）http://www.rilg.or.jp/htdocs/img/reiki/022_COVID_19.htm を基に著者作成。

あり、③「推進体制条例」は、行政側の対策本部の設置や施策について定める条例である。④「対策要請条例」は、住民や事業者に何らかの対策を働きかける条例であり、⑤「医療施設整備条例」は、医療施設の開設等を促進する条例であり、⑥「差別禁止条例」は、感染者・医療従事者等への誹謗中傷や差別の禁止等を定める条例であり、⑦「権利保全条例」は、感染の影響を受けた住民等の権利利益の延長等の措置を図る条例である。

このうち④対策要請条例は、さらに感染防止に向けた働きかけの方法によって、協力要請型（協力の求めを基本とする）、指針尊重型（ガイドラインの遵守を基本とする）、登録認定型（事業者の登録・認定を基本とする）、クラスター対策型（クラスターが発生した施設の対策を基本とする）の４種類に分けることができる。

多くの分野の独自条例は、ある自治体が制定するとそれをモデルにして他の自治体が制定するため、規定がパターン化されることが多いが（条例の伝播・進化という）、この分野では、理念条例と差別禁止条例はある程度類似しているものの、さまざまな内容が見られ、独自に検討していることがうかがわれる。また、こうした規定をみると、現行の法律でどういう規定や措置が足りないかを理解できる。こうした自治体の条例づくりは高く評価できる。

もっとも、これらの条例には、住民や事業者に法的義務を課す条例は限られており、罰則規定は全くない。規定を点検した限りでは、**図表７−７**中④−３の茨城県条例の特定システムへの登録義務（５条）と差別的取扱いの禁止（14条）、むつ市条例の認定事業者への改善命令（７条）、④−４の鳥取県条例のクラスターが発生した施設の拡大防止措置（６条）、⑥の和歌山県条例の誹謗中傷等の禁止（３条）が法的義務であると解される。しかし、いずれもこれらに違反した場合の罰則等は定められていない。

とはいえ法的義務を定める場合、特措法や感染症との関係で上乗せ条例または横出し条例になると解されるため、次項で検討するように「法律の範囲内」といえるかが一応問題になる。

このように全体として法的義務に抑制的であるのは、①国の法律との抵触を避ける、②住民や事業者の協力を得るうえでソフトな手法が求められる(注14)、という事情が考えられる。「立法分権」を進める立場からいえば、住民の命と健康を守るため、より実効性のある条例を定めることも選択肢とすべきである。

■新型コロナ対策の独自条例は3つのハードルに反しないか

新型コロナ対策をめぐっては、前述のとおり少数ながら規制的条例が制定されている。また今後は、国による緊急事態宣言やまん延防止等重点措置の公示がなくても、都道府県や市町村が独自の緊急事態宣言、住民への外出自粛要請、あるいは事業者への要請・命令ができるよう、独自条例を定めることが考えられる(注15)。このような規制的条例を制定することができるだろうか。

第2章4で検討したように、自治体の条例は、①当該自治体の事務に関するものであること、②憲法（人権保障）に反しないこと、③法令に違反しないこと、という3つのハードルをこえる必要がある。

（注14）**第3章6**で述べた全国知事会「地方分権改革の推進に向けた研究会」で、行政指導型の条例を制定したある県の知事に著者が「なぜ命令処分などもっと実効性のある条例にしなかったのか」を尋ねたところ、「法律上は（上乗せ条例も）可能だと考えていたが、まず事業者の協力をいただきながら進めることが重要と判断した」とのことであった。

（注15）出石２０２１：69は、「特措法の規定は規律密度が高い法定受託事務であり、上乗せ条例は厳しいと考えられる」とするが、こうした特徴が独自条例にまで影響するかは検討を要する。同稿は、コロナ条例（試案）として、①マスク着用の義務化、②飲食店等の感染防止対策の義務化、③総合的なコロナ条例を提案する。これらは特措法等とは異なる規制形態であるため、同法との関係では比較的認められやすいといえよう。

①の点については、都道府県や保健所設置市（または特別区）がこうした内容を定めることはその担当事務に該当するといえる。これに対し、一般に感染症は市町村の区域を超えて流行するため、感染症対策が一般の市町村の事務といえるかが問題になるが、局地的な感染からまん延が始まる場合もあるし、住民の健康を守ることは基礎自治体の仕事でもあるため、感染対策のための住民への要請や事業者への要請・命令は担当事務の範囲内と考えられる。

この点に関連して、すでに都道府県条例が制定されている場合で、市町村条例がその規定と矛盾する規定を定めたときは、感染防止は都道府県の３つの事務のうち広域的事務と解されるため、都道府県条例が優先すると解される（**第2章4**参照）。ただし、住民も事業者も、両方の規制や基準をクリアすれば問題ないため、都道府県条例と市町村条例が矛盾する規定を定めることは考えにくい。

②の点については、住民に対する外出を制限する場合は、人身の自由（憲法18条）や居住・移転の自由（同22条1項）に関わるが、自粛要請であれば問題ないと考えられる。事業者に対する命令等は営業の自由（同22条1項）の制約となるが、特措法と同様に、飲食店のように施設内での感染のおそれが高い場合の営業の制限は、「公共の福祉」による必要最低限度の制約として、憲法には違反しないと解される。ただし、感染者等に対する誹謗中傷等の禁止（和歌山県条例３条等）は、表現の自由（同21条）を制約するため、注意を要するが、感染者等の人権を守る見地から憲法に適合するといえよう。

問題は③の「法令に違反しない」かである。

■新型コロナ対策の規制条例は特措法等に違反しない

第2章4で紹介したとおり、現在の判例（最高裁徳島市公安条例事件判決）は、条例が法令に反するか否かは「それぞれの趣旨、目的、内容及び効果を比較し、両者の間に矛盾抵触があるかどうかによってこれを決しなければならない」とする。そのうえで、ある事項について法令が規律していない場合（横出し条例）でも、法令がいかなる規制もしないで放置する趣旨のときは、これを規律する条例は法令に違反するとする。また、ある事項について法令と条例が併存する場合で、両者が同一の目的であるとき（狭義の上乗せ条例）でも、法令が全国一律の規制を行う趣旨でなく、地方の実情に応じて別段の規制を施すことを容認する趣旨であるときは、条例は法令に違反しないと解している。

ここで検討している条例は、感染予防という同一の目的で、特措法と同様の対象を規制するものであり、後段の「狭義の上乗せ条例」に該当するため、法令が全国一律の規制を行う趣旨か、地方の実情による別段の規制を容認する趣旨か、が問題になる。

特措法は、「新型インフルエンザ等に対する対策の強化を図り、もって新型インフルエンザ等の発生時において国民の生命及び健康を保護し、並びに国民生活及び国民経済に及ぼす影響が最小となるようにすること」を目的としている（1条）。すなわち、対策の強化と国民の生命・健康の保護を目的としているのだから、全国一律の規制にこだわる理由はなく、地方の実情に応じてより厳しい規制を行うことを許容する趣旨だと解される。感染症法については、規制の形態が異なるが、「感染症の発生を予防し、及びそのまん延の防止を図り、もって公衆衛生の向上及び増進を図ること」を目的としており、同様に地方の実情に応じてより厳しい規制を行うことを許容する趣旨だと解される。よって、自治体が自らの責任で条例で事業者に対する命令等を定めても、これらの法律には違反しないと解される。

こうした解釈に対して、特措法の目的として「国民生活及び国民経済に及ぼす影響が最小となるようにすること」も定められているため、特措法は経済との両立を目的としており、全国一律の規制であるという解釈もありえないわけではない。しかし、第1条はあくまで「対策の強化を図」ることによって「影響が最小となる」ことを目的としているのであり（早期に感染を抑え込むことによって国民経済への影響も縮小できる）、対策をほどほどにして感染予防と国民経済との両立を図るという趣旨ではない。

また、特措法には、「国民の自由と権利に制限が加えられるときであっても、その制限は当該新型インフルエンザ等対策を実施するため必要最小限のものでなければならない」という規定（5条）があり、これが法改正時の罰則導入に対する反対理由にもなった。そこで、特措法は条例でより厳しい規制を行うことを許容しない趣旨だという解釈もありえないわけではない。しかし、そもそも国民の権利・自由の制限が必要最小限でなければならないのは当然であり、この規定は感染対策の性格に鑑みて特に定められた注意的規定と解される。したがって、条例でも地域の実情に応じた必要最小限の規制であれば、特措法はこれを許容する趣旨だと解すべきである。感染症法も同様であろう。

なお、こうした独自条例は、特措法の措置を行うことができない場合に同様の規制を行う「横出し条例」とみることも不可能ではない。その場合でも、特措法がいかなる規制もしないで放置する趣旨と解することは困難であるため、こうした条例は特措法には抵触しないと解される（ただし、条例上の措置が均衡を欠く場合は違法となる場合がある。**第2章4**参照）。

以上より、特措法と同様の措置を定める独自条例は、仮に罰則付きであっても、特措法等に違反しないと解される。同様に、法的義務を課している茨城県条例の特定システムへの登録義務（5条）や、むつ市条例の認定事業者への改善命令（7条）も、特措法等には違反しないと解される。なお、和歌山県条例の誹謗中傷等の禁止（3条）などは、特措法とは目的も対象も異なる規制であり、「法律の範囲内」か否かは問題にならないと考えられる。

以上のように、新型コロナ対策を考えても、地域の実情に応じた迅速・柔軟な対応が重要であり、「地方分権」は必要かつ有益である。また、特措法の問題点を考えると、その簡素化や条例授権を進める必要があるし、特措法等に遠慮せず規制措置を含む独自条例の制定を進めるべきである。２０２０年から世界を暗く覆っている新型コロナ問題の解決にとっても、「立法分権」は役に立つのである。

参考文献

饗庭　伸（２０１５）『都市をたたむ―人口減少時代をデザインする都市計画』花伝社

秋月謙吾（１９８８）「非ルーティン型政策と政府間関係（2）」法学論叢１２３巻３号

秋吉貴雄・伊藤修一郎・北山俊哉（２０２０）『公共政策学の基礎（第3版）』有斐閣

芦部信喜（高橋和之補訂）（２０１９）『憲法（第7版）』岩波書店

姉崎洋一ほか編（２０１５）『ガイドブック教育法（新訂版）』三省堂

阿部昌樹・田中孝男・嶋田暁文編（２０１７）『自治制度の抜本的改革―分権改革の成果を踏まえて』法律文化社

阿部泰隆（１９９９）『政策法学と自治条例』信山社

阿部泰隆・淡路剛久編（２０１１）『環境法（第4版）』有斐閣

石毛正純（２０２０）『法制執務詳解（新版Ⅲ）』ぎょうせい

出石　稔（２０１０）「義務付け・枠付けの見直しと条例による上書き権―自治体の条例制定権への影響」都市問題研究62巻1号

出石　稔（２０２１）「新型コロナウイルス感染症対策の自治体実務―実効性のあるコロナ条例④」月刊ガバナンス２０２１年２月号

礒崎初仁（１９９９）『分権時代の政策法務』北海道町村会

礒崎初仁（２０００ａ）「分権改革の焦点は都道府県にあり―新しい『都道府県のかたち』の創造」西尾勝編著『都道府県を変える！』ぎょうせい

礒崎初仁（２０００ｂ）「土地利用規制と分権改革」今村都南雄編著『自治・分権システムの可能性』敬文堂

礒崎初仁（２００１）「自治立法の可能性」松下圭一・西尾勝・新藤宗幸編『岩波講座 自治体の構想2 制度』岩波書店

礒崎初仁（２００２）「法律上の許認可基準と条例制定に関する一試論」都市問題研究54巻11号

礒崎初仁（２００４～２００７）「連載・自治体議会の政策法務（第1回～第32回）」月刊ガバナンス40号～71号（２００４年８月～２００７年３月号）

礒崎初仁（２０１１）「法令の規律密度と自治立法権―地方分権改革推進委員会の検討を踏まえて」北村喜宣ほか編著『自治体政策法務』有斐閣

礒崎初仁（２０１３）「分権クローズアップ・有識者へのインタビュー（第6回）礒崎初仁氏インタビュー（1～3）」内閣府ウェブサイト http://www.cao.go.jp/bunken-suishin/closeup/yuushikisha-index.html

礒崎初仁（２０１７ａ）「地方自治の70年・分権改革の20年」『自治実務セミナー』２０１７年７月号

礒崎初仁（２０１７ｂ）『自治体議員の政策づくり入門―「政

策に強い議会」をつくる』イマジン出版
礒崎初仁（２０１７ｃ）『知事と権力－神奈川から拓く自治体政権の可能性』東信堂
礒崎初仁（２０１７ｄ）「法令の過剰過密と立法分権の可能性－分権改革・第3ステージに向けて」北村喜宣ほか編『自治体政策法務の理論と課題別実践（鈴木庸夫先生古稀記念）』第一法規
礒崎初仁（２０１８ａ）『自治体政策法務講義（改訂版）』第一法規
礒崎初仁（２０１８ｂ、２０１９ａ）「地域づくり法制の過剰過密と分権化の可能性（1）（2）」法学新報（中央大学）１２５巻5・6号、１２６巻5・6号
礒崎初仁（２０１８ｃ）「人口減少時代の政策法務」政策法務研究会編『政策法務の理論と実践（加除式）』（直近改訂）、７６５頁以下
礒崎初仁（２０１９ｂ）「立法分権と自主条例の法律適合性判断」法学新報（中央大学）１２６巻7・8号
礒崎初仁（２０２０ａ）「新型コロナウイルス対策と国・自治体関係」月刊ガバナンス２０２０年6月号
礒崎初仁（２０２０ｂ）「新型コロナウイルス対策と自治体行政の課題－コロナ感染期からウィズコロナ期へ」『地方行政実務研究』（地方行政実務学会）創刊号（２０２０年夏）（学会ウェブサイトで入手可）
礒崎初仁編著（２００４）『政策法務の新展開－ローカル・ルールが見えてきた』ぎょうせい
礒崎初仁・金井利之・伊藤正次（２０２０）『新版 ホーンブック地方自治』北樹出版
磯部　力（１９９５）「自治体行政の特質と現代法治主義の課題」公法研究57号
磯部　力（２００１）「行政システムの構造変化と行政法学の方法」『（塩野古稀）行政法の発展と変革（上巻）』有斐閣
猪野　積（２０１７）『地方公務員制度講義（第6版）』第一法規
今井　照（２０１８）「『計画』による国－自治体間関係の変化」自治総研２０１８年7月号
岩井奉信（１９８８）『立法過程』東京大学出版会
岩﨑　忠（２０１２）『「地域主権」改革－第1次～第3次一括法を踏まえた自治体の対応』学陽書房
岩橋健定（２００１）「条例制定権の限界－領域先占論から規範抵触論へ」『行政法の発展と変革（塩野古稀記念）（下）』有斐閣
岩橋健定（２０１１）「分権時代の条例制定権－現状と課題」北村喜宣ほか編『自治体政策法務』有斐閣
宇賀克也（２０１３）『行政手続法の解説（第6次改訂版）』学陽書房
宇賀克也（２０１６）『番号法の逐条解説（第2版）』有斐閣

宇賀克也（2017）『行政不服審査法の逐条解説（第2版）』有斐閣
宇賀克也（2019）『地方自治法概説（第8版）』有斐閣
宇賀克也（2020）『行政法概説Ⅰ 行政法総論（第7版）』有斐閣
英保次郎（2015）『廃棄物処理法Q＆A（7訂版）』東京法令出版
大石貴司・出石稔（2021）「新型コロナウイルス感染症対策の自治体実務－市町村条例③」月刊ガバナンス2021年1月号
大島稔彦（2011）『法制執務の基礎知識（第3次改訂版）』第一法規
大塚　直（2020）『環境法（第4版）』有斐閣
大津　浩（2015）『分権国家の憲法理論－フランス憲法の歴史と理論から見た現代日本の地方自治論』有信堂
大津　浩編著（2011）『地方自治の憲法理論の新展開』敬文堂
大西　隆編著（2011）『人口減少時代の都市計画－まちづくりの制度と戦略』学芸出版社
岡田博史（2010a、b）「自治通則法（仮称）制定の提案（1）（2完）」自治研究86巻4号、5号
岡田博史（2010c）「自治体から見た地方分権改革－自治立法権に焦点を当てて」ジュリスト1413号（2010・12・15）
解説教育六法編修委員会編（2019）『解説教育六法2019』三省堂
開発許可制度研究会編（2017）『最新 開発許可制度の解説（第3次改訂版）』ぎょうせい
河川法研究会編著（2006）『逐条解説 河川法解説（改訂版）』大成出版社
片山善博（2020a）「『社長』が自らを『中間管理職』に貶めるな」中央公論2020年8月号
片山善博（2020b）『知事の真贋』文藝春秋
金井利之編著（2019）『縮減社会の合意形成－人口減少時代の空間制御と自治』第一法規
兼子　仁（1978）『条例をめぐる法律問題（条例研究叢書1）』学陽書房
川﨑政司（1996a～h）「立法の現状と現代立法の特質（1）～（8）」『国会月報』1996年1月～9月
川﨑政司（2008）「立法をめぐる問題状況とその質・あり方に関する一考察－法と政治の相克と、その折合いのつけ方」ジュリスト1369号
川﨑政司（2009）「立法をめぐる昨今の問題状況と立法の質・あり方－法と政治の相克による従来の法的な枠組みの揺らぎと、それらへの対応」『慶應法学』12号
川﨑政司（2011）『法律学の基礎技法』法学書院

菊池馨実（2018）『社会保障法（第2版）』有斐閣
北村喜宣（2004）『分権改革と条例』弘文堂
北村喜宣（2008）『分権政策法務と環境・景観行政』日本評論社
北村喜宣（2018a）『自治体環境行政法（第8版）』第一法規
北村喜宣（2018b）『分権政策法務の実践』有斐閣
北村喜宣（2020）『環境法（第5版）』弘文堂
北村喜宣編著（2003）『ポスト分権改革の条例法務―自治体現場は変わったか』ぎょうせい
北村喜宣編著（2004）『分権条例を創ろう！』ぎょうせい
北村喜宣・山口道昭・出石稔・礒崎初仁編著（2011）『自治体政策法務―地域特性に適合した法環境』有斐閣
北村喜宣編著（2016）『第2次分権改革の検証―義務付け・枠付けの見直しを中心に』敬文堂
北村喜宣・山口道昭・礒崎初仁・出石稔・田中孝男編（2017）『自治体政策法務の理論と課題別実践（鈴木庸夫先生古稀記念）』第一法規
木寺　元（2012）『地方分権改革の政治学―制度・アイディア・官僚制』有斐閣
（一財）行政管理研究センター（2019）『逐条解説　行政手続法（改正行審法対応版）』ぎょうせい
久世公堯（1957）「府県における地方自治の実態」自治研究1957年2月～4月号
窪田眞二・小川友次（2019）『教育法規便覧2019年版』学陽書房
久米郁男ほか（2011）『政治学（補訂版）』有斐閣
公営住宅法令研究会編（2018）『逐条解説公営住宅法（第2次改訂版）』ぎょうせい
神崎一郎（2009a、b）「『政策法務』試論（1）（2）」自治研究85巻2号、3号
厚生労働省健康局結核感染症課監修（2016）『詳解　感染症の予防及び感染症の患者に対する医療に関する法律（4訂版）』中央法規
厚生労働省生活衛生・食品安全企画課監修（2018）『平成30年食品衛生法等改正の解説』中央法規出版
河野正輝ほか（2015）『社会福祉法入門（第3版）』有斐閣
国土交通省監修（2014）『都市公園法解説（改訂新版）』日本公園緑地協会
国土交通省都市・地域整備局都市計画課監修、景観法制研究会編（2004）『逐条解説景観法』ぎょうせい
小早川光郎（2001）「基準・法律・条例」『行政法の発展と変革（塩野古稀記念）（下）』有斐閣
小早川光郎編著（2000）『地方分権と自治体法務―その知恵と力（分権型社会を創る4）』ぎょうせい
小早川光郎・高橋滋編（2004）『詳解 改正行政事件訴訟法』

第一法規
小早川光郎・北村喜宣（２００９）「対談・自治立法権の確立に向けた地方分権改革」都市問題１００巻1号
斎藤　誠（２００８）「今次分権改革の位置づけと課題－法学の観点から」ジュリスト１３５６号
斎藤　誠（２０１２）『現代地方自治の法的基層』有斐閣
坂和章平（２００５）『Ｑ＆Ａわかりやすい景観法の解説』新日本法規
櫻井敬子（２００１）「自治事務に関する法令の制約について－開発許可を素材として」自治研究77巻5号
佐藤幸治（２０２０）『日本国憲法（第2版）』成文堂
ザワツキー、Ｓ．（内藤光博訳）（１９８９）「立法のインフレーションと規範の発展」『専修法学論集』49号（１９８９・２）
澤　俊晴（２００７）『都道府県条例と市町村条例（政策法学ライブラリイ12）』慈学社
塩野　宏（１９９０）『国と地方公共団体』有斐閣
塩野　宏（２００１）『法治主義の諸相』有斐閣
塩野　宏（２０１２）『行政法Ⅲ（第4版）』有斐閣
塩野　宏（２０１３）『行政法Ⅱ（第5版補訂版）』有斐閣
塩野　宏（２０１５）『行政法Ⅰ（第6版）』有斐閣
自治体法務検定委員会編（２０２０）『自治体法務検定公式テキスト 政策法務編（２０２０年度検定対応）』第一法規
市町村自治研究会編（２０１８）『住民基本台帳法令・通知集（平成30年年版）』ぎょうせい
渋谷秀樹（２０１７）『憲法（第3版）』有斐閣
嶋田暁文（２０１７）「自治体職員の働き方改革と自治体行政システムのあり方－分権改革論議で見落とされてきたもの」
阿部昌樹・田中孝男・嶋田暁文編（２０１７）『自治制度の抜本的改革』法律文化社
社会福祉法令研究会編（２００１）『社会福祉法の解説』中央法規出版
社会保険研究所刊（２０１８）『介護保険制度の解説（平成30年8月版）』社会保険研究所
障害者福祉研究会編（２０１９）『逐条解説 障害者総合支援法（第2版）』中央法規出版
新型インフルエンザ等対策研究会（２０１３）『逐条解説 新型インフルエンザ等対策特別措置法』中央法規
水道法制研究会監修（２０１１）『水道法ハンドブック（改訂版）』ぎょうせい
杉原泰雄（２０１１）『地方自治の憲法論－「充実した地方自治」を求めて（補訂版）』勁草書房
鈴木庸夫（２００２）「自治立法と最適化命令としての『地方自治の本旨』」月刊自治フォーラム５０９号
鈴木庸夫（２０１０ａ）「条例論の新展開－原理とルール・立法事実の合理性」自治研究86巻1号
鈴木庸夫（２０１０ｂ）「地域主権時代の条例論」ジュリスト

１４１３号（２０１０・12・15）

鈴木庸夫編著（２００７）『自治体法務改革の理論』勁草書房

鈴木洋昌（２０１９）『総合計画を活用した行財政運営と財政規律』公人の友社

生活衛生法規研究会監修（２０１７）『新訂 逐条解説 墓地、埋葬等に関する法律（第3版）』第一法規

政策法務研究会（代表・鈴木庸夫）編（２００３）『政策法務の理論と手法（加除式）』第一法規

選挙制度研究会編（２０１３）『実務と研修のためのわかりやすい公職選挙法（第15次改訂版）』ぎょうせい

全国知事会（２０２０）「『緊急事態宣言』を受けての緊急提言」（２０２０年4月8日）

全国知事会地方分権推進特別委員会・地方分権改革の推進に向けた研究会（２０２０）『報告書』同会Ｗｅｂサイト http://www.nga.gr.jp/ikkrwebBrowse/material/files/group/2/201029_houkokusyo.pdf

全国町村議会議長会編（２０１５）『議員必携（第10次改訂新版）』学陽書房

総務庁行政管理局企画調整課・自治省行政局行政課編（１９９５）『逐条解説 地方分権推進法』ぎょうせい

高田　敏（１９８４）「条例論」雄川一郎・塩野宏・園部逸夫編『現代行政法体系 第8巻』有斐閣

高橋和之（２０２０）『立憲主義と日本国憲法（第5版）』有斐閣

竹中治堅（２０２０）『コロナ危機の政治』中央公論新社

田中二郎（１９７４）『新版行政法 上巻（全訂2版）』弘文堂

田中聖也（２０１１）「義務付け・枠付けの見直しの到達点（下）―地方分権改革推進委員会第2次・第3次勧告」地方自治７６７号

田中孝男（２０１０）『条例づくりのための政策法務』第一法規

田丸　大（２０００）『法案作成と省庁官僚制』信山社出版

田村達久（２００７）『地方分権改革の法学分析』敬文堂

團野浩編著（２０１７）『詳説 薬機法（第4版）』㈱ドーモ

地方自治制度研究会編（２００７）『逐条解説 地方分権改革推進法』ぎょうせい

地方自治制度研究会編（２０１５）『地方分権 20年のあゆみ』ぎょうせい

地方税務研究会編（２０１７）『地方税法総則逐条解説』地方財務協会

地方分権改革推進委員会（２００９）「第3次勧告」（２００９年10月）

地方分権推進委員会（１９９６）『中間報告―分権型社会の創造』

地方六団体地方分権推進本部（２００１）『「地方分権時代の条例に関する調査研究」の中間まとめ』

中央法規出版刊（２０２０）『生活保護手帳（２０２０年度版）』

同社
津軽石昭彦（２０２０）『「生きた」議員提案条例をつくろう－条例の種を見つけて作れる！変化に応じて見直せる！』第一法規
辻　清明（１９７６）『日本の地方自治』岩波書店
手嶋　豊（２０１８）『医事法入門（第5版）』有斐閣
東京都市町村戸籍住民基本台帳事務協議会編著（２０１８）『初任者のための住民基本台帳事務（８訂版）』日本加除出版
道路法令研究会編著（２０１７）『道路法解説（改訂5版）』大成出版社
德永　保（２０００）『改正地教行法Q＆A』ぎょうせい
㈱ドーモ編（２０１６）『カラー図解 よくわかる薬機法 全体編（第4版）』薬事日報社
仲野武志（２０１１）「内閣法制局の印象と公法学の課題」北大法学論集61巻6号（ウェブサイトから入手可能）
成田頼明（１９８５）「法律と条例」小嶋和司編『憲法の争点（新版）』有斐閣
西尾　勝（１９９０）『行政学の基礎概念』東京大学出版会
西尾　勝（１９９９）『未完の分権改革－霞が関官僚と格闘した１３００日』岩波書店
西尾　勝（２００７）『地方分権改革（行政学叢書5）』東京大学出版会
西尾　勝（２０１３）『自治・分権再考－地方自治を志す人々へ』ぎょうせい
西尾　勝（２０１５）「地方分権改革の20年と政策法務への期待（下）」自治実務セミナー２０１５年5月号
西尾　勝編著（１９９８）『地方分権と地方自治（新地方自治法講座12巻）』ぎょうせい
西川伸一（２００２）『立法の中枢　知られざる官庁　新内閣法制局』五月書房
西川伸一（２０１３）『これでわかった！内閣法制局－法の番人か？権力の侍女か？』五月書房
日本食品衛生協会編（２０１３）『新訂 早わかり食品衛生法（第5版）食品衛生法逐条解説』日本食品衛生協会
ノネ，P＆セルズニック，P（六本佳平訳）（１９８１）『法と社会の変動理論』岩波書店（原典：Philippe Nonet and Philip Selznick, *Law and Society in Transition, Toward Responsive Law*, Harper & Law, 1978）
廃棄物処理法編集委員会（２０１２）『廃棄物処理法の解説（平成24年度版）』日本環境衛生センター
橋本　勇（２００９）『新版 逐条地方公務員法（第2次改訂版）』学陽書房
橋本博之・青木丈・植山克郎（２０１４）『新しい行政不服審査制度』弘文堂
パブリック・イニシアティヴ編（２０１７）『街直し屋－まちとひとを再生させる仕事』晶文社

林直樹・齋藤晋編著（２０１０）『撤退の農村計画－過疎地域からはじまる戦略的再編』学芸出版社
原島良成編著（２０２０）『自治立法権の再発見（北村喜宣先生還暦記念論文集）』第一法規
原田尚彦（１９７５）「地方自治の現代的意義と条例の機能」ジュリスト増刊『総合特集 現代都市と自治』有斐閣
原田尚彦（２００５）『新版 地方自治の法としくみ（改訂版）』学陽書房
原田 昇編著（２０１５）『交通まちづくり－地方都市からの比較』鹿島出版会
晴山一穂・西谷敏編（２０１６）『新基本法コンメンタール 地方公務員法』日本評論社
人見 剛（２００５）『分権改革と自治体法理』敬文堂
平田 厚（２００３）『Q&A 土壌汚染対策法解説』三省堂
藤井穂高編著（２０１８）『教育の法と制度』ミネルヴァ書房
藤田宙靖（２０２０a、b）『行政法総論（上）（下）』青林書院
古川治・今西幸蔵・五百住満編著（２０１８）『教師のための教育法規・教育行政入門』ミネルヴァ書房
別冊法学セミナー（２０１５）『新基本法コンメンタール 教育関係法』日本評論社
細谷芳郎（２０１３）『図解 地方公営企業法（改訂版）』第一法規
増田寛也監修（２０１５）『地方創生ビジネスの教科書』文藝春秋
増田雅暢（２０１６）『逐条解説 介護保険法（２０１６改訂版）』法研
松本英昭（２０００）『新地方自治法詳解』ぎょうせい
松本英昭（２０１１）「自治体政策法務をサポートする自治法制のあり方」北村喜宣ほか編『自治体政策法務』有斐閣
松本英昭（２０１７）『新版 逐条地方自治法（第９次改訂版）』学陽書房
松本英昭（２０１８）『要説 地方自治法（第10次改訂版）』ぎょうせい
南川諦弘（２０１２）『「地方自治の本旨」と条例制定権』法律文化社
南博方・高橋 滋ほか編著（２０１４）『条解 行政事件訴訟法（第４版）』弘文堂
宮澤俊義・芦部信喜（１９７８）『全訂 日本国憲法』日本評論社
村上順・白藤博行・人見剛編（２０１１）『新基本法コンメンタール 地方自治法』日本評論社
村中洋介（２０２０）『条例制定の公法論』信山社
室井力・浜川清・芝池義一編著（２００６）『行政事件訴訟法・国家賠償法（コンメンタール行政法Ⅱ）（第２版）』日本評論社
室井力・芝池義一・浜川清・本多滝夫編著（２０１８）『行政

手続法・行政不服審査法（コンメンタール行政法Ｉ）（第３版）』日本評論社

安田充・荒川敦編著（２００９）『逐条解説 公職選挙法（上）（下）』ぎょうせい

八巻淳・森島義博（２０１３）『改正土壌汚染対策法－土壌汚染地の保有と対策』東洋経済新報社

山口道昭（２０１６）『福祉行政の基礎（地方自治・実務入門シリーズ）』有斐閣

山口道昭（２０２０）「緊急時の条例制定と立法事実」月刊ガバナンス２０２０年10月号

山本博史・出石稔（２０２０）「新型コロナウイルス感染症対策の自治体実務－都県条例②」月刊ガバナンス２０２０年12月号

吉原祥子（２０１７）『人口減少時代の土地問題』中央公論新社

米村滋人（２０１６）『医事法講義』日本評論社

〈洋語文献〉

Rhodes, R. A. W. (1981). *Control and power in central-local government relations*.Aldershot, Gower and Brookfield VT:Ashgate,1981

著者プロフィール

礒崎初仁（いそざき・はつひと）
中央大学副学長、法学部教授、同大学院法学研究科教授
［専門分野］
　地方自治論、行政学、政策法務論
［略歴］
　1958 年　愛媛県生まれ
　1984 年　東京大学法学部卒業
　1985 年　神奈川県入庁（農政部、土木部、企画部、福祉部等に配属）
　1993 年　東京大学大学院法学政治学研究科修了（研修派遣）
　2002 年　神奈川県退職、中央大学法学部教授（～現在）
　2005 年　神奈川県参与（～ 2011 年）
　2006 年　行政書士試験委員（～ 2013 年）
　2013 年　英国・サウサンプトン大学客員研究員（～ 2014 年）
　2020 年　中央大学副学長（～現在）
［著書・発表論文］
　『分権時代の政策法務』北海道町村会、1999 年
　『政策法務の新展開－ローカル・ルールが見えてきた』（編著）ぎょうせい、2004 年
　『自治体議員の政策づくり入門』イマジン出版、2017 年
　『知事と権力－神奈川から拓く自治体政権の可能性』東信堂、2017 年
　『自治体政策法務講義（改訂版）』第一法規、2018 年
　『新版 ホーンブック地方自治』北樹出版、2020 年（共著）ほか

立法分権のすすめ
－地域の実情に即した課題解決へ

令和 3 年 9 月30日　第 1 刷発行

著　者　礒崎　初仁

発　行　株式会社ぎょうせい

〒136-8575　東京都江東区新木場1-18-11
URL：https://gyosei.jp

フリーコール　0120-953-431
ぎょうせい　お問い合わせ　検索　https://gyosei.jp/inquiry/

〈検印省略〉

印刷　ぎょうせいデジタル株式会社
©2021　Printed in Japan
※乱丁・落丁本はお取り替えいたします。
ISBN978-4-324-10980-9
(5108701-00-000)
〔略号：立法分権〕

これからの地方自治を創る実務情報誌

月刊ガバナンス

ぎょうせい／編集

5つのお勧めポイント

1 喫緊の政策課題をタイムリーに特集
行政改革や災害対策、社会保障、まちづくりなど、自治体の重要テーマを取り上げます。

2 自治体の最新情報が満載の「DATA BANK」
記事数は毎月、約70本！自治体の先進施策がコンパクトに読めます。

3 現場を徹底取材！読みごたえあるリポート記事
先進的な政策や議会改革など、自治の最前線をリポートします。

4 公務員の仕事力を高める！キャリアサポート面
自治体職員の仕事に役立つ特集＆連載を「キャリアサポート面」としてまとめています。

5 キャリアサポート面では「キャリサポ特集」と連載でキャリア形成を応援！
「管理職って面白い！」

「後藤式」知域に飛び出す公務員ライフ」

「そこが知りたい！クレーム対応悩み相談室」

「誌上版！『お笑い行政講座！』」

などが好評連載中です。

創刊20周年

〔毎月1日発売〕

年間購読がお得です！

年間購読料
〈1年〉12,540円（1冊あたり1,045円）⇨単号購入より 5%off
〈2年〉22,440円（1冊あたり 935円）⇨単号購入より 15%off
〈3年〉29,700円（1冊あたり 825円）⇨単号購入より 25%off

A4変形判
単号定価1,100円（税込）送料103円

※年間購読料は税込・送料込の料金です。
※送料は2021年8月時点の料金です。

株式会社ぎょうせい
〒136-8575 東京都江東区新木場1-18-11

フリーコール
TEL:0120-953-431［平日9～17時］ FAX:0120-953-495
https://shop.gyosei.jp ぎょうせいオンラインショップ 検索